江戸前魚食大全

江戸前魚食大全

日本人がとてつもなくうまい魚料理にたどりつくまで

冨岡一成

草思社

まえがき

本書は江戸に花開いた魚食文化をさまざまな視点からみつめたものだ。今や和食を代表するすし、鰻、天ぷらはいずれも江戸の庶民生活とのかかわりで進化をとげたものだし、手の込んだ魚貝料理に一般市民までが舌鼓をうつグルメの風潮も江戸時代にあらわれている。一方、沿岸固着型の漁業であるにしろ現代の漁具、漁法のあらかたが出揃い、とれたての魚貝を手広くあつかう巨大生鮮市場魚河岸もうまれた。日本の食文化の特徴である魚食を考える上で、江戸という時代と場所は画期をなす特異点だったといえる。

ただし、とてつもなくうまい魚貝料理は突然江戸にあらわれたわけではない。いにしえより日本人が培ってきた魚を食べる知恵と工夫が結実し、そこに花開いたのだ。したがって、本書は時代を古代中世へとさかのぼり、水産の成り立ちや魚食民族の特徴についても考える。

さらに江戸が終わり、近代を迎えると、日本は世界の海へと漕ぎ出し、水産大国への道を歩む。そして二〇〇カイリ時代以降は水産輸入大国へと変じる興亡をみることになる。そういう意味では、日本人と魚の長大な物語の――これはその前段といってもいいのかもしれない。

本書がテーマとする日本人の魚食が江戸において、ひとつの理想形をつくっていたという考えは、比較的最近に思いいたったことである。

私は平成の初めから約一五年間、築地市場で仕事をして、さらに六年余りを水産仲卸業者の起こした会社に在籍した。つまり、二〇年以上も水産関係に身を置いてきたことになる。そのあいだに魚食普及を目的にコラムを書くとか、著作にたずさわった。どんなものかというと「資源状態の悪い魚は食べてはダメ」ということを主張したのである。魚食普及なのに「食うな」もないものだが、そんないい方をするのにも理由があった。

現代は流通が発達して、好きなときに好きな魚が食べられる幸せがある。しかし、ウナギやマグロなど水産資源の減少や世界的な水産物争奪などのニュースを耳にするたびに、その幸せも実は危ういところで成り立っていることを感じる。いつなくしてしまうかもわからない。そうした危機感を感じたのだ。

今でも当時の主張は正しいと思っているし、同じように危機感をもっている。しかし、やはりあの頃の私は未熟だった。どこか直感でものをいうところがあったから、とんだ半可通が啓蒙的なことを書いた気がして、すっかり恥じ入ったものだ。

そんなこともあったから一時期、書くことから離れて、勉強ばかりしていた。学ぶのはよいことで、とても楽しい。江戸時代の随筆や日記など老後に読むのにうってつけなのだが、それを片っ端からむさぼり読んだ。たくさんの史料にあたると、ああ、なるほど。これとこれがつながるのかと理解できる。そして、ちょっとした逸話のなかに、江戸人が魚をとても「美味く」食べていたのがわかるし、とても「上手く」食べていたのもわかってくる。ほんのちょっと昔まで、日本人は魚となんて上手につきあってきたことだろう。そのことを多くの人に知ってもらいたい——本書はそうした思いでつくられている。

ここには江戸と魚について書いてあるが、伝えたい情報がとてもたくさんあったので、それをわかりやすく並べ、読みものとして落とし込むことに、ほぼ全力を傾けた。おそらく、本書を読むことで、すしや鰻、天ぷらなどの江戸前料理がどのようにうまれたのか、漁業はいつどのように始まったのか、江戸っ子の「いき」と魚の関係、魚河岸の歴史、海や川にまつわる遊びや伝承といったものまで、知ってもらえるし、想像力を働かせてもらえると思う。

それによって、たとえば、この本を読んだ後にすし屋に出かけたときには（回転ずしだってかまわない）、それまでとはちがった感覚で楽しめるのではないか。そういう効果はあると思うのだ。

いや、あまり大きなこともいえない。本書は諸先学の精華を受け継ぎ、そして、よい本をつくろうという多くの人の力に支えられてできあがっている。私はただ夢をみるように書き綴っただけなのだ。

我々は日本という繊細な自然環境に育まれた国土にうまれ、世界に類をみない魚食の素晴らしさを享受できる。多くの人が魚食の幸せに浸るための、本書がその一助となれるなら、望外のよろこびである。

江戸前魚食大全——日本人がとてつもなくうまい魚料理にたどりつくまで・目次

第二章
江戸の始まりから魚河岸ができるまで

第三章
海に生きた人々
漁業はいつどのように始まったのか

第四章　江戸前漁業のシステム　漁村と漁法と流通

第五章
賑わう江戸の魚河岸
江戸っ子のルーツを探る

第六章　日本人と魚食、知られざる歴史

第七章 関東風の味覚はどうつくられたか
魚が劇的にうまくなった理由

第八章　江戸前料理の完成

第九章

楽しみと畏怖、江戸人の水辺空間

第一〇章 江戸から東京へ、江戸前の終焉

付録　魚河岸の魚図鑑

第一章

なぜ江戸だったのか？

本章は総論として江戸の魚食文化の際立った特徴をみる。とりあえず本章を読めば、江戸の魚食文化についての概要がつかめるから便利だと思う。第二章以降は魚食文化をいろいろな側面からより詳しくみていく。それらは順次読みすすめるとわかりやすいように配置してあるが、それぞれの章は独立しているので、どこから読まれてもさしつかえない。ただし、「江戸前」の定義とか、豊かな江戸前海の自然、魚食文化を育む土台となった江戸庶民生活の特徴といった、各章を読みすすめる上での基礎知識は、ここにまとめてあるので、本章だけは最初にお読みいただければ幸いである。

「江戸前とは何か」

「江戸前」は多くの意味に使われる言葉で、しかも時代によって内容も変化してきた。どういうものを江戸前と呼んだのかというと、おおよそ次の四つが挙げられる。

一、江戸前海（江戸内海）
二、江戸近海でとれる魚
三、ウナギ
四、食べ物の風味や人の気性が江戸風であること

一は海、二と三は魚、四は嗜好とか価値観といったものだ。それぞれ意味合いは異なるが、どれも魚を食べることと関係している。それでは一から四まで詳しくみていこう。

江戸前の海はどこか

第一に江戸前の海である。江戸前海とか江戸内海と呼ばれた場所が、現在の東京湾のどの部分にあたるのか、昔から明確にされてこなかった。二〇〇五年、水産庁の「豊かな東京湾再生検討委員会食文化分科会」は、江戸前の範囲を三浦半島の剣崎《けんざき》（現剱崎《つるぎざき》）と房総半島の洲崎《すさき》を結ぶ線の内側、つまり東京湾全域と定義づけている（図1-1）。これは「江戸前ブランド」の拡大にはひと役買うかもしれない。

しかし、歴史的な経緯は考慮されていないようだ。江戸時代の江戸前はもっとずっと狭い範囲と考えら

図1-1　広がる江戸前の範囲（現在）

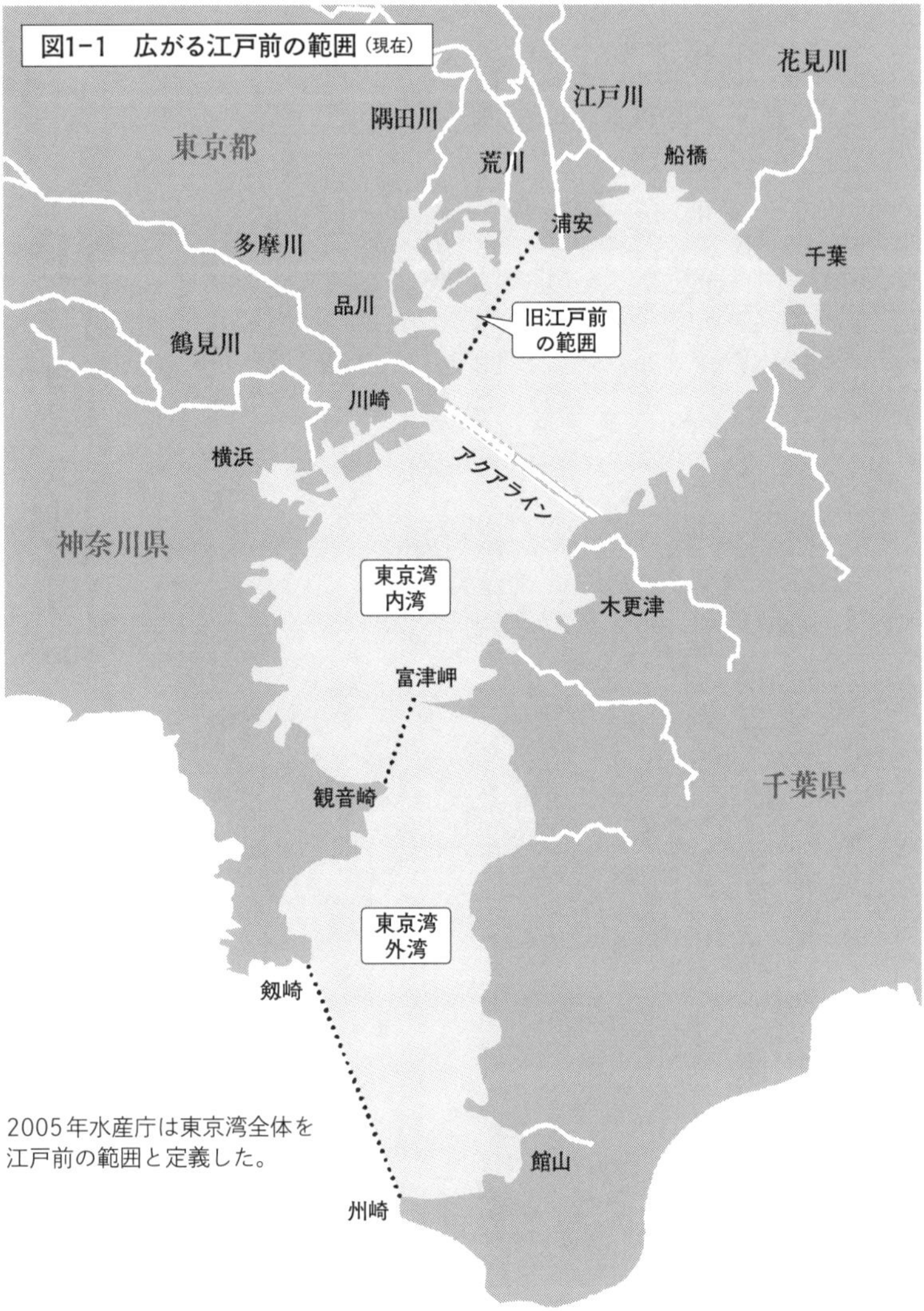

図１－１、２ともに小松正之『豊かな東京湾―甦れ江戸前の海と食文化』（雄山閣）16頁を参考にして作成。

れていた。

　上方の狂言作者西沢一鳳《にしざわいっぽう》が、幕末の嘉永三年（一八五〇）に著した『皇都午睡《こうとごすい》』のなかで、江戸にやってきた一鳳が土地の者に江戸前はどこなのか問うと、「大川より西手、御城より東手」と教えられる。これに該当するのは隅田川河口付近のわずかな部分ということになる。ずいぶん小さな江戸前である。

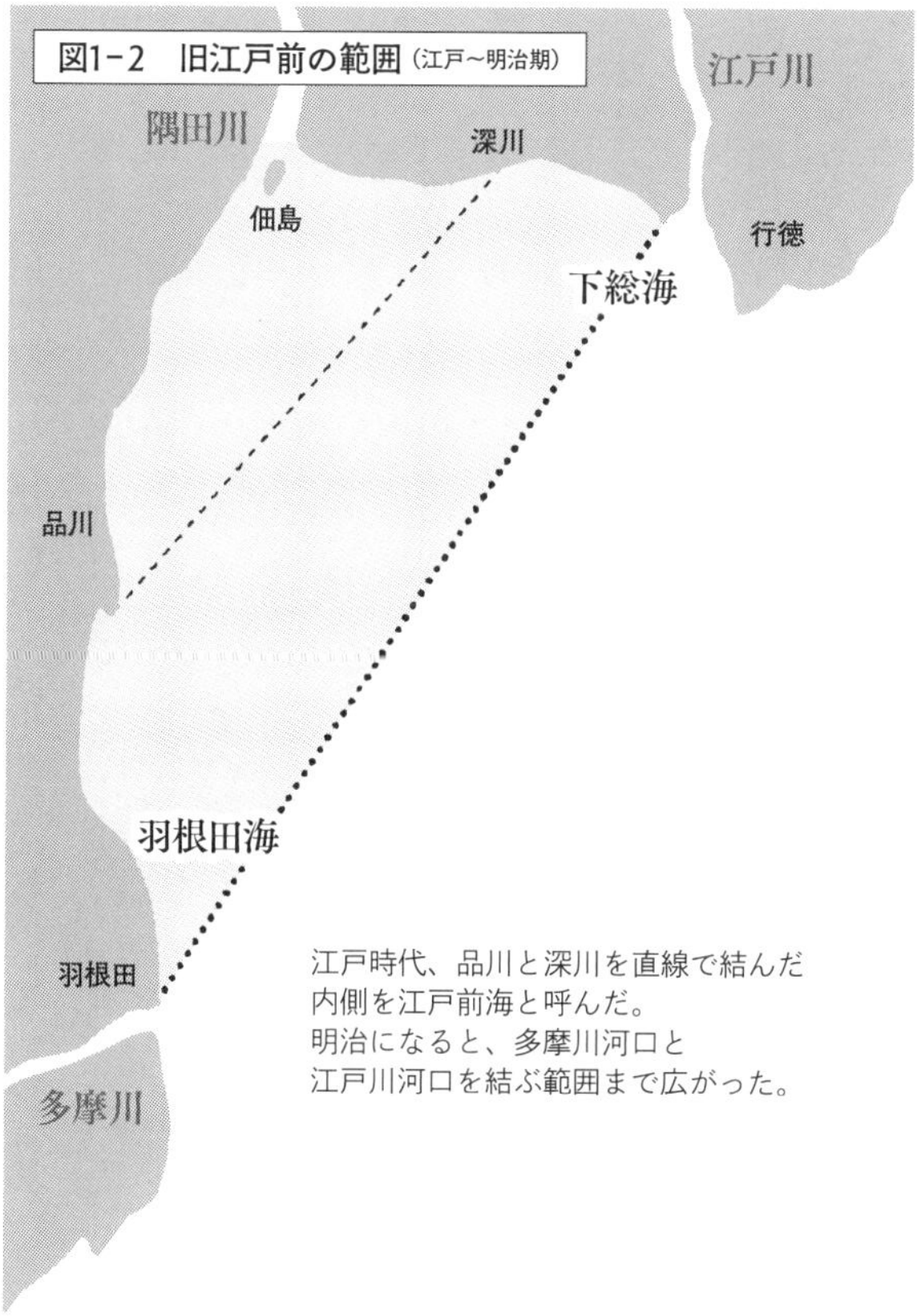

江戸時代、品川と深川を直線で結んだ
内側を江戸前海と呼んだ。
明治になると、多摩川河口と
江戸川河口を結ぶ範囲まで広がった。

図1-2　旧江戸前の範囲（江戸～明治期）

　これについて江戸研究の草分け三田村鳶魚《みたむらえんぎょ》氏（一八七〇－一九五二）が、海ではなく江戸城の前の、いわゆる下町地域でとれるウナギのことだというようなことを書いているが、ウナギの話は後に述べる。

　江戸前の定義でたびたび引用されるものに、日本橋魚河岸が江戸後期に幕府魚役所へ提出した「文政二年文書」がある。これは芝・金杉《かなすぎ》市場とのあいだで取引上の争いが起きたときの答申書だ。ここで江戸前を「品川洲崎の一番棒杭《ぼうくい》から深川洲崎の松棒杭を直線で結んだ内側」としている（図1‐2）。そして一番棒杭から南側を「羽根田海」、松棒杭から東側を「下総海」と区別した。この定義が何を根拠としたのかは容易に想像できる。江戸市中の区分と一致させたものだ。四里四方とされる江戸御府内《ごふない》のうち、墨引きと呼ばれる町奉行支配地域の南端の品川と東端の深川を結んで、その内側を江戸前としたのだろう。

江戸では武家と寺社と町方の行政管轄が別々であったために、その範囲は長いあいだ確定されていなかった。あるとき江戸はどこまでかということが城中で物議となったことから、江戸後期の文政元年（一八一八）に幕府の公式見解として江戸御府内の範囲が定められている。その翌年に提出されたのがこの答申書で、おそらく魚問屋らは幕府の見解におもねったのだろう。文政以前はというと、江戸市街地に近い芝・金杉、佃、深川などの有力漁場でとった魚貝を江戸前と称していたと考えられる。

そして、この江戸前の範囲は明治になると少し広がる。江戸前漁業の歴史的編纂書である『東京都内湾漁業興亡史』（一九七一）に、江戸前を神奈川県境の「多摩川河口」と千葉県境の「江戸川河口」を結ぶ内側と定めているのは、明治元年（一八六八）の東京府誕生で拡大した行政範囲に合わせたものだろう。つまり江戸前の海は、行政区域としての江戸・東京の沿岸海域と認識されてきたということだ。文字通り江戸の「前」であり、また東京の「前」でもある。

なお、前述の「文政二年文書」に「相模走水《はしりみず》村洲鼻《すばな》から上総富津《ふっつ》村洲鼻を直線で結んだ内側」を「内海」としているが、これは現在も観音崎（走水）―富津ラインの内を「東京内湾」と呼ぶことと符合する。この内海部を広義の江戸前とするのが妥当だろう。ここで漁獲されたものが毎日、日本橋魚河岸に送られていた。さらに外房から伊豆から、季節によって遠く東北、近畿、四国、九州地方からも市場に送荷されると「文政二年文書」は伝えている。

江戸前の魚は格別の味

「江戸前」が意味する第二は、江戸近海でとれる魚である。後で述べるように、江戸前の海には大小河川が流れ込み、沿岸に広く干潟が形成された。そこに河川からの流れ、あるいは地下水から湧き出す栄養豊かな淡水が海水と混じり合って、複雑で変化に富んだ環境をつくり出す。だから、江戸前でとれる魚は格別にうまいとされた。

享保二〇年（一七三五）に出版された詳細な江戸のガイドブック『続江戸砂子《すなご》温故名跡志』に「江戸前鯵《あじ》 中《なか》ぶくらと云《いう》」とある。魚に江戸前が冠された最初だろう。ここで「江戸前にて漁《すなどる》を前の魚と称して、諸魚共に佳品也」と江戸前の魚を賞している。日本橋魚河岸での取引価格は産地から市場までの距離に左右されたが、すぐ目の前の海でとるから、鮮度はすこぶるつきだ。それで江戸前の魚は活きの良さが身上のようにいわれる。しかし、「佳品」とされる理由は鮮度だけではない。

「中ぶくら」とはどんなアジなのだろう。江戸後期の天保二年（一八三一）に出版された『魚鑑《うおかがみ》』という魚貝事典がある。これは蘭方医武井周作が日本橋魚河岸に居住し、魚問屋や漁師からの聞き書きをもとにまとめたものだ。そこに「肥円《こえてまる》く腹中あみ満《み》つ。これをなかふくらといふ」と出てくる。微小な甲殻類のアミをたらふく食べてまるまる太ったアジ。薄皮で肉厚のいかにもうまそうな形が日に浮かぶ。

釣りジャーナリストの藤井克彦氏は著書『「江戸前」の魚はなぜ美味しいのか』（祥伝社・二〇一〇）の

なかで「上流部の山々にできる腐葉土《ふようど》から作られた植物性プランクトンをたっぷりと含んだ沢の水を集めて支流となり、それが本流へと流れ込み、やがて大河となってそれぞれの川が江戸前の海に流れ込む。するとそれを餌にして大量の動物性プランクトンが発生する。これが干潟に育つ貝類の餌となり、孵化《ふか》したばかりの仔魚《しぎょ》や、稚魚をはぐくむ餌になる」としている。

昔から江戸前の水を飲んだ魚は味が良くなるといわれた。豊富な微生物が魚を育てるのである。それが江戸前の魚が「佳品」とされる理由なのだ。

江戸前はウナギのこと

「江戸前」の第三はウナギのことである。江戸時代には、江戸前といえばウナギのことを指すのが一般的だった。というよりも江戸前という言葉は、鰻料理の代名詞として巷間に広まったのである。江戸中期の宝暦三年（一七五三）に風来山人（平賀源内）の書いた談義本『風流《ふうりゅう》志《し》道軒伝《どうけんでん》』に「厭離《おんり》江戸前大蒲焼」と出てくるのが最初だという。鰻好きの源内先生は江戸前蒲焼のうまさを大いに讃えた。

それから三〇年ほどを経た天明期（一七八一－八九）になると鰻屋の数がぐんと増えるが、その暖簾に「鰻」と書かずに「江戸前大かば焼き」を掲げる店が多かった。幕末の嘉永五年（一八五二）には、名だたる鰻屋を記した『江戸前大蒲焼番附』というのが刊行されている。どうやら江戸時代を通じて、江戸前といえばウナギのことだと了解されたようだ。

ところで、江戸前鰻の由来については朋誠堂《ほうせいどう》喜《き》三二《さんじ》（一七三五－一八一三）作、安永六年（一七七七）の黄表紙『親敵討腹鞁《おやのかたきうちてやはらつづみ》』という愉快な話がある。

かちかち山で親を殺された息子タヌキに仇と追われたウサギは、川魚料理屋にかくまってもらう。しかし、結局タヌキの手にかかり身体を真っ二つにされて、上半身はウ（鵜）、下半身はサギ（鷺）となって飛び去った。その後、川魚料理屋はウナギの不漁で経営不振におちいる。すると、どこからかウとサギが飛んできてウナギを吐き出し、「これで命をうなぎ（つなぎ）たまへ」。それが格別の風味だったので「反吐前《へどまえ》うなぎ」として売り出すが、これではあんまりひどい名前だからと「江戸前鰻」に改めたところ大評判となったという。

本当のところ、なぜウナギを江戸前と呼んだのか。

ウナギは淡水魚であるが、産卵のために海と河川を行き来する海水魚の性質もあわせもつ。ことに淡水と海水の交わる汽水域《きすいいき》は生息にうってつけであり、風味の良いウナギを産出した。潮入りの隅田川河口や深川は恰好の漁場であったので、ご当地産のうたい文句として江戸前と呼ぶようになった。江戸人の自慢は相当なもので、隅田川産や深川産の他は「旅鰻」とか「江戸後」などといって嫌う。しかし江戸前のウナギがいくらでもとれるものでないし、利根川辺でとれたのを江戸前とするような、現代でいうところの産地偽装もあっただろう。

江戸前鰻のうちでも評判の高かったのが深川鰻で、とくに小名木川《おなぎ》（東京都江東区を流れる）の産が良いとされた。ただし前述の『続江戸砂子温故名跡志』に「深川鰻　大なるは稀なり」とあるから、小ぶりのウナギだったことがわかる。他の産地では「池ノ端鰻　不忍の池にてとるにあらず、千住・尾久よりもて来《き》たるよし。すぐれて大きく佳味なり」とあり、こちらは大きさを誇っている。江戸中期には「大かば焼」が好まれていた。とはいえ、寛延四年（一七五一）の地誌『新増江戸鹿子《かのこ》』は、池ノ端鰻を「深川の佳味に及ばず」としている。

食文化の考証で名高い作家本山《もとやま》荻舟《てきしゅう》氏（一八八一－一九五八）の著した『飲食事典』（平凡社・一九五八）によれば、中秋から早春へかけては、繁殖のために海へ出る「利根川下り」が、晩春から盛夏を経て初秋までは羽田沖から佃へと外海から寄ってくる「上り鰻」が賞美されたという。さらに真の江戸前食いは、同じ「上り」でも羽田沖の「三河のシャコ釣り」を最優良品としたのだそうだ。これは三河国から取り寄せたアナシャコという特別な餌にかかるウナギである。江戸前鰻は背が淡黒色ないし茶褐色ので、俗に「サジ」と呼ばれる。だが、このウナギは背が暗い青から緑がかり、側面に赤銅色が交じる「アオ」というものだ。養殖物もアオというが、「三河のシャコ釣り」はそうではなくトビアオとか「沖上がり」という種類らしい。だが、いったいどれほど市場に出回ったのだろう。

明治時代に入ると、東京周辺の天然ウナギが急減して、もはや養殖に頼らざるを得ない御時世になり、鰻屋から江戸前の文字も消えていった。それが大正時代になると、江戸前の看板をすし屋が掲げる。語呂の良さもあって、「江戸前ずし」の名前は全国区となるが、江戸前イコールすし屋とはならなかった。

江戸っ子のメンタリティ

「江戸前」の第四は価値観としての江戸前である。よく東京の老舗料理店を称賛して、「江戸前の伝統」などといったりする。また、近頃そうはいないが、損得抜きで義理を通すような達《たて》引《ひ》き（意気地）の強い者などは、「あの人は江戸前だ」と感心された。料理や人の気性をあらわす江戸前は、現代からみて古い江戸のやり方を良いものとする価値観である。江戸前の意味としては、ずっと後年になって付け加えられたものだろう。しかし、いわゆる江戸前の流儀とか気風というものが、江戸時代後期の町人文化のなかで醸成されたことはまちがいない。その価値観がどのようにうまれたのかを考えてみたい。

江戸の文化といっても、江戸で始まったものは少なくて、たいていは先進的な西のほうからやってきた。食についてみれば、鰻料理や天ぷらは江戸で洗練をみたものだが、もとの形はすでに関西にあったし、江戸の味覚に欠かせない濃口醬油も、紀州の出稼ぎ漁民が銚子に定住して、干鰯《ほしか》生産の儲けを元手にサイドビジネスとして売り出したものである。

江戸前の気風について、江戸中期を代表する文人大田南畝《おおたなんぽ》（蜀山人《しょくさんじん》）は、日本橋魚河岸の人々を江戸っ子の見本のように称賛している。だが、魚河岸の基礎を築いたのは、大坂湾北部に面する摂津国の魚商だし、そもそも江戸前漁業も関西からの出漁者によって形づくられた。江戸時代初期は文化、経済両面においてまったくの西高東低であり、江戸は関西文化圏の影響をきわめて強く受けていたのである。

教科書的にみれば、江戸開府まもない一七世紀前半に寛永文化が興隆するが、茶の湯の千宗旦《せんのそうたん》、画家の俵屋宗達《たわらやそうたつ》、陶工の野々村仁清《ののむらにんせい》など、文化・文芸ルネサンスの中心は京都の町衆にあった。江戸では白亜五層の江戸城天守閣に象徴されるような武家の繁栄はみられるが、町人地は閑散たるもので、町割りをしても居住者は少ない。それで他国商人を募ると伊勢の者が多くきた。江戸中期の兵法家大道寺友山《だいどうじゆうざん》が享保一二年（一七二七）に著した随筆集『落穂集追加』に、「表に懸り暖簾を見候へば、町の内に半分は伊勢屋……」と、初期の江戸風景を描写している。俗にいう、「江戸に多いもの、伊勢屋、稲荷に犬の糞」の原風景は、寛永期にうまれたものなのだ。

江戸中期、元禄年間（一六八八－一七〇四）になると、江戸の町に銅貨が水のごとく流れ、白銀《しろがね》（銀貨）

が雪のように舞い、さながら黄金時代を現出したといわれる。しかし、その担い手は幕府権力と結びつく御用商人らに限られた。江戸の紀伊国屋文左衛門《きのくにやぶんざえもん》、奈良屋茂左衛門《ならやもざえもん》、三井高利《みついたかとし》、上方では鴻池善右衛門《こうのいけぜんえもん》（三代目宗利）らが、この時期の豪商として名高い。文化的にも上方からの「下りもの」に依存することに変わらず、独自の江戸文化をつくり出すにはいたらない。

しかし世代を重ねれば、他国者の子孫も根生《ねお》いの江戸人へと化けるし、借り物の文化だって次第に江戸風なものに練れていく。建築史家の内藤昌《あきら》氏（一九三二－二〇一二）の『江戸と江戸城』（鹿島出版会・一九六六）によれば、一八世紀の半ば以降「江戸なくしては育たない〝江戸者〟または〝江戸衆〟というグループが生まれた」、そして「江戸住民を強く意識するかれらの終局的形態が〝江戸っ子〟である」としている。また、内藤氏は江戸っ子が上方町人と大きく異なる点として、「絶大な権力が常に目前にたちはだかっていた」ことを挙げている。

江戸は武家の都であり、商人や職人の生活は、武家の消費活動に寄生することで成立していた。朝、目が覚めて引き窓にみるのは御城であり、天下の大道を闊歩するのは二本差しだ。支配者層の存在をつねに感じないわけにはいかない。そこに決して勝つことのできない権力への対抗心が生まれた。初鰹にあり金をはたく心もちなどは、カツオを「勝男」と珍重する武士らを差し置いて食う、その反骨精神をみのがしては、なかなか理解できるものではない。

江戸の町人が武士を相手に張り合うことのできたのは、吉原と歌舞伎、それと食べることくらいだ。遊里に精通することから「通」がうまれ、武士は「野暮」とされた。市川団十郎演じる助六が河東節《かとう》にのって踊り、啖呵《たんか》を切り、悪態を尽くす姿に、江戸っ子の「いき」と「はり」が体現された。かれらは身分では決してかなわない相手に対し、独自の価値観と美意識で対抗する。そして食べ物に惜しげもなく銭を使うのだ。それは江戸っ子が食にみせた「はり」であったのだろう。

たとえカラ元気であっても、威勢の良さ——きおいを自負するのが江戸っ子だ。真に江戸っ子たる者がどれほどいたのか知れないが、その姿こそ江戸の町人らの心情を映し出すものであったろう。鼻っ柱は強い。しかし、結局は権力に勝てないのだ。それを知った上で、泣き笑いしてみせるのが江戸っ子のメンタリティといえる。そのような精神に育まれて、江戸時代後期の文化文政期（一八〇四－三〇）に化政文化が花開いた。その特徴は江戸を中心とした町人文化なのである。十返舎一九《じっぺんしゃいっく》の『東海道中膝栗毛』のような滑稽物や当代の風俗を描く錦絵、また、社会風刺的な言葉遊びの強い川柳など、この時代を代表する文化は江戸の町人のあいだから出てきた。その萌芽はすでに宝暦から天明期（一七五一－八九）にあらわれてくる。そこで、おおよそ一八世紀後半に江戸の町人たちの生き方からうまれた価値観というのが、第四の江戸前の意味するところだと思う。

魚のなかにも江戸っ子好みがあった。概してさっぱりとした風味を好む。濃厚な赤身よりも淡白な白身のほうが好きである。マグロは下魚。あの赤身が黒ずむのはいただけない。脂身《トロ》などもちろん捨ててしまう。それから大型の魚よりも小魚が良い。コハダのすしなど実に粋なものである。脂がのった旬のものもいいが、それよりも初物がよほど珍重された。そして山葵《わさび》の刺激的な風味といったら、まるで江戸っ子好みである。こういうのが江戸の魚食いの形だったようだ。

そこにはっきりと基準があるわけでない。熟成よりも若い味を好むとか、肉厚よりも身の締まった小魚がいいなんて、本当にそのほうがうまいのかもわからない。極端にいえば、うまく食うのを我慢しても、形良く食おうとしたのでは、と思えるふしがある。蕎麦の食べ方とか、熱い風呂が好きだというのと相通じるのではないか。風味を感じるために蕎麦をつゆに浸さない。次に入る人への配慮から湯はうめない。確かに理由はそうなのだが、そんなことはどうでもよくて、要するに恰好よくキメることが重要であるのだ。

魚食には、とりわけ江戸っ子の美意識が反映されているように思うのだが、どうだろう。

自然と人のつくった漁場

江戸前の海は大変に豊かな漁場だった。その理由は、内湾特有の自然地理的条件に恵まれたことにある。しかし、そればかりでなく都市の発展や漁法・漁場の改良・改変といった人為的なことも大きく影響した。江戸前漁場は自然と人との相互作用によって育まれたものといえるだろう。

日本一豊かな漁場

江戸前海の自然地理的な特徴に流入河川の数の多さがある。現在、主だったものだけで多摩川、隅田川、荒川、中川、江戸川と計五本もの河川が流れ込んでいる。このため、河口部では淡水の影響がきわめて大きい。長雨ともなれば沿岸は局部的に淡水化した。そこには肥沃な武蔵野台地からの栄養分が溶けて流れている。この豊かな淡水が海水と出合う。そこを汽水域という。汽水域は複雑な水環境をつくるが、大ざっぱにいうと、淡水の流入により海水の塩分濃度の濃いところと淡いところが段階的に分布することで、変化に富んだ生物相があらわれるのだ。すなわち魚貝の宝庫ともいえる場所である。

また、河川は長い時間をかけて大量の土砂を河口に運んでくる。この土砂がこれまた長年にわたる潮の干満によって堆積と移動がくりかえされて、干潟が形成された。干潟は時間により陸地化し、また海面下にかくれる低湿地である。かつては農業生産に適さない泥の海として多くが干拓された。今から思えばとんでもないことだ。干潟が多様な生物環境を助長し、汚濁水が海面に広がるのを防ぐ水産上貴重な環境と評価されるのは比較的近年のことである。

江戸前海には、干潟とそれを取り巻く汽水域が沿岸部を縁取るように広がっていた。そのおかげで驚くほど多種の魚貝が生息していたのだ。一方、伊豆七島を北上してくる黒潮暖流の分流が、湾口部の浦賀水道方面から流れ込み、内海までも進入してくる。そのために外洋性の魚類であっても、江戸内海の中心部まで出漁すれば漁獲することができた。

江戸前の海でとれた魚貝をざっと列記しただけでも実に多彩だ。

沿岸・汽水域に定着のものは、江戸土産としても名高いアサクサノリをはじめ、ワカメ、オゴノリなどの海藻類。アサリ、ハマグリ、カキ、バカガイ、サルボウ、トリガイ、タイラギ、シジミなどの貝類。魚類では内海のキス、アオギス、シラウオ、ヒラメ、イシモチ、スズキ、ボラ、コノシロ、イシガレイ、クロダイ、サクラダイ、ウナギ、アナゴ、ギンポなど。外洋性のカマス、サワラ、シイラ、マイワシ、サバ、マアジ、メナダなど。甲殻類ではクルマエビ、シバエビ、アミ、シャコ。頭足類でイカ、タコ、イイダコ。これらに加えて、マグロの大群があらわれたという記録もある。つまり、すしダネは全部賄えていたから、江戸前ずしという名前も伊達ではない。

明治時代以降は、内湾周辺部の都市化などによる水質環境の変化から、天然ウナギやシラウオなどが極端に減少した。しかし、ノリ養殖の漁獲量がこれをカバーし、ピークとなる昭和三五年（一九六〇）には一八万七〇〇〇トン余りの水揚げを記録する。これは当時日本一を誇った。漁場経済の価値をはかる漁場単位面積当たり生産額においても、江戸時代から昭和中期にいたるまで、江戸（東京）内湾は全国のトップに立っていたのである。

『東京都内湾漁業興亡史』の主要執筆者である藤森三郎氏は、昭和一二年（一九三七）の調査で、「猫のひたいほどの東京都地先海面の漁獲生産額が、日本を代表する水産県である長崎、山口両県の沿岸漁獲高の総金額にほぼ匹敵」していたことを「驚くべき事実」と記している。

生産量、生産額とも、明治以降に船の動力化や漁網の発達といった技術革新によって増大した面があるだろう。しかし、魚貝の生物相がより原初的であった江戸時代には、海本来の生産力はもっと高かったにちがいない。自然がもたらす恩恵は、はかり知れない。

人の手で魚が増える

江戸前の海は最初から豊かだったわけではなかった。江戸の初期には漁法も未発達であり、魚貝もそれほど多くなかったといわれる。それが江戸の人口増加、とくに明暦三年（一六五七）の大火以降、急激に巨大都市へと成長した江戸の市中から出される栄養分たっぷりの生活排水が、河川や地下水を通じて海に流れ込み、魚貝が増えていったという説がある。俗にいう八百八町の余り水で魚が湧いたというものだ。

前述の『魚鑑』の「いな」の項に、「先だつものは飯なりければ、炊かぬ家とてもなし……溝どぶは米泔汁《しろみず》に色かえ、末は川に入り、川水これが為に甘く、海に入れば潮も亦《また》甘し……かの江戸前と称えるものは、五穀滋味《うまき》の余り甘きを食いて長《そだ》つ」とある。また、作家矢《や》田《だ》挿雲《そううん》氏（一八八二―一九六一）が大正期に書いた地誌『江戸から東京へ』に、名人伊豆長という魚屋が江戸前のタイを「八百八町からでる流し汁をくう」ので上品だというのが出てくる。いずれも魚市場出入りの者の証言だ。おそらく江戸の漁民のあいだで「余り水」説が定着していて、それが市場関係者によって流布したのではないだろうか。この説は眉ツバではないし、沿岸部ではさまざまな小魚貝が湧くように増えていったのはまちがいない。

また、江戸の町が栄えることで魚貝需要が増えて、それが漁業の発展をよりうながすという面もあった。江戸の消費生活は、上方からの「下りもの」への依存に始まったが、江戸時代の中頃になると次第に江戸風のものがうまれていく。初めて江戸名産として全国に流通したものに浅草海苔がある。葛西の採集生産に始まるが、後にひび建て（竹や木の枝でつくった篊《ひび》を海底に並び立てること）による養殖法が考案されて後、急速に生産力が増大したものである。

同じく江戸前料理である佃煮、天ぷら、すしなども、その普及によって江戸前の魚貝類に高い価値を与えることになった。シバエビ、コハダ、イカ、アサリ、ハマグリ、バカガイなどの小魚貝は、江戸前料理という活躍の場を得たことで、活発な漁獲生産がおこなわれるようになる。

江戸前の海は、自然地理的環境に恵まれて、さらに江戸の発展と生産者の努力が加わって優れた漁場へと成長した。しかもその生産力は昭和の半ばまで発揮されていたのである。

これは決して容易なことではない。過剰な漁獲によって漁場が失われてしまうことだってあるのだ。次項では乱獲と資源の問題についてみたい。

江戸前漁場の資源保護

漁業技術はより多くの漁獲物を効率良く獲得するために進歩してきた。だが、漁獲効率が良くなり、大量漁獲さえ容易になるのと逆に、天然資源である魚貝は減少していく。いつの時代も漁業はこのようなジレンマを抱えていた。

すでに『続日本後紀《しょく》』の弘仁紀(八一〇-二四)に、「池を乾かして魚を獲る」という記事があるし、それに先立つ延暦一九年(八〇〇)の太政官符は、このようなかいぼり、や河川に毒を流して魚をとることを禁じている。こうした行為は「酷漁《こくぎょ》」と呼ばれた。乱獲のことである。平安時代から乱獲は問題にされていたのだ。ここで、漁業が陥りやすい乱獲のパターンをみてみよう。

ある漁場の漁獲物の人気が急に高まる。このとき漁獲量に対して需要はより大きいため、魚価は高騰する。漁業者は大きく儲けるだろう。漁業はつねに好不漁と価格変動にさらされる水商売だ。ドカンと当たったときの爽快さは忘れられるものでない。それで漁業者は、もっと多くの儲けを得ようと資本を入れる。つまり船や網を大きくするとか、労働者を雇うなど、漁業の大型化を試みるわけだ。そのもくろみが当たって、より多くの利益を上げられるかもしれない。

だが、この幸せは長くは続かないことが多い。自然の再生産量を超える漁獲をおこなえば、やがて漁獲量は減少に向かうからだ。しかし魚が少ないからと容易に諦めるわけにいかない。何しろ大金を投じているのだから。そこで漁獲減少を補うために漁業者は、もっと資本を入れるのだ。このより大きな漁業努力によって、さらに顕著な漁獲量減少がもたらされる。

魚が減る→もっと漁獲する→もっともっと魚が減る→もっともっと漁獲する……そうして最後には魚も漁業者も消えてしまうというものだ。

このような悪循環は、漁獲技術と資本集中の進んだ近代漁業こそおちいりそうなものだが、今から四〇〇年あまり前にもこれと似たことがあった。

戦国時代末期、近畿地方を中心に綿作が勃興する。このとき、肥料となる干鰯《ほしか》の需要が一気に高まった。関西の漁業者たちはイワシを求めて関東の海まで進出を始める。その際に先進的な漁法が東に伝えられたとされるのだが、かれらは技術伝播のために遠国に向かったのではなかった。漁業者たちはすでに関西の海でイワシをとりつくし、他国出漁を余儀なくされたのである。

乱獲の原因は、綿作がきわめて多量の干鰯を投入しなければ良い収穫が上がらない生産効率の悪さにもあった。歴史学者の荒居英次《あらいえいじ》氏（一九二七－八一）は『近世の漁村』（吉川弘文館・一九七〇）のなかで、江戸初期の寛永期（一六二四－四四）に近畿の綿作農家の需要に対して、およそ二二万五〇〇〇石の干鰯が必要であったと見積もっている。漁業者たちは膨大な需要に応えるために漁具の大型化をはかるが、いくらとってもすぐに消費してしまう。そこでさらに漁具を大きくした。それでも追いつかずさらに……このくりかえしが漁場をすっかり荒廃させてしまったのだ。

大規模なイワシ漁に用いる「まかせ網（原初の旋網漁《まきあみ》）」では、網をつくるのに三〇〇両、年間維持費に二〇〇両。これに漁船四艘に漁夫七〇名もの人員を必要とする（荒居氏、同書）。これらの資本を用意したのは近畿の干鰯問屋商人たちだが、漁場の資源減少で痛手を受けたことは否めない。そこで他国出漁が強くすすめられる。

綿作は江戸中期をピークとするが、その頃には房総や鹿島灘のイワシ漁業基地が需要を支えるまでに成長した。一方で関西のイワシ資源が戻るのは、かなり後のことである。

ひるがえって江戸の漁業をみてみよう。

北条氏の家臣であった三浦浄心《みうらじょうしん》が家康入国前後の江戸を記録した『慶長見聞集《けいちょうけんもんしゅう》』に、「東海にて魚貝取盡《とりつく》す事」という一文がある。「相模、安房《あわ》、上総、下総、武蔵、此《この》五ヶ国の中に大きなる入海《いりうみ》あり。諸国の海を廻る大魚ども、この入海をよき住みかと知りて集うといえども、関東の海士《あま》、取る事を知らず。磯辺の魚を、小網、釣糸をたれとるばかりなり。今、武州江戸繁昌ゆえ、西国の海士悉《ことごと》く関東へ来たり、此の魚を見て、願う幸いかなと、地獄網という大網をつくり……此の地獄網にて取り盡《つく》しぬれば、今は十の物一つもなし……」

漁業未発達の江戸に関西の漁師たちがきて、すすんだ漁法で魚をとりつくしてしまったというのだ。少し誇張し過ぎているようにも思えるが、素朴な漁業を営む人々にとっては脅威だったのだろう。ところで、地獄網というのは葛網《かつら》（別名振網《ふりあみ》）だといわれている。底曳網《そこびきあみ》の一種だが、大縄にフリという木片を糸でたくさん吊り下げるのが特徴だ。『慶長見聞集』によれば、この木片は「魚の目に光る」という。フリを海中に引き回すと驚いた魚が浮かび上がって網の中心に集まってくるので、そこを一網打尽にする。タイやヒラメなどの底魚《そこうお》をねらう漁法だ。

『慶長見聞集』のいうように、江戸の海は一時的な資源減少をみたのかもしれないが、漁場の荒廃にはいたらなかった。これは、幕府がすすんだ技術をもつ関西漁業の進出をうながしつつも、無制限に増えることのないように、漁業者の数を制限したためである。江戸の海は天領（幕府直轄領）だったから、漁をおこなうには、幕府の許可は是非とも必要だった。

関西漁業者と地元漁業者は、八四の「浦《うら》」と一八の「磯付村《いそつきむら》」に編成された（図1－3）。浦は、漁業を専業とする純漁村であり、江戸内海の東側に四四ヶ浦、西側に四〇ヶ浦と定められ、八四ヶ浦と呼ばれる。とくに御城の御膳魚をとる御菜八ヶ浦《おさいはっかうら》は格別の存在であった。一方、磯付村は漁村と認められず、船や網の使用は禁じられている。漁獲物も肥料や自給食料としての採取のみで、売買も原則できなかった。そこには幕府の政策が農業に重点をおいたので、半農半漁村の農家が漁業へと転向するのを防ぐ意図があった。しかし、幕府は漁業者を一定数に抑える反面、漁業の生産増強にも心を配っており、少数精鋭の漁村が平和的漁業をおこなうことを考えていたようである。

ところが、明確な線引きのない海面上では、漁業者のあいだで紛争がたびたび起こった。内海の限られた漁場に八四の浦がひしめくように操業し、つかう漁具もまちまちとなれば、衝突は避けられない。事を構えるたびに御上に訴え出て裁断を仰ぐことになるのだが、漁法や漁具が複雑化してくると判決も難しくなる。漁業者間の申し合わせが是非とも必要となった。

江戸後期の文化一三年（一八一六）、武蔵、相模、上総の四四ヶ浦の名主および漁業総代が集まって漁業調整に関する取り決めをおこなう。これを「漁業議定一札之事」という。江戸内海の平和的利用を目的とした議定書である。このなかで画期的なのが「三八職《しき》」というものだ。江戸内海において、使用漁具を三八種類に限定して、特殊な漁具をつかい大量に魚をとることを禁じている。漁業者たちは互いに漁獲競争はやめようと誓い合ったのだった。

水産資源の永続的利用とは、今年とれた魚貝が、翌年もまた同じ場所で変わらずにとれるようにする――これを毎年続けることにある。そのために最も大切なのは、魚貝をとりすぎないことだ。三八職に漁具を限ったことは、江戸内海での過剰漁獲の防止に大きく役立った。

文化一三年の議定は、近代になっても生き続ける。明治一四年（一八八一）、あらたに設立された東京内湾漁業組合の漁業規約として受け継がれ、三八職もまた、わずかな漁具の変更を除いて、そのまま踏

図1-3　江戸内海の漁村

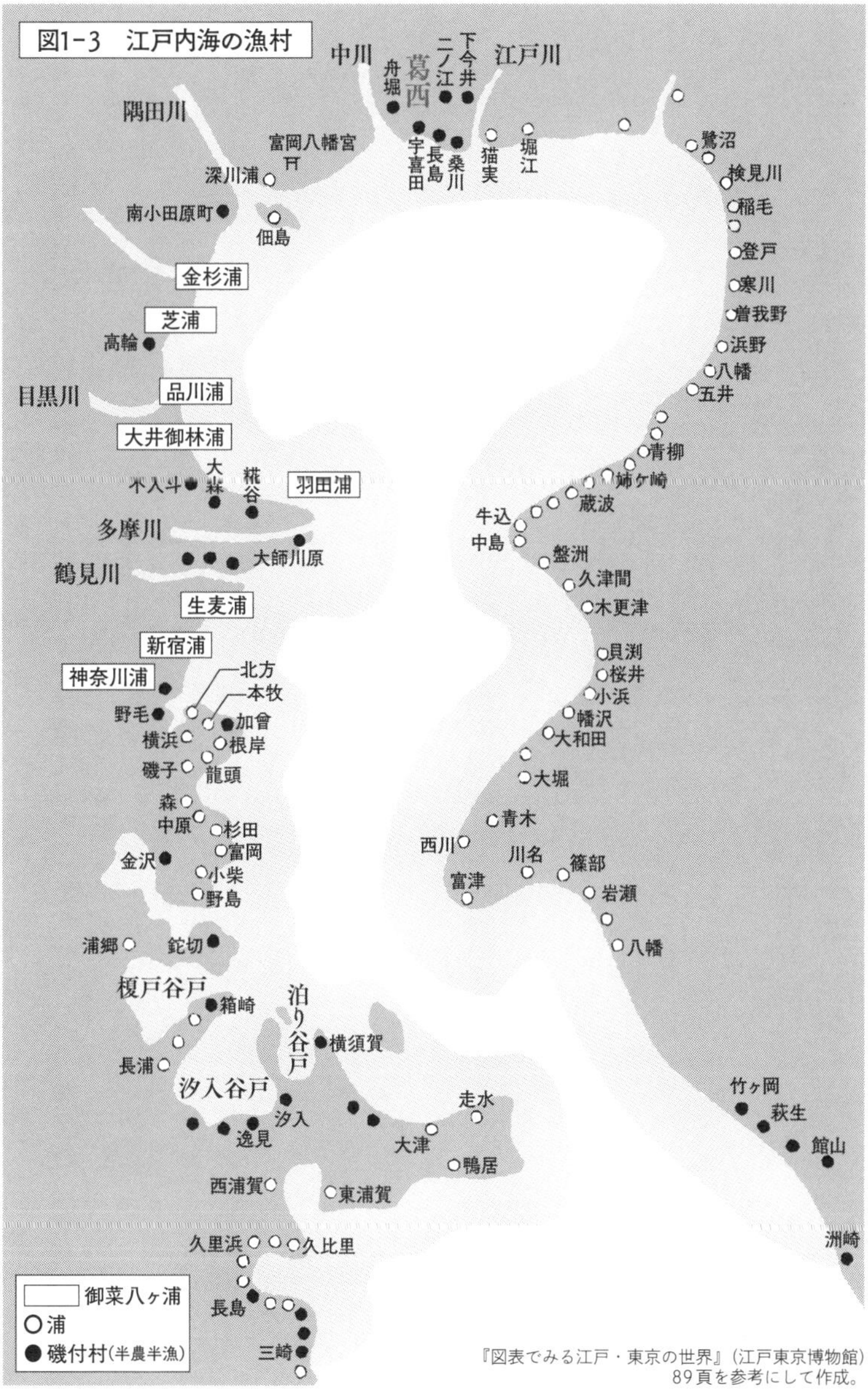

『図表でみる江戸・東京の世界』(江戸東京博物館)
89頁を参考にして作成。

襲されていった。漁業者たちの漁場保護の精神によって、江戸前の海は、その草創期から昭和三七年（一九六二）に内湾漁業権全面放棄で終焉を迎えるまで、実に三五〇年ものあいだ、豊穣の漁場として存続したのである。

「江戸の生活からうまれた魚食」

江戸の食は魚貝が主役といってもさしつかえないだろう。その魚貝は、もちろん海の豊かさがもたらしたものだが、後世に伝わる魚食文化の成立は、きわめて特徴的な江戸の都市生活と密接に関係している。今や日本食を代表するすし、天ぷら、刺身など、いずれの江戸前料理も町人の暮らしに合わせて普及したものだ。

三日魚を食わねば、骨はバラバラに

江戸後期の儒者寺門静軒《てらかどせいけん》（一七九六―一八六八）が著した地誌『江戸繁昌記』に、「土俗、鮮魚を嗜《たしな》み、常に言ふ、〝三日肉食せざれば、骨皆な離《はなる》る〟と。毎日幾万の水族、之を荏戸《えど》人の腹中に葬る……」と出てくる。江戸市民は、「三日魚を食わねば骨がバラバラになる」が口癖というほどの魚食いなのだ。

この本の出版は天保二年（一八三一）。華やかな文化文政期を過ぎた、この頃が江戸の魚食が最も盛んな時期だったろう。江戸も後半になると、安定的な漁業は十分な漁獲物をもたらし、魚貝の調理法もあらかた開発される。日本橋や芝の魚市場から二里（約八キロ）四方の町々には、棒手振《ぼてい》（江戸では魚のボテフリを「ボテイ」と呼んだ）と呼ばれる天秤棒を担いだ魚売りが毎朝きては、目の前で魚をさばいてくれる。両国や上野などの繁華街はもちろん、ちょっとした町の辻にも屋台店が立ち、すしだって天ぷらだって好きなものを食べることができた。銭があればだが、有名な料理屋へとくり出して、めずらしい魚貝料理に舌鼓をうつことも可能である。
また、遊山気分で江戸郊外をゆくと、各所に魚貝の名物があった。前述の『続江戸砂子温故名跡志』から江戸名産の魚貝を拾ってみよう。

浅草海苔　雷門の辺で製する。二、三月にかけて盛んである。

品川生海苔　品川・大森の海辺でとる。浅草で製する海苔はここで産するものである。

葛西海苔　浅草海苔に似て異なり。本草《ほんぞう》にいう紫菜《しさい》という海苔である。

佃白魚　初春は海にいて、二月頃に川に上る。

浅草川白魚　昔はこの川にいなかったが、寛永の末頃に移植したと伝えられる。

浅草川紫鯉《むらさきごい》　駒形堂、花川戸辺でとる。金紫《きんし》色で淀川の鯉よりも味は勝《すぐ》れる。

多摩川鮎　多摩郡《ごおり》六郷の川上でとる。香りが良いので香魚《こうぎょ》と呼ぶ。雌は甘美、雄は味劣る。

江戸前鯵　中《なか》ぶくらというは随一の名産なり。鯛、平目に限らず、江戸前の魚はどれも佳品。

業平橋蜆《しじみ》　中之郷、業平橋の堀にてとる。名産なり。

尾久蜆　隅田川上流の荒川にてとる。この蜆は小蛤《こはまぐり》ほどの大きさがあって風味が良い。

中川鱚《きす》　夏の末から秋にかけて盛ん。大きさ七、八寸もあり、もっと大きいのもとれる。

鉄砲洲鯊《はぜ》　鉄砲洲、石川島、永代橋の辺でとれるものを上品とする。

深川蛤　佃沖、弁天沖で秋の末より冬にとれる。貝は細かく、大型のものはまれである。

浅草川手長海老　両国橋のやや上流、本所竪川横川にてとれる。

揚場川手長海老

牛込御門の外、御堀でとれる。吸い物に良し。茹でると紅《くれない》のごとし。

品川河豚《ふぐ》

「しおさい」という。大きさ四、五寸より一尺。淡い味わいなり。

深川鰻

大きいものはまれで、小さいものが多い。甚だ好味なり。

池ノ端鰻

不忍池でとるにあらず、千住、尾久辺から運んでくる。大型で味も良い。

千住鮒《ぶな》

形は平たく小さいが、風味は琵琶湖の鮒に劣らず。

芝苗蝦《あみ》

一寸に足らない小海老。備前、筑後で塩辛にしているものと同じ。

芝海老

芝浦の名産なり。秋の末より初冬にかけて。車海老より小さく、やわらかで甘美。

宮戸川鯰《なまず》

関東に鯰なしとの故事があるが、享保より浅草川に多くすむ。上方と形が異なる。

深川蠣《かき》

深川沖にてとる。名産なり。

こんな土地に住めば、誰だって魚食いになろうというものだ。三日食べないと骨がはずれると自慢するのも当然だろう。しかし、江戸が魚食都市の様相を呈してくるのは、江戸時代も後半になってからのことだ。一般庶民が三日にあげず魚を食うようになるまでには、開府後一五〇年ほどかかったことになる。

町人たちの魚食

江戸前漁業も魚市場も、建前上は江戸城に魚類を届けることを第一義とした。魚類流通システムは城中の膨大な魚類需要を賄うために開かれたといっていい。江戸初期は何事も武家主導だったから、あらかたの魚貝は武士階級に消費されて、一般庶民が口にすることはまれだった。寛永期（一六二四－四四）に、江戸内海でもイワシ漁が盛んになり、イワシの干物が日本橋魚河岸でもあつかわれるようになる。おそらく当時の庶民が食べた魚はそんなものだったろう。

江戸中期の元禄期（一六八八－一七〇四）になると、漁具・漁法も増えて漁獲量ものびてくる。江戸の経済活動も大きく膨らみ、幕府出入りの御用商人が羽振りをきかせた。江戸市中に料亭や料理茶屋ができて繁盛をみる。これらの場所は、武士たちの会食などに多く使われたが、山海の珍味を食べに出かける富裕町人たちも得意客となった。

シラウオは徳川家康が摂州佃村（現大阪市西淀川区）から漁師を呼んで、とくにとらせた由緒をもつ魚で、少なくとも家康の代には御留魚《おとめうお》として一般の食が禁じられた。したがって高級魚だが、これを一〇樗蒲《ちょぼ》（二〇〇匹。樗簿は本来、白魚二一匹をまとめて呼ぶ言い方だったが、後に二〇〇匹をも指すようになった）、玉子いりにからりと煮つけて、喜撰花（上等な宇治茶）の苦いやつで、茶漬けを食う、といった食通を気どる町人もあらわれてくる。

芝居や映画で有名な肴屋太助は元禄期の人といわれる。腕に「一心白道」と入れ墨したので「一心太助」と渾名《あだな》され、俠気《きょうき》に富んだ人物と知られた。浅草の穀物商松前屋五郎兵衛《まつまえやごろべえ》の冤罪《えんざい》を晴らすために一肌脱いだというのは芝居ばなしとしても、棒手振の魚売りを稼業としたことや、「天下のご意見番」と名高い旗本大久保彦左衛門（忠教《ただたか》）に寵愛されたのは本当のようだ。すでにこの時代は魚屋が町を売り歩いていたのがわかる。ただし町人衆よりも武家屋敷や大店商人を相手とするほうが身入りは良かったろう。多くの魚が出回るようになっても、裏長屋の住人たちはあいかわらずイワシばかり食べていたからである。

それでは、江戸の庶民がこぞって魚を食べるのはいつ頃からか。どうやらそれは、江戸っ子の登場と、だいたい時代を同じくしているようだ。江戸っ子が江戸時代の文献にあらわれ始めるのは江戸中期以降、明和から天明期（一七六四‐八九）にかけてである。この時期に町人の生活は高度化していった。世の中に金が回り、消費経済の主体が武士階級から町人へ移っていく。

すし、天ぷら、鰻などの江戸前料理は、江戸の町人たちに育まれたものだった。公家や武家や寺方から出たのではなく、江戸の庶民生活からうまれた食文化である。そこで、江戸の食文化をみるには、その土台となる庶民生活の性格を、いちおう知っておきたい。

米と火事と独身者《ひとりもの》

「金の鯱鉾《しゃっちょこ》横目に睨《にら》んで、水道の水を産湯に浴び、拝搗《おがみづ》きの米を食って、日本橋の真ん中で育った金箔付きの江戸っ子だ」

生粋の江戸っ子をうたう名台詞は、山東京伝《さんとうきょうでん》の天明七年（一七八七）の洒落本『通言総籬《つうげんそうまがき》』からきている。しかし、金箔付きと威張ってみても、ちょっと怪しいところもある。江戸城の鯱鉾《しゃちほこ》は明暦の大火で天守閣が焼け落ちて以来ない。また、江戸の水道設備は立派なものだが、もともと水質が悪いために、掘り抜き井戸ができずに地中の樋《とい》（水道管）から汲み出す水道井戸としたものだ。それでも水不足は解消されず、水道網が隅田川を越えられない本所や深川では、水売りが真水を売り歩いたほどだから、たとえば京都のような誇るべき良水ではない。それから、日本橋の真ん中に住むのはあらかた商人で、こういう人たちは自分のことを江戸っ子だ、などと品のないことはいわないのである。せっかくの名台詞もしまらないものになるのだが、拝搗きの米（白米）が存分に食える。これだけは確かに江戸っ子の自慢できることだった。

江戸時代に武家社会の経済基盤となったのは米である。全国から膨大な年貢米が運ばれる江戸は、米の一大集散地だった。幕府も、諸藩も、米によって財政を立てる。武士への俸禄（給与）も米で支給された。旗本、御家人は、蔵米《くらまい》手形で渡される米を商人に売って生活費とするが、その換金代行をしたのが札差《ふださし》という業者である。札差は売買手数料を収入としたが、後に蔵米を担保として旗本、御家人に高利の貸付けをおこなって巨利を得た。

その米が商人を通して江戸市中に出回り、町人たちが買って食べた。生産地の農民は、収穫物の半分を年貢米にとられるので、米を食べることなどままならなかったが、江戸ではお天道さまと米の飯はついて回るといわれた。米がたらふく食えるからこそ市中に食べ物屋があふれ、食い道楽の風情がうまれたのだ。ことに米と魚の相性の良さはいうまでもない。

さて、武士は太平の世にあって武功で俸禄が増えることもない。よほど上役の覚えめでたくない限り、子々孫々まで昇給はゼロ。諸物価は上がるが、収入は二〇〇年以上増えないのだから堪らない。それどころか、米の値段は品種改良や新田開発によって下落傾向にあったから――つまり米価が下がれば実収入は減ってしまうわけだ――生活は楽にならない仕組みだったのだ。

「武士は食わねど高楊枝」のやせ我慢は、一種美徳として町人たちから尊敬されることもあったが、武士の鼻息が荒かったのは江戸の最初の頃だけで、時代を経るにつれて、次第に勢いをなくしてしまう。

ここに消費経済の主体が武士から町人へと移った最大の原因があった。

もうひとつ江戸っ子の自慢に「宵越しの金をもたない」というのがある。ケチケチしなくても、明日になれば必ず懐に銭が入ってくるのが江戸の経済構造であった。といって、江戸っ子が大金というほどのものを稼げるわけではないが、何しろ蓄財などという料簡をもち合わせなかったのだ。

その理由に江戸の火事の多さがある。二六〇年余りのあいだに大火が一〇〇回近くあり、江戸全体を焼失したのも一度や二度ではない。小さな火事にいたっては、空っ風の吹きつける冬場などは毎日のようにあったから、江戸市民は生涯に何度かは被災した。

燃えてしまえばみんな灰になってしまうのだ。銭なんか貯めたところで何になろう。家や家財道具を揃える気なんてさらさらない。それよりも身体が資本のかれらにとっては、食べることが一番大切だった。だから、食べ物にはうんと銭を遣う。江戸にうまいものが多いのは、そういうわけがある。

江戸っ子は恐るべき火事を「江戸の華」とさえ呼んだ。焼けて困るのは財産のある者ばかりで、復旧工事では大工も鳶《とび》も日傭取《ひようと》りも良い仕事にありつけるのだから、むしろありがたくもある。いつ災害に見舞われるとも知れぬ憂き世を「浮き世」と冗談めかした。それは江戸っ子のバイタリティだろうか。それとも結局どうにもならないのだという諦めなのか。おそらくその両方だろう。

最後に未婚率の高さも江戸の特徴だ。「嬶《かかあ》天下と空っ風」といえば上州名物だが、これを江戸に置き換えれば、「男やもめと空っ風」となる。江戸は全国から集まった男たちが人工的にこしらえた都市である。とくに江戸初期には圧倒的に男性人口が多かった。時代が下るほど女性の数も増えていくが、それでも男女比が均衡することはない。歴史学者大石慎三郎氏（一九二三－二〇〇四）の『江戸時代』（中公新書・一九七七）によると、江戸中期の享保六年（一七二一）の町方人口は、男性六五万人に対して女性三五万人。比率にして男一〇〇：女五四であった。

そのために独身者があふれることになる。武家なら家督を継ぐ関係で、是非とも婚姻しなければならないが、町人たちに婚活なんてない。とくに裏長屋に住まう日傭取りや振り売りの商人などは、結婚に縁のない者も少なくなかった。

川柳に「屁をひって　おかしくもなし独身者《ひとりもの》」というのがあり、気楽だが、物寂しい生活をよくあらわしている。そんなかれらの気散じとして遊里があったし、外食文化が発展したのである。

すしも天ぷらも鰻も、江戸の「男おひとりさま」の心身を養うものだった。

第二章

江戸の始まりから魚河岸ができるまで

第二章は江戸前魚食のインフラともいうべき水産業の成立についてみたい。その特徴を一口でいうなら、関西方面から先進の水産技術をもった人々が大挙やってきて、未開の関東の海が急速に開けていった、ということになるだろう。ただし、地域的にみると発展過程もさまざまだし、込み入った事情も絡んで、江戸の水産業はややこしくできあがった。

ここではなるべくシンプルに考えるために、江戸周辺の水運発達をうながした「幕府の都市計画」、関西漁業者の活躍による「関東漁業の勃興」、水産物流通の要となる「日本橋魚河岸の誕生」の三点に絞って、江戸開府から九〇年ほどのあいだに江戸の水産業が形づくられた様子をみていきたい。

江戸の都市づくりと水運の改変

関八州の領主となった徳川家康は、江戸の開発に着手する。そのとき、江戸防衛と水運拡大をねらって、周辺の水辺は大きく変更が加えられた。大規模な土木工事による海面埋め立て、河川の開削や掛け替えがおこなわれ、江戸は首府としての機能を高めていったのである。

世界一の大都市へと発展を遂げる江戸の都市開発は興味深いが、ここではとくに、水産にかかわりの深い海と川の改造についてみてみたい。

家康入国をめぐって

天正一八年（一五九〇）八月一日、徳川家康は「八朔《はっさく》」の吉日を選んで江戸城に入城する。ここに江戸の歴史が始まった。本当は家康が征夷大将軍となる慶長八年（一六〇三）からが江戸時代なのだが、江戸城内では八朔御祝儀が年中行事となり、「神君御討ち入り」がことさら強調されてきたので、何だか関東地方だけ一〇年ちょっとフライングして近世を迎えたようなことになっている。実は天正一八年の時点では、豊臣秀吉の重臣として関八州の領主に納まった、いわば地方知事のようなものだ。このとき家康の心中に江戸を首府とする構想があったのかは、本当はわからない。

家康入国時の江戸は未開の寒村だったという。江戸城は石垣ひとつなく、竹木が茫々《ぼうぼう》と生い茂るありさまで、まったく城の体をなしておらず、城下には茅葺《かやぶ》きの家屋が一〇〇軒ばかりあるだけ。東はここかしこ潮入りの葦原《あしはら》で、町屋、武家屋敷を割り付ける場所もなく、西をみれば雑木の原が武蔵野へと続いてそのけじめも知らない――この荒れ果てた土地が徳川治世によって巨大都市にまで発展をみたのである。

しかし、近年になって、こうした江戸寒村説は覆されつつある。『家康はなぜ江戸を選んだのか』（教育出版・一九九九）の著者岡野友彦氏は、江戸とは「江（湾）の戸（入口）」、すなわち湊であり、古くから関東の内海（香取海＝霞ヶ浦が関東平野深くまで入り込んでいた）と東海道を結ぶ海上交通の要所であったことを明らかにしている。鎌倉期には江戸氏が、室町期には太田氏が、戦国期には後北条氏が、それぞれ江戸を重要な拠点とした。岡野氏は、「家康がこの地をあらたな〝東国〟と定めたのは、そうした江戸の都市としての長い伝統、東国支配の要となりうる条件を十分に認識していたがゆえにほかならない」と述べている。

東国の寒村が家康の卓見によって大都市へと成長を遂げたというのは、徳川のイメージ戦略としてつくられたストーリーであって、すでに江戸は港湾都市の要素を備えていた。それなら、家康は単に中世的都市をアップデートしただけなのか、といえば、それほどかんたんではない。

海上交通だけをとってみても、海の要所である江戸の特長を活かしつつ、首府にふさわしい集散機能を実現するために、沿岸や河川に大がかりな改変が施されている。私達の知る海岸線や河川の形は、多くが江戸初期に意図的に手を加えられたものなのだ。

小名木川開削と日比谷入江埋め立て

江戸入国後、家康はすぐに下総行徳の塩を江戸に運ぶために、運河の開削を命じている。かつて武田信玄が、小田原から運び込む塩のルートをふさがれて難儀したことを考慮したという。運搬に海路をとらなかったのは、沿岸が遠浅の海で、砂洲に阻まれて定期便の通航が困難だったからだ。そのために沿岸から一キロほど内陸を東西に開削する大工事に着手している。

完成をみたのが、古中川《ふるなかがわ》と隅田川を結ぶ全長約五キロの小名木川である。名前の由来は開削を手がけたのが小名木四郎兵衛《しろべえ》であったからとも、ウナギがたくさんとれたのでうなぎ川といったのが訛《なま》ったともいわれる。小名木川の開通で行徳方面から江戸城の船入場である道三堀まで直通ルートがひかれた。後にこの運河が塩の運搬にとどまらず、関東内陸部の水運と結ぶ要路となる。

さて、当時の江戸城付近の海岸線は、現在の田町、日比谷、霞が関、新橋を通っていた。日比谷から大手町にかけて袋状の入江があり、城のすぐ下、ちょうど馬場先御門の辺まで海が入り込んでいる。城中からは沖をゆうゆうと泳ぐクジラの姿がみられたという。ここに敵の水軍でも入られて撃ち込まれたら目も当てられない、というので日比谷入江の埋め立てがおこなわれる（図2−1）。

それには千石夫《せんごくふ》といって、諸大名から石高一〇〇〇石について一人ずつの人夫拠出（実際には一〇石に一人という大変な負担を課すことが多かった）による人海戦術ですすめられた。神田山を切り崩し、その土で日比谷以南の海面が造成される。慶長一一年から一二年（一六〇六−七）にかけての工事だ。千石夫によって宅地開発をおこなった大名は、その功績として出身地が町名につけられた。江戸古町《えどこちょう》といわれる神田・日本橋辺の初期開発区域には、加賀町、尾張町、出雲町など、町名に諸国の名がついたものが多い。神田山の切り崩しでは、家康直属の駿河衆がおこなったので駿河台の名が残されている。

ところで、日比谷の名は魚やノリをとるひび（篊。竹や木の枝）に由来している。そこに江戸時代以前から漁民が住んでいたのだが、埋め立て工事に伴い京橋および芝口へと移住させられたという。江戸にもともといた漁民が素朴な漁業を営んでいたことは第一章でも触れたが、徳川政権下、かれらはどのようにあつかわれたのか。それにちょっと触れておきたい。

江戸の在来漁民

家康入国時には、沿岸部に漁業集落がかなり多く存在していた。家康はかれら在来漁民を大切にあつかい、税制面などで保護を加えている。そうして魚貝献納をおこなわせた。

江戸以前の漁浦として、日本橋、日比谷、芝、品川、大井、大森などが知られているが、なかでも規模が大きかったのが芝である。芝浦は現在の汐留の辺から高輪にいたる沿岸の総称で、室町期の文明年間（一四六九－八七）の漁業記録があるから、江戸内海でも最古の漁浦だろう。後に金杉の漁師が独立して芝浦と金杉浦に分かれるが、両浦はつねに行動をともにした。

天正年間（一五七三－九二）、家康が芝浦を御通航の折に船が洲に乗り上げて難儀していたところ、芝浦の漁民一一名が救援に務めた。家康は大いによろこび、かれらに姓を賜り、武士に召し抱えると仰せつける。だが、漁民たちは「私たちは武士の望みはなく生来の漁業を続けたい」と申し上げたので、家康はかれらに江戸内海の漁業特権を与えた――このような伝承が残されている。

家康から御《お》墨付《すみつき》を頂戴する話は、よくあるもので内容も大同小異だが、ともあれ、芝浦の漁民は幕府

図2-1　家康入国以前の江戸

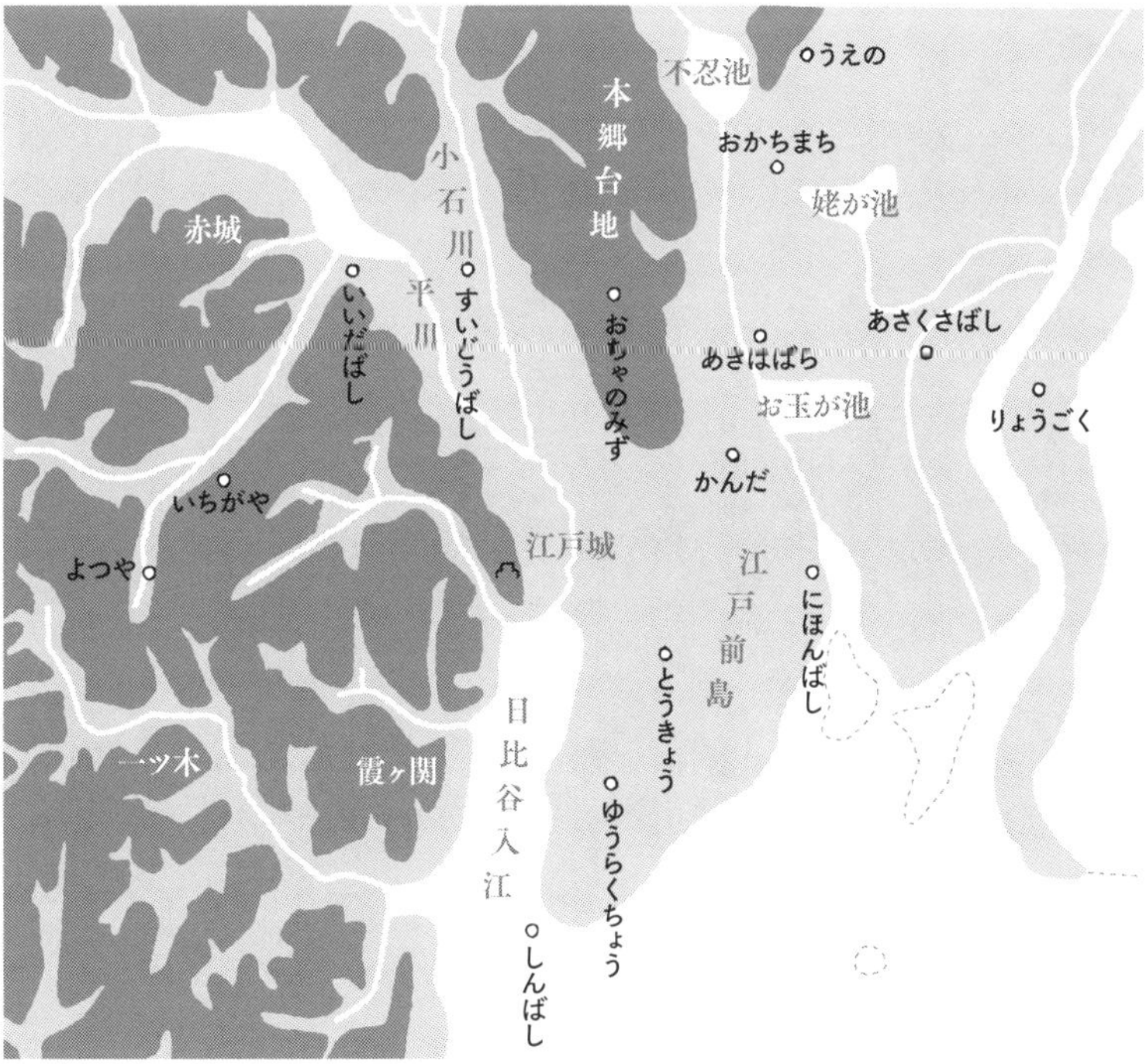

鈴木理生『江戸はこうして造られた』（ちくま学芸文庫）21頁を参考にして作成。

の恩恵に感謝し、将軍家へ新鮮な魚貝を献上するようになる。初めは不定期におこなわれたが、宝永七年（一七一〇）より毎月六日、一三日、二一日、二七日の四回上納と定められた。

芝は御城の御膳をつとめるので、御菜浦《おさいうら》と呼ばれるようになる。後には品川浦が加わり、さらに大井御林浦《おはやしうら》、羽田、生麦、新宿（現横浜市子安）、神奈川の五浦、それと芝から分かれた金杉を合わせて御《お》菜八ヶ浦《さいはっかうら》となった。江戸内海の漁業者のなかでも別格のあつかいで、操業における租税免除などの優遇措置がなされている。御菜八ヶ浦の船には無税の標識として船に「言」の焼印を押されたので、言《げん》の字船などと呼ばれた。

なかでも芝と金杉は元浦《もとうら》といって、江戸内海漁業のリーダー的な役割を担っていた。幕府から各浦への布令があるときには、まず元浦の名主にお達しされる。元浦では本状を保存して、その写しに名主、年寄が捺印の上で各浦に伝達したという（『東京都内湾漁業興亡史』）。

ところで、漁師自らが漁獲した魚を売る市場、現在の産地市場にあたるものが江戸時代にあらわれてくるが、その最初となったのが芝浦の魚市場である。『芝区史』によると、芝浦の漁師はとった魚を日本橋小舟町に運んで販売した。これが豊臣政権下の文禄頃（一五九二－九六）というから、江戸では最古の魚市場ということになる。その後、江戸開府にともない、日比谷入江が埋め立てられ、東海道があらたな海岸線に沿って整備されたので、この市場が慶長六年（一六〇一）に東海道の道筋に移った。初めは漁師が手売りしていたが、寛永年間（一六二四－四四）に魚問屋《うおどいや》が集まって、横新町（現芝五丁目）と芝赤羽（現三田一丁目）に「御用魚《ごようぎょ》撰立《えらびたて》残魚《ざんぎょ》売捌所《うりさばきどころ》」をつくる。大仰な名前だが、献上品の残りを販売したので、一般には「雑魚場《ざこば》」と呼称された。落語「芝浜」で、芝の浜辺で革財布を拾った魚屋勝五郎が通うのがこの魚市場である。日本橋魚河岸が地方の魚まで広くあつかったのに対し、こちらは地魚専門なので、江戸の料理屋からは本物の江戸前とよろこばれた。

利根川の東遷工事

俗に坂東太郎《ばんどうたろう》の異名をとる利根川は、群馬・新潟県境の大水上山《おおみなかみやま》を源流に関東平野を北西から南東へ横断して、銚子付近で太平洋に注ぐ全長三二二キロの一級河川である。だが、この流路は江戸時代につくられたものだ。もとは北埼玉郡大利根町（現埼玉県加須《かぞ》市）付近で南下して、暴れ川の異名をとる荒川と合流し、古利根川《ふるとねがわ》筋から江戸へと直接に流れ込んでいた。この利根川本流を東へ東へと付け替えて、しまいには太平洋まで通じさせたのは、およそ五〇年間におよぶ幕府の治水工事だったのである。

幕府は利根川の流れを変更することで、関東内陸部と江戸内海を結ぶ水運強化をねらったという。同時に利根川がもたらす大量の土砂が、市街地へ押し寄せるのを阻止しようとした。家康入国時は日本橋辺まで海に面していて、一帯は砂洲だったというから、河口部への土砂堆積は相当なものだったのだろう。利根川がもとの流れのままであったら、江戸の地形はちがっていたはずだ。

また、水害の心配もあった。徳川家臣内藤清成《ないとうきよなり》の『天正日記』に、入国まもない天正一八年（一五九〇）八月一二日、隅田川で洪水の記述がみられる。これも工事の動機となったかもしれない。家康は利根川の江戸流下を相当気にしたようだ。

こうして、利根川東遷という大事業が始まる（図２－２）。工事統括者は、関東郡代の伊奈備前守忠次《いなびぜんのかみただつぐ》。「伊奈流」で知られる独特の土木技法は、地形を利用した自然堤防を築き、周囲に遊水地を設けた。これは洪水を封じ込めるのではなく、越水をしたときに被害を最小限にとどめる方法である。

利根川は上流の川俣村付近（現埼玉県羽生市《はにゅう》）で、会《あい》の川と浅間川の二股に分かれていたが、文禄三年（一五九四）に会の川を締め切る。そして、一方の浅間川を拡幅して、東側に並行する渡良瀬川《わたらせがわ》へと接続させた。これにより羽生や加須に新田がうまれたが、下流部の幸手《さって》方面が浸水して迷惑をこうむる。

次いで、元和七年（一六二一）に新川通《しんかわどおり》を開削して、渡良瀬川下流部の庄内川《しょうないがわ》と結んだことで、利根川と渡良瀬川はまったくひとつの川となる。その結果、幸手の洪水はやむが、隅田川への流水が減って川幅が狭くなった。先述の『落穂集追加』に、浅草橋場の辺で、子どもらが両岸に分かれて石合戦して遊べるほど隅田川が小さな流れになった、と記されている。

新川通の工事と並行して、利根川の流れを牛久、手賀沼方面の湿地帯にバイパスする赤堀川の開削を試みたが、これが失敗してしまう。そこで、寛永六年（一六二九）、水海道《みつかいどう》（現茨城県常総市）付近で合流する鬼怒川《きぬがわ》と小貝川《こがいがわ》を分離、別々に利根川へと接続させた。これにより周辺の土地開拓がすすんで、低湿地に穀倉地帯が広がっていく。同じ頃に熊谷付近で荒川を締め切って利根川と分断、その流れを入間川《いるまがわ》へと接続する。これで入間川を最上流とする現在の荒川がつくられ、隅田川の川幅も元通りとなった。

承応三年（一六五四）、難航していた赤堀川の開通に成功する。利根川本流は赤堀川を通って常陸川へ流入し、霞ヶ浦南縁の湿地を東進して、銚子河口より太平洋に注がれるようになった。

利根川東遷によって関東地方の水運は急速な発展をみる。利根川とその支流域、湖沼の沿岸に物資流通の拠点としてつくられた河岸は、八〇以上にのぼった。江戸―高崎以東の関東のほぼ全域が川船ルートに収まり、大小の高瀬舟《たかせぶね》や艀舟《はしけぶね》によって、年貢米、雑穀、野菜、材木などが沿岸地域から江戸へ送ら

図2-2　利根川の東遷事業

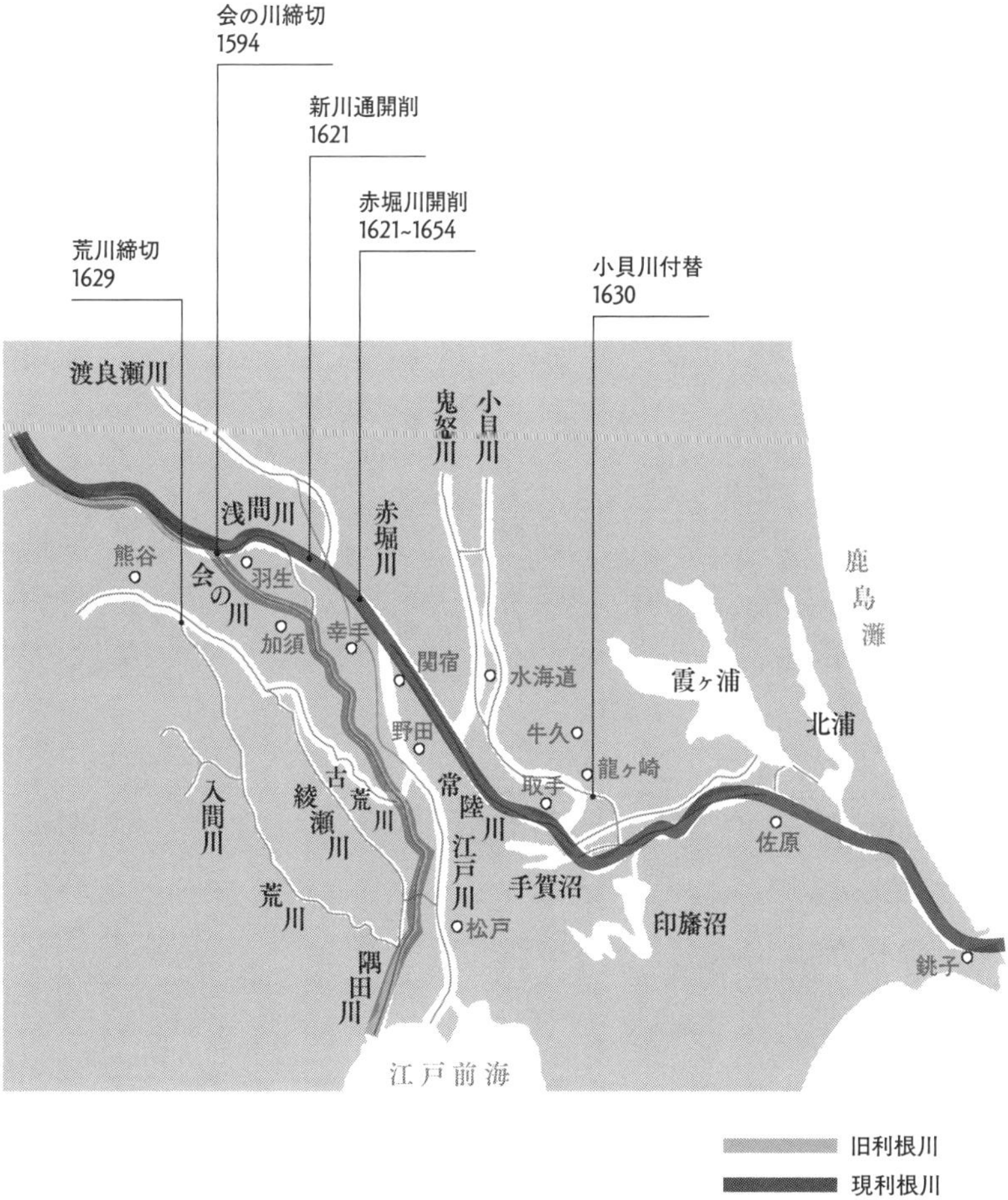

れ、江戸からは、衣料、塩、日用雑貨などが送られた。

物流がうながされることで地場産業が育てられる。江戸中期以降には、上方からの「下りもの」を江戸の「地廻りもの」が上回っていく。その代表的なものをみれば、銚子および野田の醤油醸造、佐原《さわら》の酒造、流山の味醂醸造など、いずれも利根川水運によって発展をみたものばかりであった。

鮮魚のきた道

水運の発達は魚貝の流通にも大きく影響をおよぼしている。

江戸の急激な人口増加は、魚貝需要を増大させ、江戸内海の漁獲物だけでは不足するようになった。そこで、外海の魚を江戸に運び入れる必要が出てきたのである。鹿島灘や九十九里にはイワシ漁をおこなう漁業地帯が広がっていた。ここでとれる鮮魚を江戸に送るのに、房総半島を大回りすると航行距離も長く、大変な日数がかかってしまう。これが利根川水運の利用によって、航路の大幅なショートカットが可能となったわけである。

大型の高瀬舟に積まれた魚荷は、銚子から利根川を通って関宿《せきやど》（現千葉県野田市）まで北上、そこから江戸川に入って今度は南下し、小名木川経由で日本橋魚河岸へ送られた。

ところが、冬の渇水期には関宿付近で舟が通れなくなるという問題が生じた。そこで冬季限定の特別な輸送法がうまれる。途中の木下河岸《きねかし》（現在の我孫子付近）でいったん魚を陸揚げして、そこから馬の背に乗せて内陸を本行徳へと通じる木下街道を経て、本行徳でふたたび舟に積み替えて魚河岸をめざす水陸併用輸送である。さらに距離が短縮できて具合が良いのだが、陸送には宿次《しゅくつぎ》という、宿場ごとに荷を

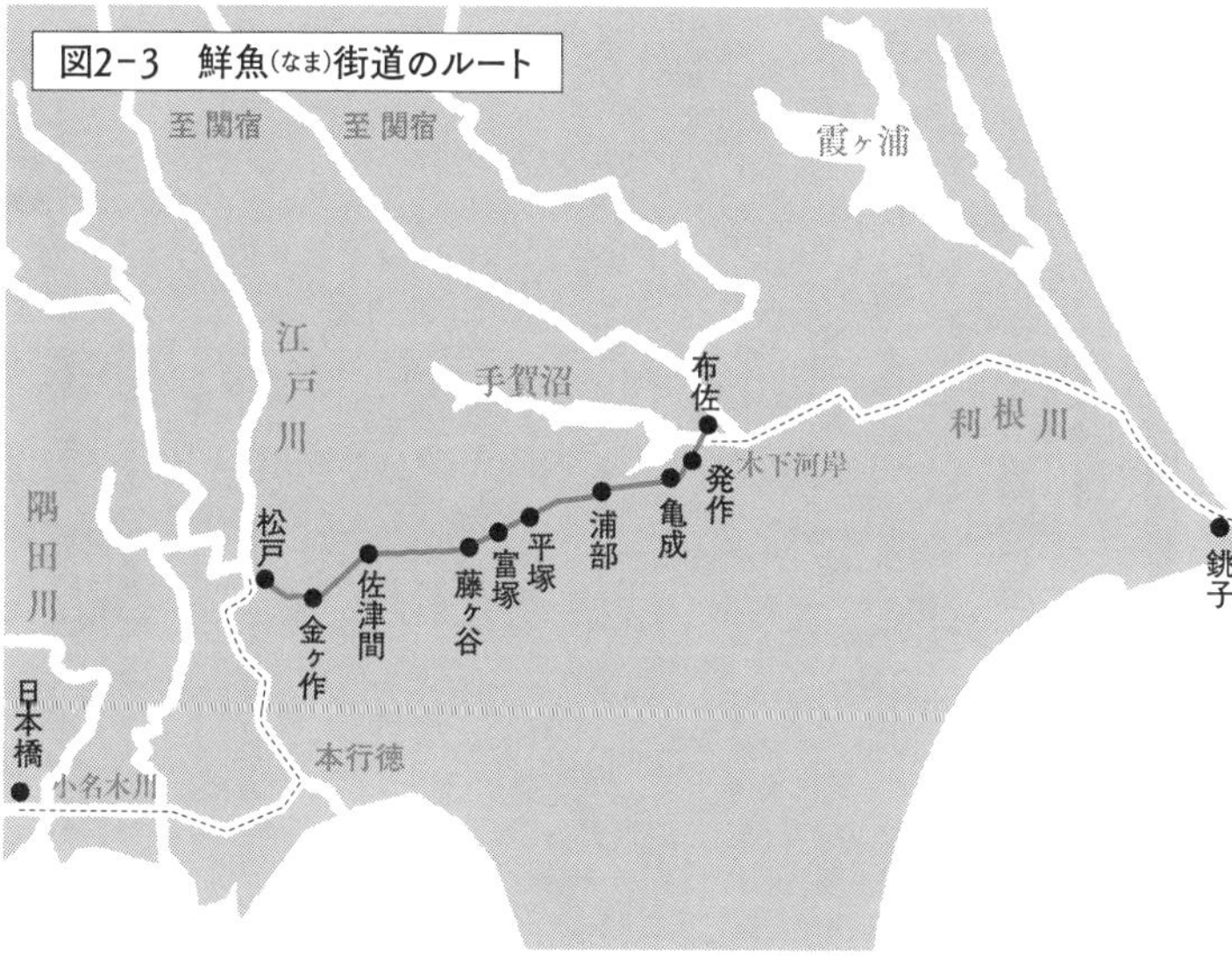

図2-3　鮮魚(なま)街道のルート

積み替える制度があって面倒だ。それが正徳六年（一七一六）に、木下河岸の西隣の布佐《ふさ》河岸と松戸の納屋《なや》河岸とを結ぶ街道に、宿次なしの「通し馬」が認められることとなり、自然とそちらのルートに置きかえられる（図2－3）。

夕刻に銚子を舟で出発した魚荷は、夜明けに布佐河岸に到着。ここから陸路を馬で、布佐→発作《ほっさく》→亀成→浦部→平塚→富塚《とみつか》→藤ヶ谷→佐津間《さつま》→金ヶ作《かねがさく》と一気に運び、日の高いうちに松戸の納屋河岸に届けられると、翌朝には日本橋魚河岸に魚が並べられていた。輸送業者らは銚子で魚を積み込んでから三日目の朝の江戸必着を旨としたというから、現代の配送業にも負けない迅速さである。

布佐と松戸を結ぶ七里半の道に、定まった名前はなかったが、人馬によって盛んに魚が運ばれたので、いつしか鮮魚《なま》街道と呼ばれた。

関西漁業の進出

関東の漁業は関西方面からの他国出漁、いわば出稼ぎ漁業によって開かれた。このとき関西からきた漁民にはふたつのタイプがあった。

そのひとつが徳川に誘致ないし認可された漁民である。幕府は江戸の地元漁民を保護的にあつかったが、いかんせん漁業が未発達だったので、生産力増強にはすすんだ関西漁業の力が必要だった。それに応えたのが畿内の漁民たちで、その代表に摂州佃・大和田両村（現大阪市西淀川区）の漁民の江戸移住がある。かれらは徳川家との特殊な関係から、多大な保護・特権が与えられ、江戸前海の干潟を拝領して佃島と名づけた。

もうひとつが権力をバックにもたない自由出漁の漁業者である。こちらは紀州方面から三浦半島、房総半島へイワシ漁のためにやってきた者が多かった。漁業がもともと移動性の強い海洋民によって広められたように、かれらの冒険的出漁は、関東に新しい漁法を伝える。

漁民たちの軍功

佃島の漁民は江戸内海一帯における漁業特権をもっていたばかりか、他に類をみない巨大生鮮市場日本橋魚河岸の創始者でもあるという、江戸前漁業のなかでも際立って特異な存在であった。そこには徳川家との深い結びつきがあり、関西から江戸に渡った最初の漁業者となっている。

本国である摂州佃・大和田両村が徳川と関係をもつのは、江戸開府以前の、家康が浜松在城の頃とされる。これについては、代々魚河岸会所につとめた川井家の六代目新之助の編纂《へんさん》した『日本橋魚市場沿革紀要』（日本橋魚会所・一八八九）に「魚問屋ノ起源」として記されている。

「天正年中、恐れながら家康公御上洛の折、多田の御廟《ごびょう》、住吉神社に参拝されたが、神崎川《かんざきがわ》を渡る舟がなく難儀された。そのとき安藤対馬守《あんどうつしまのかみ》が佃村名主の見一孫右衛門《みいちまごえもん》に命じて、かれの支配する船で無事に川を渡ることができた。その際に孫右衛門の家に立ち寄りご休息なされたので、古来より所持していた〝開運石〟を御覧に入れたところ、家康公は〝この神石を拝することは開運の吉祥なり〟と賞美し、差し上げた白湯を召し上がられた。そして屋敷内の大木の松三本を御覧になって〝木を三つ合わせれば森となる。今後は森孫右衛門と名乗るがよい〟と仰せになり、孫右衛門はありがたく賜った……」

天正年間（一五七三－九二）に家康は三度京都に赴いているが、多田神社（現兵庫県川西市）と住吉大社（現大阪市住吉区）へ立ち寄ったのは、天正一〇年（一五八二）の一回目の上洛である。このとき西国征伐のために織田信長が京都に滞在していた。住吉神社を参拝した家康が堺にいた六月二日に本能寺の変が起きる。危険を察知した家康は堺を出発し、わずかな人数で伊賀の山中から伊勢にいたり、そこから船で三河へと渡る脱出行を試みた。世にいう「伊賀越え」である。

築地魚河岸が編纂した『魚河岸百年』（一九六八）の主要著者である三浦暁雄氏は、伊勢から三河までの船行を取り仕切ったのが森孫右衛門であるとし、孫右衛門率いる佃村の一党を武装した海賊衆と推定している。かれらは家康の命を救ったが、伊賀越えは徳川家の黒歴史として真相は伏せられた。そこで三河船行の功績が神崎川渡船の話にすりかえられたのだという。

少しできすぎの話のようだが、先の「魚問屋ノ起源」には、森孫右衛門たちの徳川の軍事行動への参加を示唆する記述が続く。

「……家康公が伏見在城の際には御膳魚の調達につとめ、瀬戸内海や西国の海路を徳川軍が隠密に往来するときには、孫右衛門へと命令が下り、その漁船でとどこおりなく通行させた。大坂冬の陣、夏の陣の戦役では、軍船を漁船に仕立て、海辺の状況を毎日本陣へと注進した……」

瀬戸内海や九州地方は、「海の領主」たちの跳梁する海域であり、安全航行には海の勢力と何らか結びつかなければならない。それに「軍船を漁船に仕立て」とはどういうことか。西日本の海に武装船を操るかれらは、中世水軍の姿そのものではないか。

水産ジャーナリストの岡本信男氏は、『日本橋魚市場の歴史』（水産社・一九八五）のなかで、孫右衛門の最大の軍功を大坂冬の陣における「野田の海戦」にあったとしている。孫右衛門一党は、九鬼守隆《くきもりたか》指揮する九鬼水軍の後衛として、諜報活動のみならず、ときに命がけの任務も遂行した。その働きに対する論功行賞として得たのが、江戸内海における漁業の特権だったのである。

「江戸に出て末長く家康公にお仕えしとうございます」――何なりと望みを申せといわれ、そのように答えた孫右衛門の胸中に、新天地へ雄飛する決意があったことは想像に難くない。

佃島とシラウオ漁

佃、大和田両村の江戸移住については、天正一八年（一五九〇）と慶長年間（一五九六－一六一五）のふたつの説がある。これは、天正一八年に森孫右衛門が漁業者六名をともない都合七名で江戸に渡り、その後本国との往来が続いた後、慶長一七年（一六一二）までに前記七名を含む佃村二六名、大和田村七名と住吉神社宮司一名を加えた三四名の移住が順次図られた、と考えるのが自然だろう。

神田の町名主斎藤幸雄・幸孝・幸成（月岑）の三代が編纂し、天保年間（一八三〇－四四）に出版された地誌『江戸名所図会《ずえ》』の佃島の項に孫右衛門らの移住が詳しく記されている。

「安藤、石川両侯の藩邸ありし頃は、いまの小石川網干坂《あみほしざか》、小網町《こあみちょう》、難波町《なにわちょう》等に、旅宿していたりしとなり。難波町にいまも、六人川岸《がし》というところありて六人網と号《なづ》けて専《もっぱ》ら用いるとなり。しかるに寛永年間、鉄砲洲の東の干潟百間四方の地を賜はり、正保元年二月、漁家を立て並べて、本国佃村の名を採《と》りて、すなわち佃島と号く」

安藤（対馬守）は前述の「魚問屋ノ起源」で神崎川渡船を命じた人物だ。江戸においても漁民らの庇護者だったのだろう。もう一人の石川（四郎左衛門）は、海上警固の御船手《おふなて》頭で、隅田川河口の鎧島《よろいじま》を拝領して、そこを石川島と名づけている。漁民たちは安藤邸近くの小石川に屋敷をもらい、石川邸にも分宿して、毎年一一月から翌年二月まで、シラウオその他の交じり魚を毎日献上したことは、経済史学者羽原又吉《はばらゆうきち》氏の『日本漁業経済史（中巻二）』（岩波書店・一九五三）に出てくる。難波町六人河岸の由来となる六人網は、シラウオ漁に用いた漁法で、三人ずつ二艘の船でおこなった一種の小型旋網漁だ。

漁民たちは江戸移住を完了してから一八年目の寛永七年（一六三〇）に、その頃江戸向島と呼ばれていた鉄砲洲前の干潟一〇〇間四方を拝領する。そして、正保元年（一六四四）二月に造成が完了したので移住し、故郷佃村にちなんで佃島と名づけた。ここで特筆すべきは、佃島造成が漁民たちの手でおこなわれたことである。これには隣接する石川島にあった小山を切り崩して地所をつくった。

漁民が島ひとつ築造したのは驚きだが、実はかれらのおこなった大工事はこれだけではないのだ。浅草横山町にあった西本願寺別院が明暦の大火で焼失したとき、門徒であった佃の漁民たちは、鉄砲洲南側の海を埋め立て築地一円の土地をつくった。そこに築地本願寺が再建されたのである（現在の建物は一九三四年に再建されたもの）。同寺和田堀廟所《わだほりびょうしょ》に佃政《つくまさ》親分こと俠客金子政吉氏（一八五七－一九三四）の建てた「佃島祖先伝来之碑」があり、「明暦大火後佃島ニ近キ葭生地ニ寺礎ヲ築キ土工ヲ起シ、延宝年中完成セリ……」と記されている。佃の漁民は土木、建築に並々ならぬ技術をもっていた。今でいう都市開発プランナーの役割までも果たしていたのかもしれない。

さて、佃島の漁業に話を戻そう。これにはおかしな逸話がある。

孫右衛門らが江戸で網を引き始めた頃、ある日、雪のような小魚がかかった。初めて目にする魚で、よくみると魚の頭に「葵」の紋があらわれている。これは御殿様の紋所だ。驚いて届け出ると、安藤対馬守も、これは不思議と首をかしげ、事の次第を家康に伝えた。ところが、家康公は「この魚ならよく知っている」という。「余が三河にあるときに漁師どもが食膳に供してくれたものだ。ゆくりなく江戸において漁を見たのはまこと吉兆なり」とたいそうよろこんだ。以来家康在世中はこの魚＝シラウオを献上品のみに限る御留魚《おとめうお》としたのである――おそらくこれは、シラウオの価値を高めるつくり話だろう。

江戸中期の国学者柏崎永以《かしわざきえいい》が延享三年（一七四六）に著した随筆集『事跡合考《がっこう》』にもこんな話が出てくる。「江戸表の白魚は、神君の御指図にて、尾州名古屋浦の白魚を御取寄せ候て、まかせられしもの、いまに至りて生成すと云々」。家康公の命により、尾張からシラウオを運んできて、隅田川に放したというのだ。だが、水質変化によほど敏感な魚なのに、遠い土地から移植するなど可能だったのか。これ

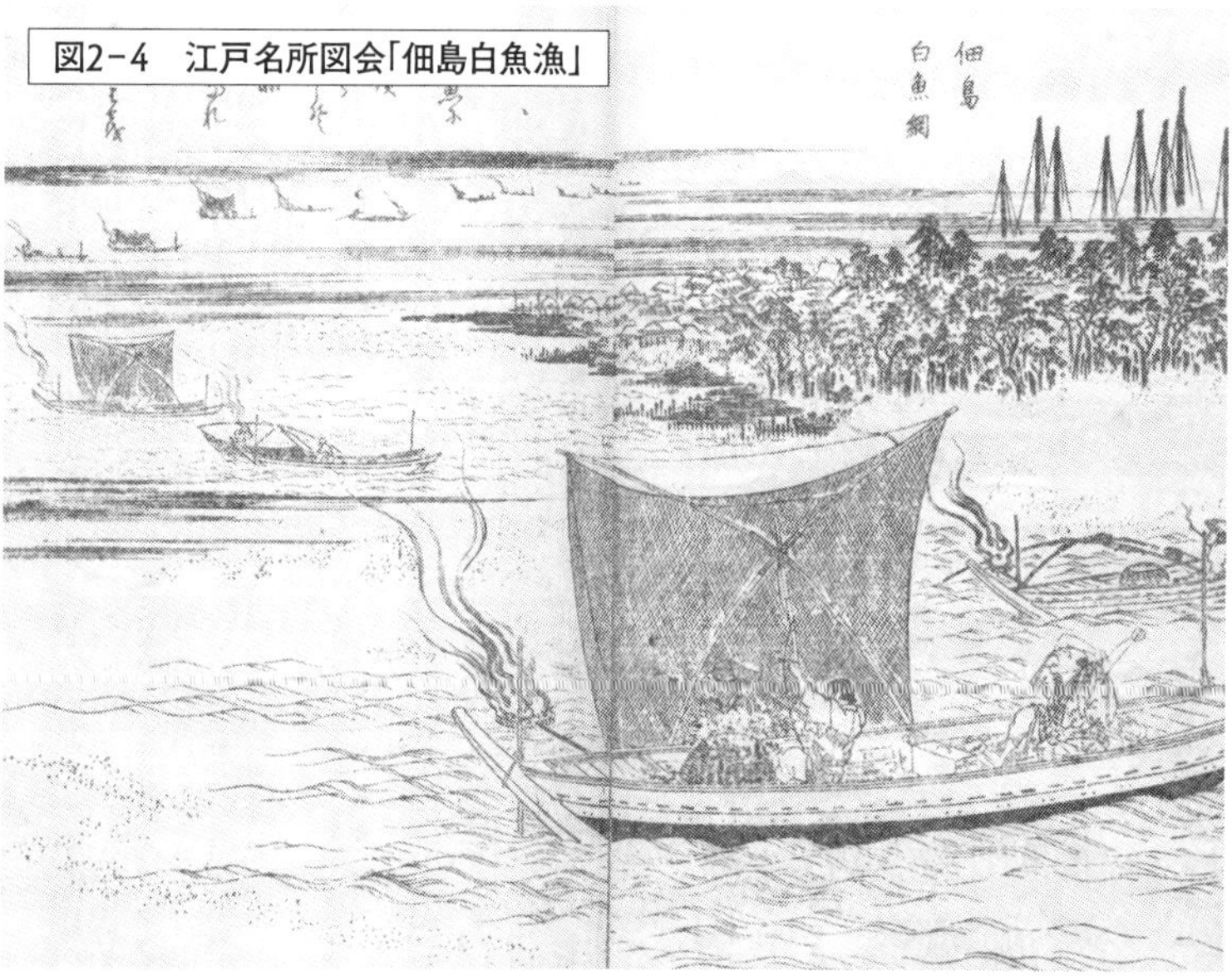

図2-4　江戸名所図会「佃島白魚漁」

国立国会図書館蔵

もおかしな話ではある（図2－4）。

ところで隅田川筋の浅草周辺や、下総稲毛川の辺では、在地漁民がシラウオ漁をおこなっている。それらは献上品として京橋白魚橋際の白魚屋敷に納められた。後には白魚役というのもつくられる。この在地漁民と佃漁民とのあいだで漁場をめぐる紛争が起こった。おそらく江戸における漁業訴訟の最初だろう。ここで佃の勝訴となったのを機に、慶長一八年（一六一三）に次のような漁業特権の免許状が下付される。

「此網引江戸近辺之海川ニ於テ、網掛ケ候事相違有ル可《べ》カラズ候　但シ浅草川稲毛川御法度ノ場ニテハ、引ク可カラザルモノ也」

この免許状は明治初年まで佃島で大切に保管されていたという。さらに佃の漁民は、国許の関西における自由漁業も願い出て、これも認められた。

こうした経緯から、佃漁民はシラウオ漁にとどまらず、江戸内海のどこでも自由に網を入れることができた。そのために周辺の浦々とは何度も漁業紛争を起こしている。そのたびにこの幕府御墨付の証文が持ち出され、つねに勝訴をみちびく根拠となった。

佃漁民からすれば、江戸の自由操業は認められた権利であり、また自分らこそ漁業の先駆者という自覚もあっただろう。網入れに反対されるなど無用の邪魔立てである。しかし、周辺漁村にとっては漁場を荒らされるに等しい迷惑千万な行為に映った。佃島漁民は下付金もたびたび交付されるなど、幕府の厚遇もひとかたでなかったから、日頃のやっかみもある。周囲との軋轢から佃島は江戸前漁業の特殊的存在として孤立していった。

国許の摂州佃村も、瀬戸内海や讃岐に出漁し、御墨付をふりかざして地元漁民と衝突している。江戸、本国ともに佃漁民はパイオニアとして手本にもなったし、またトラブルメーカーとして敬遠もされるという両面性が際立っている。

ついでに佃漁民の隠密任務についてもふれておきたい。漁民らが内海警固の拠点となる石川島に隣接する佃島（当初は干潟だが）を拝領したのは偶然ではない。安藤、石川両氏の指揮のもとで海上偵察任務をおこなっていたことは十分に考えられる。

「月も朧《おぼろ》に白魚の篝《かがり》も霞《かす》む春の空　冷てえ風もほろ酔いに　心持ちよくうかうかと……」

歌舞伎「三人吉三《さんにんきちさ》廓初買《くるわのはつがい》」の有名な台詞そのままに、一一月から翌年三月まで毎夜篝火《かがりび》をたいてのシラウオ漁は、冬の江戸の美しい風物詩であった。しかし、かつては漁に姿を借りての海上監視任務であったことはよく知られた話だ。

しかし、寛永九年（一六三二）に向井将監《むかいしょうげん》が海賊奉行となると、霊岸島《れいがんじま》に船見番所がつくられて、船改めが公的におこなわれるようになった。そうなれば漁民に海上監視をやらせておくのも不都合ということになり、これ以降、佃の漁民たちは漁業に専念することとなった。

続々と漁業者きたる

摂州佃村の江戸移住をきっかけとして、文禄から慶長の頃（一五九二－一六一五）に関西漁民が続々と江戸へ出漁した。

そのひとつである深川浦は、佃の漁民が移住をおこなった慶長一七年（一六一二）頃、別の摂津漁民によって開かれたとされる。口碑によれば、在地漁民が素朴な漁業を営んでいたところに摂津出身の深川八郎右衛門とその一党が参入して浦を発展させたという。だが詳しいことはわからない。

これとは別の由来が、先述の『日本漁業経済史（中巻二）』に書かれている。それによると紀州の熊井《くまい》理左衛門《りざえもん》他八名が、老中酒井雅楽頭《うたのかみ》忠清の下屋敷のあった浜御殿（現浜離宮）に居住して漁業を営んだ。そして、寛永六年（一六二九）には、深川八幡南西の潮除《しおよけ》堤外の干潟を町屋にしたいと関東郡代の伊奈半十郎に願い出て許可を得る。八名の名前をとって佐賀町、熊井町、諸町、黒江町、清住町、相川町、富吉町、大島町がつくられた。これを深川猟師八ヶ町という。翌七年より御菜魚として月三回、ハマグリ、カキ、シジミなど貝類を献上している。

佃の漁民は幕府の多大な保護を受けたわけだが、すでにみたように徳川家との深い関係があってこその特例であって、その後にきた者たちに同じような漁業特権が与えられたわけでない。

先述の『近世の漁業』によれば、房州館山村では元和元年（一六一五）に堺の清左衛門という者がタイ葛網《かつらあみ》漁を始め、紀州栖原《すはら》村の漁民も寛永頃から地曳《じびき》葛網をおこなっている。かれらは館山領主に入漁運上金を支払っての漁業であって、幕府からの援助は受けていない。江戸内海東岸の上総奈良輪《ならわ》村（現千葉県袖ヶ浦市奈良輪）に、慶安の頃（一六四八－五二）に大坂の又右衛門という者が納屋をつくり、毎年やってきては地曳網漁による魚河岸への送荷をおこなっている。この者もとくに援助されることはなかった。

ただし、直接の援助は受けなくても、幕府の天領である江戸内海での漁は許可されたのである。自由漁業の魅力があったから、近畿から江戸への出漁者の多くが、何度かの季節的出稼ぎ漁の後に江戸に移住した。かれらのうちには在地浦の一員となる者もいたし、あるいは自らが浦を開いた者もいた。いずれの場合も、地元漁民が素朴な漁をおこなう土地に、先進的な漁法がやってきたのだから、驚きもあったし、ときに軋轢もうまれたのだろう。一六世紀から一七世紀初頭にかけて、江戸内海では漁業紛争が頻繁に起こっている。しかし、徳川家の意向によって、江戸の海は新旧漁民の共存する漁業圏に再構築されていった。

房州イワシ大漁節

慶長の頃（一五九六－一六一五）から、江戸内海漁業を形成した近畿出漁者とはまったく別の出稼ぎ漁業者が、相州の三浦地方、あるいは房総方面に大挙してやってくる。かれらは主に紀州方面の出漁者で、多くが半年から一年の滞在で故郷へ帰ったが、なかには住みつく者もいた。房総に定住した者たちが故郷とよく似た風景をみつけて懐かしみ、勝浦や白浜などの地名をつけたのである。

かれらの出稼ぎ漁業の目的はイワシである。それも食料としてではなく、綿作の金肥につかう干鰯生産をおこなった。そのために関東沿岸一帯に大規模漁業を展開する。それが各地の漁村形成をうながして関東漁業を興隆にみちびくことになるのだ。当時の代表的イワシ漁であった地曳網、大八手網《おおはちだあみ》、まかせ網は、いずれも網一張の経営規模が大きい。干鰯生産には漁船と漁民の大移動が起こるので、出漁先の漁民をも巻き込む大きな出来事となったのである。

地曳網は海中に張った網を浜辺から引くもので、漁船一艘・一六人程度の規模でおこなった。砂浜のない岩礁地帯では大八手網をつかう。一種の浮敷網《うきしきあみ》で、風呂敷状の網を二艘の船で張り、潮流に向かい帆を立てるように沈めて、魚群が入ると曳網をたぐってせばめ、タモなどで捕獲した。漁船三艘・四〇人程度の規模となる。まかせ網はごく初期にできた旋網漁《まきあみ》で、漁船八艘・七〇～九〇人を要する大規模漁業であったが、漁業効率が悪いので江戸中期には廃れてしまった。

関東のイワシ漁は、元和三年（一六一七）に紀州加太浦《かだ》の大甫七重郎《おおうらしちじゅうろう》が、八手網漁を勝浦の川津村でおこなったのが初めといわれる。それ以降、次々に出漁者がきて、寛文年間（一六六一－一七三）には房総一帯の八手網は三〇〇張近くにのぼり、一万人を超す出稼ぎ漁民によって沿岸が賑わった。

出漁者たちは九月より翌年三月までの漁期に納屋住まいをしながら干鰯生産をおこなったという。漁期終了とともに旅装をととのえて国許へ帰帆するが、だんだんに出漁地に慣れてくると、何年も滞在する者も出てきた。かれらはイワシ漁期の他は地元漁業に従って漁をおこない、土地の者との関係を深めていった。しかし、本国領主にとっては出漁先で漁民が土着するのは芳しくないので、「毎度上下仕《つかまつ》る可く候。若《も》し拠《よんどころ》なき子細御座候とも、三ヶ年を過ぎ滞留《たいりゅう》仕る間敷《まじ》く候」と、滞在期間の短縮、帰国をうながしている。そのためにイワシ出漁で関東に定住する者はあまり多くなかった。

しかし、短期滞在の出漁者が多いなかで、銚子外川《とがわ》村に長期間滞在してイワシ漁業基地を築いたのが崎山治郎右衛門《さきやまじろうえもん》である。水産ジャーナリスト宮城雄太郎氏による『日本漁民伝』（いさな書房・一九六四）によれば、治郎右衛門は紀州有田郡広村《ひろむら》の出身で、長尾城主崎山氏の末裔であるという。明暦二年（一六五六）に初めて房総に出漁している。

ある夜、治郎右衛門は不思議な夢をみた。見上げるばかりにそびえる巨石に鶴のように細い老人が座っている。老人は治郎右衛門をさし招いていった。

「わしは海の底に長年住み古した者である。お前の神仏帰依をあわれみ、綿津見《わたつみ》の幸で守ろうと思う。それを疑わず、わしを祀《まつ》るなら、お前の子孫まで永く栄えるだろう」

目がさめた治郎右衛門が海をみると、果たして波間には五輪の形をした石がある。さっそく草庵を建ててこれを安置し、朝夕の礼拝《らいはい》を欠かさなかった。

治郎右衛門の望みは、銚子を一大イワシ漁業基地とすることである。そのために外川村に築港を計画した。だが、太平洋の荒波がまともに打ち上げる場所である。工事は容易ではなかった。しかしワタツミ神の威光であろうか、知識豊かな協力者に恵まれ、またイワシ漁の豊漁によって工事資金も得た。延宝三年（一六七五）、約二〇年の年月を要して、ついに完成をみた外川漁港は、大正期にいたるまで房総のイワシ漁業基地として長く繁栄をみるのである。

〽一つとせ　一番ずつに積み立てて川口押し込む大矢声《おおやごえ》　この大漁船

二つとせ　二間《ふたま》の沖から外川まで続いて寄り来る大鰯　この大漁船……

有名な「銚子大漁節」は元治元年（一八六四）の未曽有の豊漁を祝ってつくられた。このとき外川港を埋めつくすイワシで海は一面銀色に染められたと伝えられる。

治郎右衛門と同じ紀州広村出身の浜口儀兵衛《はまぐちぎへえ》も、正保二年（一六四五）に銚子に出漁し、そのまま半永住的に滞在した出稼ぎ漁師だった。かれもまたイワシ漁で財をなしたのだが、特筆すべきは同地で醤油醸造業を興したことにある。これが後のヤマサ醤油の起源なのだ。紀州漁民はそれ以前の天正年間（一五七三－九二）にも房州にたまり醤油を伝えたとされており、醤油醸造とはかかわりが深かったようだ。儀兵衛の活躍により、銚子は漁業とともに醤油の町としても発展をみる。利根川水運により江戸へ運ばれた「地廻り醤油」は、江戸前の味覚に大きく貢献する。それについては第七章で詳述したい。

他国出漁者の末路

他国出漁者は関東に大規模漁業をもたらしたが、崎山治郎右衛門や浜口儀兵衛のような成功者を除けば、大半の者が江戸中期には関東の海から締め出されていった。それは元禄の頃（一六八八－一七〇四）から地元漁業の勃興が著しくなったためである。きっかけは江戸と浦賀に干鰯問屋ができたことだろう。これによって関東圏内で干鰯の売りさばきが可能となったが、他国出漁者は近畿の干鰯問屋の資本で操業しているので、関東の干鰯問屋と結ばれることはできない。その隙をつくように、すでにイワシの漁法を会得していた地元漁民が干鰯生産に乗り出してきたのである。

しかも地元漁業の発展は早かった。延宝の頃（一六七三－八一）に九十九里浜は全国最大の干鰯生産地となるが、そこでは地元漁民によるイワシ地曳網漁がおこなわれていた。さらに元禄期には鹿島灘でも、やはり地元漁民によるイワシ地曳網漁が勃興している。

そうなると他国出漁者とのあいだに対立関係もうまれてくる。内房の富津《ふっつ》村は江戸初期には五〇戸に満たない漁村であったが、元禄期には二三八戸を数える漁浦へと成長した。ここもイワシ漁で発展をみたが、すでに貞享元年（一六八四）から他国出漁者への排斥を始めている。出稼ぎ漁民は富津村領主にイワシ網入れ継続の請願をおこなうが認められることはなかった。

富津村に限らず、関東沿岸では漁村の発展にともない、他国出漁者は次第に締め出されていった。ひどい話だが、もともと権力の後ろ盾をもたない拓殖者である。江戸の地に永久移住という形をとれなかったかれらは、ついには締め出しを食う形となった。

追い打ちをかけるように自然の猛威が襲う。元禄一六年（一七〇三）一一月二三日、関東地方を襲った巨大地震は房総半島沿岸に大津波をもたらし、船も網も人命も一瞬のうちに流し去った。国許からの援助はなく、返すあてのない借財ばかりが残る。かれらの多くは行方知れずとなって、どこかの浜で漁夫として一生をやり過ごすしかなかった。

魚河岸の誕生

近世における水産業発展の条件は、優良漁場、生鮮市場、城下町の三つがセットとなっていた。地形や潮流の関係で、魚の多くすむ海浜は古くから漁がおこなわれるが、その近くに生鮮市場がつくられると、鮮魚出荷をねらって一帯に漁村が広がっていく。かれらはとった魚をなるべく高く売りたいから、鮮度保持のために魚の処理技術や運搬方法を発達させた。それがさらなる漁村の大型化をうながす。一方生鮮市場の成立には、消費需要をうみ出す城下町の発展が不可欠となるが、同時に近郊漁場の将来性なくしては発展もおぼつかないのである。

おそらく全国の城下町でこうした状況が展開したのだろうが、詳しいことはわからない。ただ、これらの要素があいまって大規模な発展を成し遂げた例がひとつだけあって、それが江戸の中心につくられた生鮮市場日本橋魚河岸である。

魚河岸起立の頃

家康入国とともに江戸へ招かれた摂州佃村の名主森孫右衛門以下三三名の漁師が、江戸内海で漁業をおこない、将軍家へ御用魚をお届けした残余の魚を市中で売った。これが世に伝わる魚河岸の始まりである。魚河岸の人々は徳川御討ち入り（入国）以来の伝統を名誉としてきた。ただし、実際には日本橋魚河岸開市の経緯はもう少し込み入っている。

先述の通り、天正一八年(一五九〇)以来、森孫右衛門らはシラウオ漁期のみ江戸への旅漁をおこなったが、慶長年間(一五九六－一六一五)に一族の移住が始まり、同一七年(一六一二)までに完了している。『日本橋魚市場沿革紀要』に「慶長九年七月一七日、将軍御世嗣《およつぎ》誕生の御七夜《おしちや》につき安藤対馬守より御魚御用が仰付《おおせつけ》られ、一族七人の者が御用を勤めた」とあるから、このときまでに孫右衛門他七人の移住はおこなわれていたはずだ。

江戸移住によって一年を通しての漁となったので、御用魚の残余を売りたいと考えた。孫右衛門の長男九左衛門《きゅうざえもん》が、江戸城船入堀のある道三堀河岸付近に記念すべき第一号店を開いたといわれる。ただし、浦から仕入れた魚を小売商に売るような問屋業務ではなく、自分たちでとったものを手売りする、素朴な販売方法だったろう。たいした売場設備もなく、それこそ屋根もない露店の形態であったと想像できる。

ところで、最初の出店が日本橋でなかったのは、そこに芝の漁民が慶長六年(一六〇一)まで魚市を立てていたためだ。この市場が日比谷入江埋め立てにより東海道筋に移ったことは、先にみた通りである。おそらく孫右衛門たちは、その跡地に入り込もうとしたのだろう。しかし、慶長八年(一六〇三)の日本橋架橋と前後して、周辺は町人地が造成されている最中であり、江戸城石垣工事を請け負った小田原石工の石揚げ場があった。造成がなって、石揚げ場の撤去を待って、道三河岸から本小田原町《ほんおだわらちょう》(現中央区日本橋本町一丁目)へ移って本格的開市にいたったと考えられる。

これが慶長一二年(一六〇七)のことであり、それから約三年のあいだに市場はかなりの賑わいをみせた。慶長一四年に房州御宿に漂着したスペイン人ロドリゴ・ビベーロが翌年に記した『日本見聞録』

には魚市場の情景が描かれている。

「魚市場という一区あり、奇異なるを以って予はこれを見物するため案内せられしが、同所には海と川との各種の魚の鮮《あた》らしきと干したると塩したるとあり。又数個の水を満たしたる大釜に生魚多数あり。買う人の望みにまかせ之を売るべし。而《しこう》して魚を売る者多きが故に街路に出て、時により又必要に応じて之を廉売せり……」

なかなかの繁盛ぶりのようだ。魚を売る者が多くて、売り子が街頭販売するほどだから、店の数も二、三軒ではなさそうだ。まだ問屋の体裁をなしていないようにもみえるが、本小田原町の魚河岸に参入したのは、初めから漁民ではなく魚商人であったのはまちがいない。孫右衛門とゆかりの深い摂津の者たちが誘致されてきたのだろう。この頃より孫右衛門一党は、江戸前海で漁をおこなう生産者グループと魚河岸で販売をおこなう問屋グループの二系統に分かれて、それぞれが別の展開をみせることになる。

ところで、ビベーロの記した「干したると塩したる」魚を売るのは、日本橋川の対岸で塩干物を商う四日市（現中央区日本橋一丁目）のことと思われる。魚河岸とは川を隔てた別の市場だが、ビベーロには区別がつかなかったのだろう。四日市は古くから四のつく日に市が立つことで知られた。日本橋周辺が海に突き出た「江戸前島」と呼ばれた頃、一円は鎌倉円覚寺《えんがくじ》の所領であり、まさに相州名産の塩干物をここでひさいでいたのである。四日市市場は日本橋魚河岸とまったく別系統の市場だが、大正一二年（一九二三）の関東大震災による焼失で、四日市市場の干物問屋の多くは築地市場に収容されている。

魚河岸繁栄の立役者

魚河岸はだんだんに栄えてはいったが、孫右衛門の同族的なつながりによる生産・販売の形をとる以上、その集荷能力には限界があった。それに江戸前海の漁業も未開発の状態にあり、出荷圏も確立できていない。そうなると江戸城内の御魚需要に対応できないので、幕府自身が漁獲物獲得のルート開拓をおこなった。寛文年間（一六六一－七三）、駿河湾の魚貝を江戸に運ぶために、幕府は沿岸浦方一五ヶ村に東海道品川までの一三ヶ宿の鮮魚御免鑑札《ごめんかんさつ》を与えて、輸送の迅速化をはかっている（荒居英次『近世の漁村』）。

『日本橋魚市場沿革紀要』に「元和二年（一六一六）、大和桜井の大和《やまと》屋《や》助《すけ》五郎《ごろう》が江戸に来て、本小田原町に居住し魚商となる」とある。魚河岸興隆の祖として森孫右衛門と並び称される人物だ。奈良出身の干物問屋と伝えられるが、羽原又吉氏は「かれは郷里において魚問屋、ことに瀬戸内海の活鯛《いきだい》取引にかなりの知識と経験があったものと思われる」としている。何しろポッと出の魚屋風情でなく、上方商法を身につけ、資力と知識を十分蓄えて、鳴り物入りで登場した大商人のようだ。

しかし、魚河岸の売場は孫右衛門一党で占められていたから、助五郎が魚問屋を開業するにあたっては激しい確執がうまれた。孫右衛門らは新規参入者を排斥しようと訴訟沙汰にするが、結局助五郎の魚河岸での営業は公に認められる。おそらく助五郎はすでに幕府と通じていたのだろう。一説に町年寄《まちどしより》奈良屋市《いち》右《え》衛門《もん》が同郷のよしみで庇護したともいわれる。いずれにしろ、この新参者の能力が高く買われ、御用魚の集荷力アップに好都合の人材と判断されたのだ。

まず魚問屋経営をみたときに、助五郎のやり方は孫右衛門たちとはちがっていた。孫右衛門ら摂津系魚問屋は、自分たちとかかわりの深い漁浦から漁獲物を仕入れる。たとえば佃漁民のとった魚を、孫右衛門ゆかりの魚問屋が引き受けて販売するという形だ。ところが助五郎はここぞと見込んだ産地に多額の仕入金を事前に仕込んでおく。そして地域漁村の漁獲物をすべて引き受けた。金の力で産地を独占したわけである。この方法は長年にわたる魚問屋による産地支配の基本形となっていく。後により巧妙になって、漁獲物収奪ともいえる体制がつくられるのだが、これについては第四章で詳しくみたい。

助五郎の登場以降、堰を切ったように関西の魚商人が参入してきて、魚河岸の規模は格段に大きくなった。後からきた魚問屋は、助五郎流を真似て江戸内海の浦々を支配しつつ集荷をおこなう。一方で古参の摂津系魚問屋たちは、市場の主流でありながら、次第に存在感を薄くしていった。

助五郎は江戸に出てから一三年目の寛永五年（一六二八）、終生の大事業となる活鯛流通を開始する。これは幕府の膨大なタイの需要に応えるものだった。城中祝祭において、ときに五〇〇〇枚もの上納が命じられる鯛御用を一手に引き受けようというのである。助五郎は突然のお達しにも、不漁による払底にも備えられるように活鯛の畜養を考えていた。

かれはまず、駿河、伊豆二州に一八浦の活鯛場をつくる。そこに簀船《いけすぶね》という長さ二・九メートル、幅一・八メートル、高さ一・一メートルの竹製の生簀《いけす》を、二〇基、三〇基と備えて、一浦で一〇〇〇尾内外のタイを畜養した。ただし、深海に生息するタイを生簀に囲うには水圧変化に対応させなければならない。そこでタイの脊髄に沿っている気胞を竹針で突いて破る、俗に「針する」という方法がとられた。熟練を要するこの技法の由来は、井原西鶴『日本永代蔵《にっぽんえいたいぐら》』の「天狗は家名の風車」という話に出てくる。

それによれば紀州太地《たいじ》の天狗源内という者が、正月に西宮神社に参詣した帰りの船中でうとうとしていると、祭神のえびすが追いかけてきて「タイを何国までも無事に着ける方法があるからきけ。タイの尾先より三寸程のところを尖《とが》りし竹にて突くやいなや、生きて働くは、これタイの療治なり……」。この夢のお告げにしたがい、活鯛売買を始めて大儲けをしたというものだ。

運搬には「活船《いけぶね》」と呼ばれる四五〇石詰めの船がつかわれる。船の中央に生簀が備えてあり、ところどころに水抜け穴が開いていた。そこに「進上大鯛小鯛」「御料理用小鯛」合わせて二〇〇〇尾ほどを積載したという。活鯛の時期は春三月から五月、秋八月から九月まで。水温が高下する夏冬期は畜養が難しいので休業とした。

助五郎はこの活鯛事業の成功で巨利を得るとともに、対岸の元四日市町に「活鯛屋敷」を拝領する栄誉にあずかる。自らを祐太夫《ゆうだゆう》と名乗り、魚河岸での権勢をほしいままとした。しかし、後に幕府御膳肴請負御用という名誉職をめぐって、助五郎の子孫と孫右衛門の子孫たちが激しい抗争をくり広げていくことになるのだが、これについては第五章で詳しく述べる。

四組問屋の設立

関西の魚商人が続々と参入して魚河岸の規模は大きくなった。寛文四年（一六六四）の町奉行改めの記録では、魚問屋の総数はすでに二一〇軒にのぼっている。当然売場も足りなくなり、周辺地域へと市場が拡大していった（図2－5）。

魚問屋らは最初に開市した本小田原町から日本橋川に面して荷揚げに都合の良い本船町《ほんふなちょう》へ進出する。そこは古くから麻を売る店が並んでいたのだが、魚市場隆盛の勢いにのって地借《じが》り、店借《たなが》りという形で

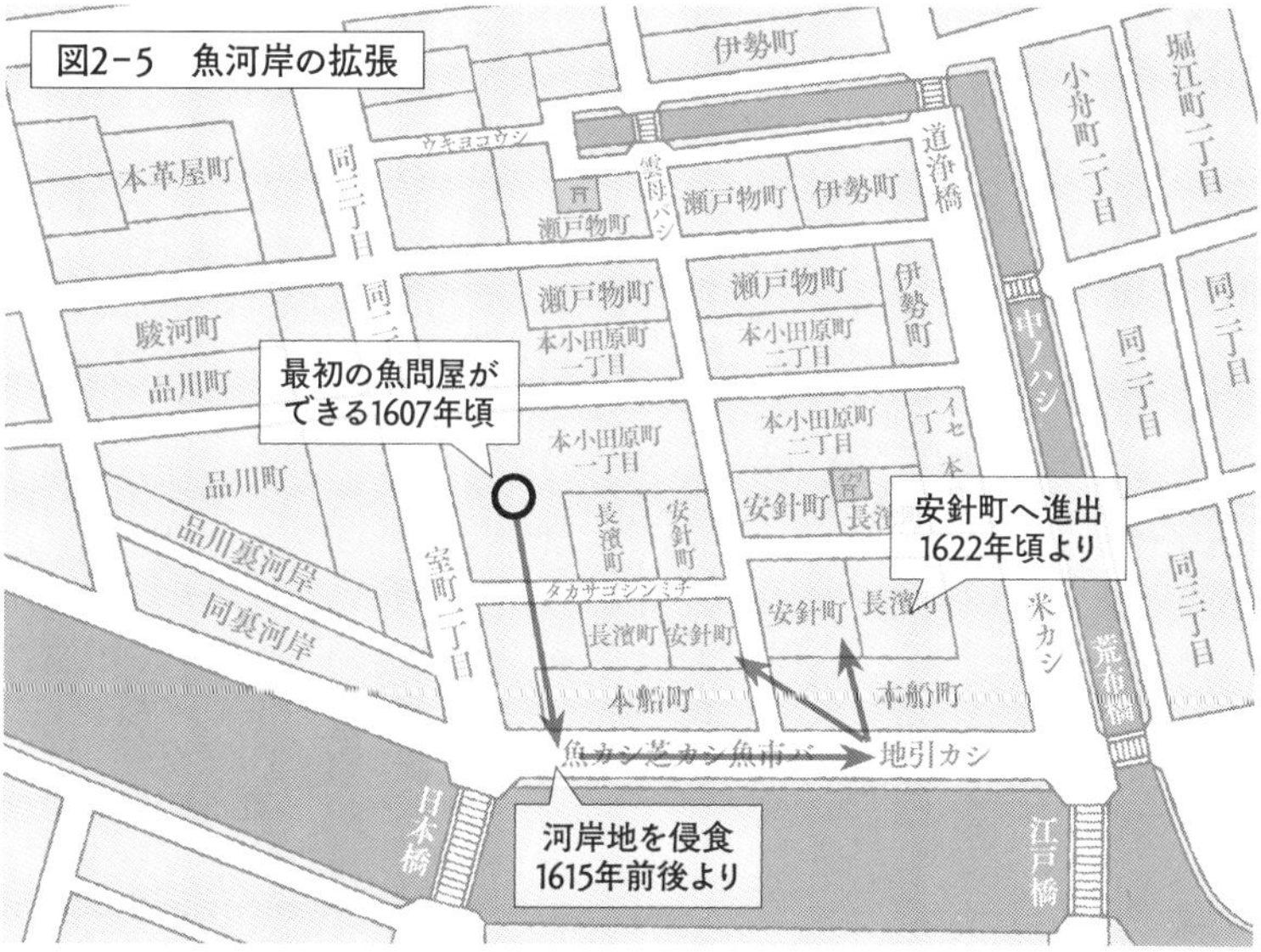

図2-5　魚河岸の拡張

徐々に問屋が入り込み、なしくずし的に魚市場となったのだろう。さらに日本橋川沿いに江戸橋へかけての一帯も河岸地ではなかったが、利便性があったので、ここにも市場を開き本船町横店《よこだな》と唱えた。最後に進出した安針町《あんじんちょう》は、三浦按針《みうらあんじん》（ウィリアム・アダムズ）の邸宅があったことに由来する。元和六年（一六二〇）、按針死去によって町屋となり、翌七年に市場が開かれたと推察される。

　四つの町それぞれが、自治組織的に本小田原町組、本船町組、本船町横店組、安針町組を結成し、これを四組問屋《しくみどいや》といった。格式でいうと、本小田原町組が一番上で発言力も強い。本船町組は魚河岸のメインストリートに立地し、経営規模の大きい魚問屋が顔を並べていた。本船町横店組と安針町組には中小規模の魚問屋が多い。

　江戸内海に形成された浦は、漁獲物を売りさばくために、必ず魚問屋と結ばれる必要があった。その際には、魚問屋からの資金仕入れを受ける代わりに確実な魚類送荷を義務づけられたのである。こうして魚河岸は集荷力を確固としたものとしていった。

江戸前海の生産力増大とあいまって、家康江戸入国からおよそ九〇年を経過した貞享の頃（一六八四－一八八）には、江戸の水産流通は、ほぼ完成をみることになった。

第三章

海に生きた人々

漁業はいつどのように始まったのか

この章では江戸時代を離れて、さらに古代・中世へとさかのぼり、水産業のルーツをたどる。

漁村や生鮮市場は江戸時代にうまれたものだが、それ以前の水産業がどんなふうだったのかは、よく知られていない。それは日本の歴史記述が農業社会を土台とする陸上の政治・文化史の性格が強く、海川の生業については、さほど多くは語られなかったからだろう。

江戸時代以前に海に生きた人々の歴史をたどることで、漁業や流通がどのように始まったのかを明らかにしたい。それによって魚食文化をより深く捉えることができると思う。

水産業のルーツ

古代・中世の日本で海川を舞台として自由闊達に活動した人々がいる。かれらは魚貝をとり、海辺で製塩をおこなった。そして船を巧みに操って交通、物流を担った。ときには武装して権力者の水軍となり、激しい戦闘をくり広げた。漁民と呼ぶには、あまりに多彩な活動をおこなうかれらは「海民」と総称される。かれらは何者で、どこからきたのか。日本人の魚食と深いつながりをもつ海民の起源をたどる。

海を渡ってきた海人族

漁撈《ぎょろう》、製塩、航海術を広めた海民は、縄文後期から弥生期にかけて、東アジアより渡来した海人族《あまぞく》を始祖としている。海人族は三世紀中頃には西南日本、とくに北九州に生活圏を広げていたようだ。中国の史書『三国志』の「魏志倭人伝《ぎしわじんでん》」によれば、壱岐《いき》・対馬には良い田がなく、海人たちは海産物をとって暮らし、舟で南北に移動していたことが記されている。おそらく、邪馬台国の支配下にあって朝鮮半島と北九州を結ぶ海上交通をつかさどっていたのだろう。

末盧国《まつらこく》（佐賀県および長崎県松浦郡）には、海人族の起源を知る上で興味深い記録が残された。住民はアワビとりが巧みで、水の深い浅いにかかわらず、皆、海に潜ってとる。男子は大人、子どもの区別なく、顔と全身に入れ墨をほどこしている。これは、素潜りで魚貝を捕らえるときにフカや水鳥を寄せつけない呪《まじな》いだったが、後に一種のオシャレとなり、模様の大小形状によって社会的身分をあらわすようになったという。

鯨面《げいめん》（顔の入れ墨）と文身《ぶんしん》（全身の入れ墨）の起源をたどると、中国の長江上流からタイ、ベトナム国境付近の種族の習俗にいきつく。中国大陸に勢力を広げた漢民族は、裸同然で暮らすこの種族を「倭《わ》人《じん》」と呼んだ。「倭」とは曲がるという意味。身体が曲がったように背の低い人＝ちんちくりんとでもいったのだろう。背が高く毛皮をまとった漢民族からみれば、まことに奇異な者である。こんな連中は滅ぼしてやれとばかりに漢民族の武力による領土拡大の犠牲となった。迷惑千万な話である。

漢民族の圧迫によって、倭人は他の土地へと逃避的移動をくりかえした。その痕跡が、東南アジアに広がる鯨面・文身の習俗として残されたのである。海を渡ったかれらが最終的にたどりついたのが日本列島だった。そこで土地を耕す者や、山で狩りする者もいたが、もともと舟の操縦や魚とりが得意だったので、多くが漁撈民として暮らし始める。

かれらが、すなわち海人族である。倭人というと、古代の日本人をさすように思いがちだが、もとは南方から渡来した人々のことをいったのだ。

海人の広がり

海人たちは、長い期間をかけて日本に渡ってきた。単一の集団ではなく、移動ルートもいくつかあったと考えられる。それぞれに漁撈方法や航海術も異なっていて、素潜り漁の得意な集団もあれば、突き漁をおこなう集団もある。沿岸に定着する集団もあれば、漂泊的な移動をおこなう集団もある、といった具合だ。弥生時代中期から古墳時代にかけて、およそ一〇〇〇年のあいだに列島各地に広がったが、いくつかの代表的なグループに分かれる。

現在の福岡県宗像《むなかた》市鐘崎《かねざき》を根拠地とする宗像海人は、朝鮮半島から壱岐・対馬を経由して北九州に渡ってきた倭人である。操船術に長けた集団で、朝鮮半島、中国大陸への遠洋航海も日常的におこなった。また、潜水漁によるアワビとりを得意とする。おそらく「魏志倭人伝」に出てくるのは宗像海人なのだろう。かれらはあらたな漁場を求めて、半島伝い、島伝いに移動した。壱岐の小崎浦、対馬の曲《まがり》、山口県角島《つのしま》近郊の大浦、石川県の輪島などはいずれも鐘崎の枝村《えだむら》であり、海士《あま》（海女）のアワビ漁で知られている。

同じく北九州でも、福岡県の粕屋《かすや》郡、志賀島《しかのしま》を根拠地とする安曇《あずみ》海人は、むしろ沿岸漁業を得意としたようだ。移住地域は、九州から瀬戸内海の沿岸地域を席巻するように広げて近畿に入り、そこから渥美半島、伊豆半島にまで達した。渥美や熱海、滋賀などの地名は、安曇、志賀島との関連が指摘され、海人によって開かれた土地ではないかといわれる。かれらのうちには「陸上《おか》がり」をして、内陸部に入植した集団もいたという。糸魚川から姫川沿いに南下して、長野県の安曇野を開き、そこから各地に安曇の地名をもつ集落が広がったというのだ。安曇海人は、ヤマト王権により阿曇連《あずみむらじ》の姓を賜っている。中央政府との結びつきが強く、古代海人族のなかで最も勢力を張った集団であった。

一方、中国沿海から台湾、沖縄方面を経て九州西南地方へたどりついた者たちもいる。かれらは熊襲《くまそ》と呼ばれるが、後にヤマト王権に仕えた者は隼人《はやと》と称された。『肥前国風土記』に「白水郎《あま》（海人）と隼人は言葉も顔立ちも似ている」とあるが、どちらも倭人なのだから当然である。ただし数世紀を経て、両者の性格はかなり異なってくる。中央政府に対して、北九州の海人たちが恭順的なのに比べて、隼人はかなりの抵抗を示した。民俗学者沖浦和光氏の『瀬戸内の民族誌』(岩波書店・一九九八)によれば、隼人系海人族は後に瀬戸内海水軍の中核として成長していく、最も戦闘的な海民集団であったという。海人族=海民の移動によって海上交通がうまれ、人とモノが運ばれていく。集落と集落が海上ルートで結ばれて交換経済が発達し、離れた場所ともネットワークがつながる。少なくとも三世紀の邪馬台国の時代までに、日本列島周辺と朝鮮半島、中国大陸を結ぶ海上ルートが開かれていた。

現代は陸上交通が主流だが、それは最近の一〇〇年ほどのあいだにつくられたもので、それ以前の約二〇〇〇年間は、海を中心とする流通がおこなわれてきた。その根本をつくったのが海民の全国的な伝播であったといっても、決して大げさではない。

航海とリスク

海民たちはかなりの距離を移動したが、澪標《みおつくし》のような航行標識もなく、羅針盤ももたずにどのように航海したのか。かれらは陸地の目標を目で確認しながら舟をすすめていく。今でいう地文《ちもん》航法だ。目標とするのは、よく知っている山や岬、小島などだが、山アテといって、高い山はとくに良い目印となった。日本海側では羽黒山《はぐろさん》、月山《がっさん》、葉山《はやま》の出羽三山や鳥海山《ちょうかいさん》があって、太平洋側には富士山がある。これらの名山は海人たちの信仰の対象ともなった。いわゆる山岳信仰は、もともと海洋民のあいだでうまれたといわれる。

地文航法は陸地に沿ってすすむので、水や食料の補給も比較的容易だし、瀬戸内海のような入り組んだ海域でも（詳しい水先案内人がいればだが）小回りが利く。だが、夜間航行は山アテに頼れない。中国大陸や朝鮮半島への長距離航行では、星を目印とする天文航法もつかわれたことだろう。

海民の守り神である綿津見《わたつみ》三神《さんしん》は、ヤマト王権に奉じられて住吉三神と変ずる。三神はいずれもオリオン座の三つ星を象徴している。大阪住吉神社の神殿の並びも三つ星をかたどったものだ。南の空をめぐる三つ星の高さと傾きが、方位・時刻を知るのに役立つ。ちなみに、綿津見三神の底津綿津見神、中津綿津見神、上津綿津見神は、それぞれ潜水漁、釣り漁、網漁をつかさどるという。

当時つかわれた舟は、一本の木をくり抜いた丸木舟に小さな帆をつけたもので、大海を渡るには、それこそ木の葉にも等しい。海上航路はつねに危険と隣り合わせであった。その回避策として、いや、むしろ恐怖から逃れる術《すべ》というべきか。長距離航行をおこなう際の奇妙な習俗があった。

舟に必ず一人の男を乗せるのだが、その者は頭をくしけずらず、蚤《のみ》と虱《しらみ》がたかり、衣服も汚れたまま。肉食をせず、婦人を近づけず、言葉も発せずに、喪中のようにして同船した。何とも鬼気迫るこの者を持衰《じさい》と呼ぶ。「魏志倭人伝」にこう書かれている。「もし先行きがよければ、この者のおこないは善であるので財物を与える。もし疾病や暴風雨に遭うなら、すなわちこれを殺す。持衰が謹まなかったからである……」

航海のリスクを一人に負わせることで、人々は蛮勇をふるい大海を渡ることができたのかもしれない。

古代・中世の流通ネットワーク

およそ四世紀半ばにヤマト王権が成立すると、有力な海民が傘下に組み入れられていった。かれらの役割は水産物の貢進であり、海上交通の担い手であり、また、戦時体制における水軍としての働きである。

八世紀以降の律令制国家は、陸上流通に主眼がおかれて、朝廷に海産物を貢納する贄人《にえびと》となった一部の特権的海民を除いて、大半の海民は戸籍からも外された。しかし、水上流通は貿易や物流による大きな利益をもたらすものであり、潮の流れや季節風など、地域の自然環境を知りつくした海民だけが水上を自由に行き来できる。そのため大社寺や権門勢家《けんもんせいか》の貴族たちは各地の荘園や公領のなかに海民らを囲い込んでいったのである。

ヤマト王権の海部として

『日本書紀』の応神紀三年（三九四）に、「処々の海人、訕哤《さばめ》きて命《みこと》に従わず。則《すなわ》ち阿曇連《あずみむらじ》の祖、大浜宿禰《おおはまのすくね》を遣わして、其の訕哤《さばめき》を平《たいら》ぐ。因《よ》りて海人の宰《みこともち》とす」と記されている。原因や規模はわからないが、四世紀末に海人たちの反乱があって、大浜宿禰がこれを平定した。大浜宿禰は実在が疑わしいとされるが、ともあれ、朝廷は安曇族の首長に阿曇連姓を与えて、海人の宰相に任命する。

同五年には「諸国《くにぐに》に令《のりごと》して、海人及び山守部《やまもりべ》を定む」とあって、諸国に海部《あまべ》を設置したという。だが、ヤマト王権の支配は近畿一帯に限られ、周辺には土蜘蛛《つちぐも》や蝦夷《えみし》などの反抗的な先住民族が多数存在するなかで、人数も把握できないような海民たちを統率するのは無理がある。おそらく安曇系の海民を中心に、交通の要所や魚貝の産地に限定的に海部が組織されたのだろう。肥前、隠岐、出雲、因幡、吉備、播磨、越前、阿波、紀伊、尾張、三河の伴造《とものみやつこ》（ヤマト王権下の管理者）が、海部直《あまべのあたい》とか海部首《あまべのおびと》と呼ばれたことから、これらの地方は実際に海部が設置されたと考えていい。

海部を組織したのは、もちろん海産物調達が第一の目的だ。律令国家で制度化される贄《にえ》や調《ちょう》の貢進は、神社への供物である神饌《しんせん》として、始まっている。贄は生の魚貝が対象となり、貢進をおこなう畿内周辺の海民が天皇家直属の贄人となり、漁業や航海上の特権を得た。調は塩や加工水産物の貢献である。熨《の》斗《し》アワビ、鰹節（生節）、荒巻鮭などは、今も贈答品に用いられるが、その起源は古代王権までさかのぼるものだ。

第二の目的に海上交通の掌握がある。舟を操って東シナ海周辺に交易を広げる海民たちを組織化したヤマト王権は、朝鮮半島、中国大陸との国家間交流を活発化させた。その結果、七世紀半ばに朝鮮半島の緊迫化に巻き込まれていく。

斉明天皇六年（六六〇）、唐・新羅連合軍に滅ぼされた百済の遺臣たちは、百済王朝復興のためにヤマト王権に援軍の派遣を要請してきた。友好関係にある百済のために遠征軍が準備される。このとき水軍に組み込まれたのが海部だった。水軍をもたないヤマト王権にとって、操船術に長けた海民たちを戦闘員として徴用することが第三の目的であった。

翌六六一年正月六日、斉明天皇と中大兄皇子《なかのおおえのおうじ》に率いられた遠征軍は、一四日に伊予《いよ》の熟田津《にきたつ》に到着、ここに約二ヶ月滞在して軍勢をととのえている。水軍の数も十分ではなかったから、九州、瀬戸内海方面の舟や戦闘員を徴用したことだろう。宗像系や隼人系の海民も多く参集したはずだ。

歌人額田王《ぬかたのおおきみ》が、国運をかけて出陣する船団の情景をうたいあげたのが有名な万葉歌である。

「熟田津に船乗りせむと月待てば　潮もかなひぬ今はこぎいでな（万葉集巻一―八）」――しかし、勇ましく出陣する遠征軍は、六六三年八月、錦江《きんこう》河口の白村江《はくすきのえ》に唐・新羅連合軍と戦い、大敗北を喫した。戦死者一万とも伝えられ、俘囚《ふしゅう》となった兵士も多数いたという。朝鮮半島経略を逸したヤマト王権は、九州から引き揚げると、唐・新羅のさらなる侵攻を恐れて、大宰府の海岸線に城壁としての水城《みずき》を備え、北九州と瀬戸内海沿岸には朝鮮式の山城《やまじろ》を築いた。そして都をより内陸の近江大津宮《おおつのみや》へと移すのである。

この国難に当たり、中央集権国家の建設が急がれた。文武五年（七〇一）制定の大宝律令より「日本」へと国号をあらたにする。律令国家は対馬海峡を国境とみなして、海上を封鎖し、事実上の鎖国体制をしいた。そして、陸上交通を基本とした統治体系をめざすことになるのである。

この時代に設定された畿内七道《しちどう》が、今でも国内交通網の名称につかわれている。東海道、東山道、北陸道、山陰道、山陽道、南海道、西海道は、古代日本の要路であり、行政区分であった。物資輸送も人の移動も道路を利用できるように、およそ四里ごとに駅家《えきか》を設けて人馬の休息・宿泊に供している。しかし、いかに陸上交通の推進に力を注いでも、人馬と船とでは輸送力に歴然とした差が出た。結局は一世紀とたたないうちに、ふたたび海上交通の利用を認めざるを得なくなる。

さて、水軍としての徴用がなくなり、海上交通も制限が加えられると、朝廷の贄人である一部の特権的海民を除けば、多くの海民はもとの漁撈・製塩・廻船業に戻るより他ない。そうなれば河海を移動するかれらを把握することは難しく、戸籍に加えることもできない。先述の『瀬戸内の民族誌』の著者沖浦和光氏は「租税や役を課すことのできない〝化外《けがい》〟の民であった」としている。

天武四年（六七六）の「殺生禁断の令」によって、我が国における肉食の禁忌《タブー》が始まったとされるが、この禁令が一世紀近くたって魚貝にもおよんでいる。『続日本紀《しょくにほんぎ》』の天平勝宝四年（七五二）には、東大寺大仏造立にあたり、一年間魚貝を含めたすべての殺生が禁じられたとある。その二年後には贄への魚貝の貢進停止とか、鵜飼いを禁じる詔《みことのり》が発せられた。こうした禁令がどれほど遵守されたかは疑わしい。ただし、「〝殺生禁断令〟が社会的に流布されると、漁民への賤視観がますます強まることとなった」と沖浦氏が指摘するように、漁業を生業とする海民たちは、社会のなかでアウトロー的な存在としてみられるようになっていったのである。

蹂躙される海民

社会から一種隔絶された海民たちの多くは、生計を立てることも難しくなり、水と食糧の慢性的不足に苦しんだ。九世紀後半になると、瀬戸内海および北九州に海賊出没の記録があらわれてくる。海民は都への貢租を運ぶ船をたびたび襲って米などを奪った。それは生きるための手段であり、また、自分らの生活の場である海上を蹂躙せんとする国家に対する反発もあっただろう。

一〇世紀後半、国家に刃向かう海民勢力いわゆる海賊を率いた藤原純友《ふじわらのすみとも》が瀬戸内海で反旗をひるがえす。同じ頃関東では平将門《たいらのまさかど》が独立国家樹立に立ち上がった。西と東で同時に起こった反乱（承平天慶《じょうへいてんぎょう》の乱）は朝廷を震撼《しんかん》させる。二大争乱をきっかけに律令国家の求心力は低下していった。租税制度や地方統治における官僚的支配は大きく変質し、国司・受領《ずりょう》の責任のもとに租税納入を請け負わせる体制に移行するのである。地方統治を丸投げされた国司・受領は、一定額の租税を納入さえすれば、朝廷に規制されることなく地方統治をおこない、富の蓄積ができた。

海上交通についても、建前上は鎖国状況が続いていたが、海民たちは、ふたたび海をこえて活動を広げていた。朝廷はこれを直接統制しないで、やはり国司に管理を一任する。そして、交通税や入港税を徴収するなら、海民たちの活動を認めた。そうなると、海民を手なずければ、海産物のみならず、貿易、物流による大きな利益が期待できる。一〇世紀以降、大社寺や有力貴族の荘園、公領《こうりょう》（国衙領《こくがりょう》）によって海や川、そこに活動する海民たちが次々と囲い込まれていくのだった。

荘園とは、律令制度の農地対策からうまれた土地私有の形態である。律令制度下ではすべての土地は国のものであり、七世紀後半の班田収授法《はんでんしゅうじゅのほう》により戸籍をもとに、口分田《くぶんでん》（田畑の貸付け）をおこなって租税を徴収した。だが、奈良時代に入ると人口増加で田畑が足りなくなる。そこで税収アップをはかって、あらたに土地を開発した者に私有を認める特典を与えた。最初は三世一身《さんぜいっしん》といって、親・子・孫の期間限定だったが、どうも開墾者のやる気が起きない。それならずっと使ってもよいとする墾田永年私財法《こんでんえいねんしざいほう》を天平一五年（七四三）に発布した。これによろこんだ各地の豪族や有力貴族、大社寺は、新しい土地をみつけると、その辺に住む百姓《ひゃくせい》や口分田から逃げ出した農民などを雇って開発をおこなった。これが荘園の始まりで、こうした形態を初期荘園などという。

ところが、土地私有は認められたが、租税負担は厳しいものがあった。大きな土地を所有した者ほど重い。田畑にしろ、漁場にしろ、開発後に一定の収益を挙げるまでは時間がかかり、それまでの費用は持ち出しとなる。そこで豪族は大社寺に荘園を寄進して、これを逃れようとした。社寺のもつ「不輸《ふゆ》の権」という私有地の租税免除の特例に頼ったのである。これをみた藤原氏のような高級貴族は、自分らも特例にあずかろうと、都合よく法令を変えたので、かれらもまた寄進を受ける側となった。土地寄進といっても、免税のための名義貸しであって、もとの所有者は開発領主《かいほつりょうしゅ》として従前の権限は維持される。これが寄進地系荘園というものだ。

　荘園と対極にあるべき公領は国有地なので、もちろん私有はできないはずだが、その管理は事実上国司（受領）に丸投げされた。国司は中央貴族の息がかかっていて、公領を所有的に利用したそのアガリを中央貴族へ送るというカラクリだったから、結局は荘園とほぼ同じような支配体制となってしまった。いずれも律令体制のゆるみからうまれたもので、こうした権力者による重層的な土地支配構造を荘園公領制と呼んだりする。

　多くの海民はこれら荘園、公領に囲われて漁撈生産をおこない、支配者への漁奴《ぎょど》的な隷属を強いられることとなる。その支配体制は、戦国時代に荘園が衰退して、漁奴的海民たちが自治的な漁村を形成していくまで六〇〇年余りも続いた。

　一方、天皇の贄人であった特権的海民たちは、中央官庁の職員として働いたが、朝廷は財政困難のおり、その多くをリストラする。その代わり、かれらの調庸とか交通税を免除した。その結果、諸国を自由に通行する特権を得た海民は、西日本を中心に活動を広げていく。かれらの生業は漁撈・製塩にとどまらず、廻船人や魚商人、後には金融業までも営むようになった。海上を舞台として、多彩な生業をおこなうかれらは職能的海民などといわれる。

市場流通の始まり

日本最古の市場は、飛鳥時代に三輪山（奈良県桜井市）の南西に開かれた海柘榴市《つばいち》とされる。聖徳太子が隋の使節団を饗応《きょうおう》したことで知られ、万葉集に「海柘榴市の八十《やそ》の衢《ちまた》」とうたわれた。山の辺の道をはじめ、多数の道が交差する地点につくられ、ヤマト王権と大陸を結ぶ水上ルートの終点である大和川とも接していた。

古くから市が立つのは河原や中州、海と陸の境界である浜、山と平地の境界の坂といった場所に限られる。このような土地は所有者のない無主の地であり、世俗権力のおよばない神仏に帰属する領域と考えられた。そこに入ると、あらゆる物は世俗の縁から切れて無主物となる。その上で自由な物々交換がおこなわれるのだという。

古代の市は、地域的な必需品の交換から始まり、次第に純粋な市へと転化したものだが、つねに神社と結びついていた。『日本書紀』に出てくる「年魚市《あゆいち》」は熱田神宮と密接な関係をもち、『万葉集』に「焼津浜にわが行きしかば駿河なる安倍の市道《いちじ》に逢ひし児らはも（巻三・二八四）」とうたわれた安倍の市は、大歳《おおとし》御祖《みや》神社を守護神としている。近江の粟津市《いち》、摂津の難波市、播磨の飾磨《しかま》市など、いずれも浜、浦、河口につくられており、古代信仰と結びついた水産市場である。信仰地は物流の場であったのだ。

一方、朝廷は律令制度の下で市の商業活動を掌握しようと考えた。平城京、平安京の右京・左京それぞれにつくられた東西市は最初の公設市場である。監視役である市の司《つかさ》を置いて商品の質や価格、度《ど》量衡《りょうこう》の公正さをチェックするなどの市場機能もととのっていて、その仕組みは大正一二年（一九二三）の中央卸売市場法にも活かされている。しかし、流通の趨勢は各地の荘園、公領に集約されていった。

平安期には権門勢家が禁令を無視して自分の御厨《みくりや》（荘園とほぼ同じものと考えてよい）を造営し、営利経済に走ったので、それらに押された東西市は自然に廃ってしまう。

各地の豪族は大社寺へ荘園を寄進して、自ら開発領主としてその傘下に入ったが、それは租税逃れのためばかりでなく、社寺のもつ物流機能を利用できるメリットもあった。領地内に流通ルートが開かれて、市を立てることができるのだ。市は招致された社寺とか有力者の庭に立ったので「市庭《いちば》」と呼ばれた。市庭では領地内の産物だけでなく、社寺の布教ネットワークを利用して、全国の広範囲の商品が取引された。荘園というと大農園をイメージしがちだが、むしろ、大社寺のフランチャイズとして、各地に広がる流通網と考えればわかりやすい。

主なところでは、賀茂社は瀬戸内海・北陸方面。石清水《いわしみず》八幡宮は北九州・山陰・瀬戸内海方面。日吉社は北陸方面。伊勢神宮は東海・北陸方面。熊野社は東海・瀬戸内海・南海方面に勢力を広げていた。江戸近郊は伊勢神宮の影響が強く、各地につくられた神明宮は、古代・中世期の伊勢神宮御厨として、一種の市場流通機能を果たしていたのである。

職能的海民の活躍

荘園、公領では供御人《くごにん》、神人《じんにん》(じにん)、寄人《よりゅうど》として組織された職能的海民が流通ネットワークを運営していた。かれらは、主に贄人から転身した海民たちである。必ずしも明確な区分ではないが、供御人は朝廷および貴族に属して禁裏供御人と呼ばれた。神人は神社、寄人は寺院に、それぞれ組織されたものである。

たとえば、京都桂川右岸の鵜匠たちは、桂供御人を組織している。かれらは天皇家へのアユ献上をおこない、桂川のみならず遠く丹波にいたるまで広く鵜飼いをした。桂供御人の女房たちは桂女《かつらめ》と呼ばれるのだが、頭に白い布を巻いて桶《おけ》をのせ、鮎鮓や飴を京の町で商う。その一方で婚礼、出産などの祝儀や、国家行事の祈禱をおこなう巫女《みこ》の役割も果たした不思議な存在だ。

ところで、女の魚売りの例はとても多く、どうやら魚商人の始まりは女性が主流と考えられる。『今昔物語』には、延喜の頃（九〇一－二三）に販婦《ひさぎめ》、市女《いちめ》が盛んだったことが記されている。とはいえ、酒に酔った市女が反吐をもよおしながら鮎鮓を売り歩くとか、蛇を四寸ほどに切り、魚《いお》と偽って売るといったように、ひどく下賤な商いをしていたようだ。

源平の争乱では、京都の流通が荒廃してしまい、頭を悩ませた朝廷が琵琶湖畔の海民を集めて六角供御人を組織させた。その構成員はすべて女性である。六角供御人は姉小路供御人とともに、東西市衰退後の京都で魚貝売買を賄う存在となっていった。

摂津国西成郡今宮荘を根拠とする今宮供御人は、桓武天皇の平安遷都以来という由緒をもつ。広田夷《えびす》社の神人として魚貝を売買していたが、一〇世紀初頭に今宮の浜が朝廷の領地に指定されたことから、禁裏供御人として組み入れられた。室町期には祇園社の駕輿丁《かよちょう》（貴人の輿担《こしかつ》ぎ）として祭礼神事に奉仕して祇園会でのハマグリ販売権を得ている。明徳二年〔南朝元号・元中八年〕（一三九一）には、淀の問丸《といまる》（倉庫業者・卸問屋）とのあいだに訴訟が生じた。塩干物をあつかう淀の市で、今宮供御人が鮮魚を売るのが迷惑との訴えだったが、これに勝訴して生鮮品の販売権も得て、淀の魚座を独占する存在となる。

戦国時代には供御人や神人から魚商人に転身する者が多く出るが、徳川入国とともに江戸に渡って魚河岸を開いたのが、今宮供御人の流れを汲む魚商人といわれる。また、いち早く江戸前漁業に進出したのも摂津今宮荘の漁民たちであった。

今宮供御人は西国から淀の魚市経由で京都へ入る魚貝を仕切ったが、琵琶湖を中心に近江以東の魚貝を販売していたのが、御厨子所《みずしどころ》別当をつとめた山科《やましな》氏によって組織された粟津供御人である。かれらは生魚に始まり、塩干物、下駄、筵《むしろ》、石炭などさまざまな専売権を得て、「中世の総合商社」と呼ばれるほど多様な商品取引をおこなった。室町後期に各地の荘園が解体していくなかで、粟津供御人は流通業に特化して戦国時代末まで大いに栄える。

ところで、市の取引はどのようにおこなわれたのだろうか。原初的な市では物々交換による取引だったと想像がつく。内陸の農耕民と海辺の漁撈民とのあいだで、海陸の特産物が盛んに交換されたことだろう。先に登場した年魚市や安倍の市では、物々交換とともに、農産品の米や布、海産品ではアワビなどの乾物を貨幣の代用とする物品貨幣の取引がおこなわれている。『日本霊異記《れいいき》』に「蛤《はまぐり》五〇斛《こく》を捕って、船にのせてゆき、少川の市に泊まった」と出てくるし、『今昔物語』にも「牡蠣《かき》一〇個を買うのに米五斗を」とあって、物品貨幣での取引の様子がうかがえる。

七世紀末には、日本最古の貨幣とされる「富本銭《ふほんせん》」が鋳造されている。ただし、これが経済通貨としてつかわれたのか、あるいは呪術的用途のものなのかはっきりしない。どうも自国通貨は古代の日本社会には定着しなかったようで、皇朝十二銭がつくられた一〇世紀以降は、江戸時代の慶長通宝まで貨幣鋳造はおこなわれなかった。

その代わりに一二世紀後半になると、中国から宋銭、元銭、明銭などの銭が大量に入ってきて、次第に日本の社会経済に浸透していく。一四世紀には絹や田畑など、あらゆるものが銭で取引されるようになった。荘園、公領に集められた産物も市で売却した後、銭に替えて中央に送られる。その際に為替手形の役割を果たす割符《さいふ》というものもできた。

津や泊《とまり》などの港湾地域には、高利貸業の借上《かしあげ（かりあげ）》や荘園物資の管理人である問丸などをつかさどる海民が集住していた。かれらは物と銭との仲立ちをおこなう金融業者の役割も果たしている。日吉社の日吉神人は、年貢米徴収に不足する金や米を中央の公家や各地の受領に貸付けて、高利貸業として成長したといわれる。貨幣信用経済の発達によって市場流通の拡大がうながされるのだが、その立役者となったのが港湾地域に根を張る職能的海民だったのである。

海の上のしきたり

古代から中世にかけて、海民たちは権力者に囲い込まれ、贄人の流れを汲む職能的海民が海上流通をつかさどり、荘園、公領に従属する漁奴的海民が生産活動をおこなった。だが、中央政治のおよばない海域では、国家に属さない海の勢力――戦闘的海民が跋扈《ばっこ》していた。

海賊、水軍、海の領主など、さまざまに呼ばれるが、いずれも陸の統治者からみた姿である。かれらは海の上の論理に従い行動したのだ。日本および周辺海域で激しく活動し、社会的に大きな影響をもたらした海の勢力の独特な慣習とはどのようなものか。

そして、近世のあらたな秩序のもとで、海民たちのしきたりがどのように変化したのかをみる。

戦う海民

「海賊」、「水軍」、「海の領主」は、いずれも同じ者で、国家の管理下に置かれていない海民たちが生活のためにおこなった行動である。船や港を襲う海賊行為、権力者の傭兵として参加する水軍活動、そして海の領主として縄張りを張り、通航する船からショバ代を徴収する。それぞれが生活の糧を得るための行為で、かれらにとっては漁撈や製塩や廻船と同じように生業だったのだ。

朝廷は、海賊を国の秩序を乱す者と位置づけて、これを掃討する追捕使《ついぶし》を設置している。鎌倉期の貞永元年（一二三二）に制定された「御成敗式目《ごせいばいしきもく》」では、夜討《やとう》、強盗、山賊と並び、海賊を大犯とした。

ただし、そうしたことは陸の統治者の見方にすぎない。海民には自分らが賊だという意識はないのだ。「国家や法という認識もなく……ヤマト王権の定めた秩序に従わねばならないという観念もなかった」（沖浦和光『瀬戸内海の民俗誌』）

かれらからすれば、縄張りに侵入してきた船から物品を頂戴するのは、あたりまえなのである。海の慣習と陸の秩序はかけ離れているから、善悪を論じても意味はない。力のある者が生き残るという論理だ。だから、国家の大犯に位置づけられた海賊が、ひとたび権力者に仕えると、水軍と名を変えて重用されるようになる。

一二世紀後半に政治の実権を握った平氏は、海の勢力を水軍として組織し、海上交通を支配して中国大陸との貿易を積極的におこなった。その平氏を倒した源頼朝も水軍の力を頼りとしたし、一三世紀前半の北条氏も海の勢力を積極的に利用している。陸の権力者にとって、海の勢力はきわめて重要な存在だったのだ。ただし、権力者に仕えても、その関係は恒久的なものではない。むしろ戦《いくさ》ごとに盟約を結ぶ傭兵のようなものだったから、昨日の敵は今日の友となることもめずらしくなかった。

純友の乱、源平争乱、承久の乱、南北朝の争いなど、大きな戦が起きると、両陣営から瀬戸内海の海賊たちに誘いがかかる。歴史研究家村上圭三氏の『民族のロマン瀬戸内海歴史紀行』（山陽新聞社・一九九二）によれば、このような有事の際に島々の海賊諸士は、海民の守り神オオヤマツミを祀る大三島の大山祇《おおやまづみ》神社に集まり、どちら側につくか議論を始める。結論が出ないときは、「大祝文《おおほりぶみ》」といわれる神《しん》勅《ちょく》に従って決定したという。

この大三島を根拠地とした河野氏は、源平合戦で源氏に味方して勢力を伸ばしたが、承久の乱で京都方についたために所領の大半を失っている。だが、文永十一年（一二七四）、弘安四年（一二八一）の二度にわたる元寇《げんこう》の役で、頑強に元の侵攻をはばんだ。その功績が鎌倉幕府に認められて、失われた所領を回復している。

このとき河野通有の率いる水軍は、石塁の前に陣を敷くという驚くべき戦法で蒙古軍を迎え撃つ。通有は小舟で敵の大型船を急襲、自分の船の帆柱を切って渡しかけ、これをよじ登って敵艦に躍り込み敵将を生け捕りにした。傭兵といっても実に激しい戦闘をくり広げる。水軍の戦いは、自らの縄張りを強固とするものだから必死なのだ。

もっと元気のいい者たちもいて、縄張りにとどまらず朝鮮半島や中国大陸に出かけて暴れた。かれらの船は「八幡大菩薩」の幟《のぼり》を立てたので八幡船《ばはんせん》と呼ばれ、各地で密貿易や威圧による交易をおこなう。相手が拒否すれば乱暴も働くし、最初から略奪目的で港を襲う者もいる。かれらは倭寇《わこう》と呼ばれ、恐れられた。もっとも、最初の倭寇こそ南北朝動乱による治安悪化に乗じて朝鮮半島で悪さを働く日本人だったが、後には中国人を中心に、西欧人や日本人を加えた多国籍軍が中国大陸沿岸で暴れ回った。だから、日本海賊のような呼び名は正しくはないが、あえて「倭」と呼称されるのも、その頃、日本の海の勢力がいかに活発だったかを示しているのだろう。

海の領主

海の勢力を維持するにも収入が必要となる。陸であれば土地からの貢納が期待できるが、海にはそれがない。漁撈で賄うのはなかなか難しい。そこで、かれらは自分たちの縄張りを通る船から通行料をとった。

主な舞台となったのは瀬戸内海である。そこは海上交通の要所であるとともに、大小の島が入り組む複雑な地形で、潮が急激に変化する海の難所でもあった。海を知りつくした者でないと容易に抜けられない。金品強奪にはうってつけの場所だろう。かれらは安全な航行を助けるという名目で船から通行料を徴収した。これには上乗《うわのり》といって、一人の海賊を水先案内人として乗船させる。海賊を乗せることで目的地まで襲撃に遭わないで済むのである。上乗の雇用には相当の金が必要となるが、身ぐるみをはがされるよりはましという料金システムだ。

一五世紀頃になると、海の領主たちの活動はさらに強固となる。岬や海を見渡せる場所に海城《うみしろ》という砦を築いて、港に入る船から関料をとった。関料は船の大きさによって賦課される帆別銭《ほべちせん》とか、停泊時の荷物に対する碇公事《いかりくじ》といった名目で徴収される。いわゆるショバ代であって税金ではない。だから国庫に入る類のものではない。

これを支払わないとどうなるか。海賊たちがやってくるのだ。かれらは「積み荷を渡せ」と要求するだろう。それも拒否すれば、襲撃されることは請け合いである。その際、まず海賊の代表がすすみ出て言葉戦《ことばだたか》いというのを始める。「やあやあ、我こそは……」というあれだ。呼応するように他の海賊も名乗り始める。時間が許せば、一曲歌わせていただきます、とひとしきり謡い舞うこともある。さて、戦闘前の儀式も無事に済んだ。ヒャッハー！　一斉に矢が雨のように注ぎ、躍り込んでくる海賊の振るう太刀で首の五つ六つも飛ぶ。こうなると金品を奪われるのは当然のこと、露命をつなげられたなら、相当の強運と感謝すべきであろう。

建長六年（一二五四）に橘成季《たちばなのなりすえ》が著した説話集『古今著聞集《ここんちょもんじゅう》』には、弓の名手で知られた正上座という僧侶が、三河国から熊野への旅の途中で海賊に遭遇する話が出てくる。ここでも金品要求と言葉戦いの後に襲撃、という段取りで海賊行為がおこなわれた。ただし、この正上座が滅法強くて、海賊のほうが打ち負かされてしまうというお話になっている。

寄り物

歴史学者黒嶋敏氏の『海の武士団 水軍と海賊のあいだ』（講談社選書メチエ・二〇一三）に、永仁六年（一二九八）、元との交易のために五島列島の海俣《かいまた》を出港した唐船《とうせん》が、すぐに船体に破損を生じて、日島《ひのしま》の沖合に停泊したときの事件が紹介されている。

「唐船が立ち往生してすぐに、日島に住んでいる海の民や偶然居合わせた船乗りたちが〝船七艘〟で駈けつけてきたかと思うと、あっという間に〝御物以下金帛《きんぱく》〟など積み荷の多くを持ち去っていったのである。なかには一度ならず二度までも運ぶ者もいた……」

海民たちが船荷を奪う様子なのだが、海賊とは少しちがう。威嚇や戦闘による強奪ではなく、当然の顔をして持ち去っていくという感じだ。もっとも、奪われる側からすればどちらも災難にちがいない。

海民社会では漂着船を寄り船と呼んだ。船が漂着すると、積み荷は誰のものでもない無主物となる。だから、土地の者が所有できるといういしきたりであった。漂着船ばかりでなく、あらゆる漂着物を寄り物として尊んだ。すべて海の神からの授かりものというわけだ。宗像海人の根拠地である筑前宗像大社は、鎌倉時代まで海民からの寄り船、寄り物の寄進によって社の修繕費を賄っていたと伝えられる。

寄り物をよろこぶ海民の風習は、後々まで漁業の習俗として残された。漁民たちのあいだでは寄り物を拾えるのは運の良い人で、幸せになるといわれた。浜に上がった魚、網にかかった石、打ち上げられた木片、いずれも上がりたくて上がってきたのだから、と神棚に上げた。木片などは「寄り木」と呼ばれ、これを祀った「寄木大明神」は全国の沿岸部に広がっている。

水死体。これもありがたい。漁民全員が手を合わせずにはおられない代物である。寄り上がった生物（死んでいても）はエビスといわれ、豊漁をもたらすと信じられたからだ。

最大の寄り物はクジラである。クジラのことをえびすさまと呼ぶ地方は多い。「鯨一頭、七浦うるおす」といわれ、肉だけでなく骨、皮、鯨油、髭にいたるまで、あますことなく利用できるクジラの漂着は大きな経済効果をもたらした。その一方でクジラを食うなどとんでもないという浦もある。クジラに追われたイワシなどの小魚が、大量に浜に上がってくるからだ。かれらにとってクジラは、大漁をもたらしてくれるえびすさまだったのである。

えびす信仰は、海からもたらされる幸をありがたく頂戴するというものだ。漁民たちは外洋に魚を追うのではなく、魚のやってくるのを待ってとる。近世以降、日本の漁業が沿岸に固着していく根底には、えびすを尊ぶ漁民たちの心情があったのだろう。それをたどれば、古来より海民社会でおこなわれた寄り物のしきたりと結びつくのである。やがてえびす信仰は失われ、近代漁業が幕を開けるのだが、それについては第一〇章でみる。

解体する海民社会

独自の縄張りをもち、海のしきたりの上に成り立った海民社会は、近世を目前にして急速に解体した。天正一六年（一五八八）、豊臣政権の海賊停止令《かいぞくちょうじれい》を契機に大きな変化が訪れたのである。関が廃止されて、海賊はもとより、海上流通とつながる社寺や公家の権益は消滅した。制海権は塗り換えられ、水上流通の再編がすすめられた。

古代から中世の日本では、朝廷も武家政権も海の勢力を完全に抑え込むほどの支配力をもてなかった。そこに海民たちの活躍の余地がうまれたのである。海賊行為に対する禁令を発布しながら、ときに応じてかれらを利用するというように、権力者は、その都度海民勢力と渡りをつけてきた。それが豊臣政権と、それに続く徳川政権の強力な統一国家の誕生によって、海の勢力は否定され、海民たちはもはや縄張りを張ることができなくなったのである。

そして、どうなったのか。もともと多彩な生業をもっていた海民たちは、近世のあらたな社会秩序に従って、それぞれの得意分野に乗り出していったのだ。

ある者は廻船業を営んだ。贄人の流れを汲む和泉国の食野《めしの》家、唐金《からかね》家は廻船業で財を成している。大坂湾一帯は、近世には千石船が行き交う要所で、一艘の利益が一〇〇〇両といわれるほど巨万の富が動いた。これを差配した名だたる廻船人たちは皆、海民の出身である。

ある者は漁業家、魚商人となった。紀伊国の海民だった栖原角兵衛《すはらかくべえ》は、関東への出稼ぎ漁を機に東北、北海道、サハリンにいたるまで出漁をおこなう。その一方で海産物問屋、材木問屋などの多角経営によって紀伊国屋文左衛門と並び称される豪商となった。今宮供御人が江戸に渡って魚商人に転身し、魚河岸繁栄を開いたように、江戸時代の有力商人は海民社会から出た者が多い。

荘園、公領に支配された漁奴的生産者たちは漁村を形成していった。多くは半農半漁民で、零細な生業を営んだ者、農民に転じた者は数限りないが、資本を蓄え、大規模漁場を経営した者もいる。紀伊半島の海の領主たちは、捕鯨という新しい漁業形態をつくり出した。かつての海城を鯨の見張所である山見所につくりかえて、海賊の戦法を用いてクジラを捕獲したのである。

海民社会は解体したが、海民たちが消滅したのではない。さまざまな職業に形を変えて、新しい社会、新しい価値観にもとづいた生き方を始めたのである。それによって江戸時代の水産業発展が準備されることとなった。

第四章

江戸前漁業のシステム

漁村と漁法と流通

本章では江戸前漁業の特徴をみていく。

最初に第三章でみた海民社会の解体を受けて、江戸時代に再編された漁業制度について触れたい。江戸時代には漁業を専業とする漁村はきわめて少なく、多くが農業の合間に漁をおこなう半農半漁の形態をとった。その理由を考える。

次に江戸前海周辺の漁村と、そこでおこなわれた漁法についてみる。ただし専業漁村だけでも八四ヶ浦もあり、漁法も数えきれないほど伝わっているので、そのすべてを紹介することはできない。ここではごく代表的なところを取り上げた。

最後に江戸の鮮魚流通の仕組みを述べる。これはつまり日本橋魚河岸による漁村支配のからくりを解説するものだ。

本章を読めば、江戸時代の漁業の様子がおおよそ想像できると思う。

江戸時代に漁村がうまれる

荘園や公領に長く支配された農民や漁民は、室町時代の終わり頃から自治的な村を組織した。それが近世になると、幕藩体制のもとで農村や漁村として再編成されていく。ただし、漁村といっても漁業専業は少なく、農村のなかに漁業集落が存在する、いわゆる半農半漁村が多数を占めていた。繁栄と衰退の激しい漁業を頼りとして、村が長く存続するのは難しかったのである。

漁村の始まり

漁村というのは、地先漁場（沿岸漁業）を専有する——つまり漁業権をもつ沿岸村落のことだ。漁村がうまれて発展する過程には地域差がある。室町時代末期に自治的な村組織（惣村《そうそん》という）を形成した近畿地方では、早くから漁村がうまれた。大坂湾周辺は、もともと漁業のすすんだ地域であり、魚市場も古くからあったので、漁業権の確定も速やかにおこなわれている。

一方、東北や九州では消費市場に恵まれなかったこともあって、沿岸部の漁村化はゆっくりすすんだ。地頭《じとう》と名子《なご》という中世の隷属関係が幕末期まで存続した村さえある。漁業後進地域では、地先漁業の境界など強いて定める必要もなかったから、明治以降に、初めて漁業権が設定された地域も少なくない。

さて、徳川の御膝下である関東では、目先の利く関西魚商人や漁業家がいち早く移住し、幕府もかれらの誘致を積極的にすすめた。そのために近畿地方にやや遅れながらも、だいたい一八世紀の初めには漁村が形成されている。そのとき、もとからいた漁業者と移住漁業者が入り乱れたから、江戸内海に漁場紛争がやたらと勃発した。これはうまくないので、幕府は寛保元年（一七四一）に、法令集『律令要略』のなかで「漁猟海川境論」という漁業規則を示している。

それによると「磯猟は地附根附次第なり、沖は入会《いりあい》」となる。つまり沿岸漁業は地先漁村が管理なさい。外海は原則自由だから皆で仲良くおやんなさい、というのが幕府の方針であった。地先と外海、すなわち沿岸漁業と沖合漁業との境は、「沖へ見通し猟場の境たり」と定めて、肉眼で見渡せない先が外海という認識だった。これが江戸時代を通じて漁場利用の原則となり、以後の漁業紛争解決の指針となる。

半農半漁

江戸時代の漁民は、農民の一部としてあつかわれた。年貢徴収とか支配機構も、漁村と農村はよく似ている。それは近世漁村の多くが、海辺の農村いわゆる海付農村が漁村化したものだからだ（荒居英次『近世の漁村』）。

漁村には、村人すべてが漁撈にたずさわる浦（専業漁村）と、一部が漁業集落をつくって小規模な漁撈をおこなう半農半漁の村とがある。浦は漁村全体からみると少数であり、漁村の実態は岡方の農業村落と浜方の漁業村落からなる半農半漁村が大多数を占めていた。

半農半漁村では、たいていの場合、浜者は岡者よりも一段低くあつかわれる。「浜の米食い虫」などと蔑《さげす》まれたりもした。浜方でも名主などの村役を立てるが、岡名主にくらべて権限が制約されたから、漁民はいろいろと不利益をこうむった。そのために岡方からの独立をもくろむ浜方は多く、分村運動を起こして闘争が勃発することもよくあった。

しかし、いかに漁民が望んでも、専業漁村として独立するのは容易ではない。浦と認められるのは、村落形成時に漁業適格地と認められたもの、あるいは江戸前海の漁村のように、御膳肴上納による特例を受けたものに限られた。いずれも領主側の都合で決めたもので、漁民側の熱心な分村独立運動はたいてい失敗に終わっている。

なぜうまくいかなかったかといえば、幕藩財政の根本は米であるから、いずれの藩でも米づくりの担い手となる農民が漁民に転身することを嫌って、これを制限したためである。また既存の浦からの反発もあった。漁業は農業とくらべて繁栄と衰退が激しい。自然的要因による好不漁にも左右されるし、たとえ優良漁場でも、漁民の増加は必ず過当競争を引き起こす。そのために各地の浦では、漁民数および網や船の数に制約を設けて、同業者を抑制した。そこに新規漁業者が入り込む余地はないのである。

漁民の階層化

専業漁村では、漁具や漁船の所有の有無によって漁民の階層化がすすんだ。とくに多人数での組織的漁業である網漁業と釣り漁業にそれが顕著にあらわれている。

網漁業をおこなう浦では、網の所有者、経営者が力をもった。かれらは網主《あみぬし》とか網元《あみもと》、あるいは旦那などと尊称される。その下で網漁業に従事する漁民を水主《かこ》とか網子《あんご》と呼んだ。一方、釣り漁業の浦では漁船の所有によって力関係が決まる。多くの船を所有する経営者を船主《ふなおさ》、船元《ふねもと》、親方といい、その従事者を乗子《のりこ》とか釣子《つりこ》といった。網漁業、釣り漁業ともに、所有者、経営者が経済力をもっていたから、かれらがそのまま名主や庄屋などの村役を務めることが多い。

さて、漁業規模の大きい網漁や釣り漁は、沖合での入会漁業はもちろん、地先漁業においても過当競争は避けなければならない。そのため漁業者間では網の大きさや漁船数に制限を設け、つねに一定を保つようにしていた。そこに網株、船株というものがうまれてくる。網株は広い漁場を長期にわたって独占する定置網などにみられるもので、藩主への冥加金《みょうがきん》貢納によってこれを得たごく少数の網元の利益となっていた。一方、船株は漁場専有の権利を得るために特定の漁税を納めるとか、海難救助を果たすなどの漁民総意の努力によって村全体が利益を得るところが多かったようだ。

ここでいう海難救助とは道義的な行為というよりも、漁村の負担でおこなわれた公役《くやく》という性格が強い。蔵米輸送とか参勤交代時の人馬の移動など、もっぱら海上輸送に頼った時代であったから、もしものときに救助役の存在は重要だった。とくに房総半島突端は廻船難破の多発する難所で、救助出動もたびたびおこなわれている。その際の費用はすべて漁村の負担となる上に、強風、波浪による二重難破の危険とも隣り合わせである。だが、危険を恐れて出動しない漁民は村八分、というような厳しい掟を定めてこの重責をまっとうした。いかに漁民たちが漁場の確保に命がけだったのか、想像がつくのではないか。

江戸沿岸の漁村

幕府は御膝元である江戸内海の専業漁業者を保護的にあつかう反面、漁業者が無制限に増えないように制限を加えた。競合を避けて、少数精鋭による効率的な漁業生産をめざしたのだろう。漁業技術者を意味する漁師（猟師）の呼び名は、徳川が有力な漁民に与えた称号なのである。江戸初期には漁業者の漁業税は免除されたし、後に徴収されるようになっても、たびたび軽減の措置がとられていた。ただし、そのように優遇されたのは、幕府へ鮮魚を納める御菜八ヶ浦（芝、金杉、品川、大井御林、羽田、生麦、新宿、神奈川）および幕府の誘致した佃島、深川など、江戸沿岸の各浦に限られた。江戸から遠隔地の浦は、そこまで保護的にあつかわれないし、また、小規模漁村は磯付村として浦と区別され、漁業内容もきわめて限定されている。

江戸内海には東四四ヶ浦、西四〇ヶ浦の合計八四の浦と一八の磯付村が形成された（図4-1）。そのうち江戸沿岸の代表的な漁村についてみる。

江戸沿岸の浦

㈠ 芝・金杉浦

芝浦漁師の幕府への鮮魚献納が慣例となって御菜八ヶ浦がつくられた経緯から、両浦は江戸前漁業の元締め的な存在となる。家康公じきじきの漁業御墨付を賜り、これを振りかざして江戸内海に勢力を張る。その代わりに江戸内海一帯の海難救助の他、八丈島送りの罪人の輸送や将軍御遊船御用などの公役を果たした。

江戸中頃には、漁船数が芝浦一一九隻、金杉一二六隻の合計二四五隻におよび、地先にとどまらず、沖合の入会漁場に出漁して、上総、下総まで広く漁をおこなっている。そのために他村との漁業紛争が相次いだことが、後述する「三八職」による漁具取り決めのきっかけをつくったといわれる。

芝浦の名産として芝エビがことに有名だが、カレイ、キス、ハゼ、クロダイ、カニ、アカガイ、ハマグリ、アサリなど、江戸前を代表する魚貝はなんでもとれた。「中ぶくら」と呼ばれたアジも、芝浦産を最上としている。

芝浦の漁民が御菜魚上納の残余を日本橋際で販売したのが、江戸で最初の魚市場となった。後に芝浦は横新町（現芝公園付近）に、金杉は芝赤羽（現赤羽橋付近）にそれぞれ御用魚撰立残魚売捌所、俗にいう雑魚場を開設し、江戸前の鮮魚を販売して賑わった。明治初年には両雑魚場が合併して、大門前に芝金杉市場を開設するが、大正一二年（一九二三）の関東大震災によって焼失している。

㈡ 品川浦

中世の頃は品河湊と呼ばれ、江戸や浅草とともに海上交通の要所として栄えた。小規模漁業が早くからおこなわれたが、江戸初期に本田九八郎によって漁業が振興される。『東京都内湾漁業興亡史』によれば、豊臣の遺臣である本田九八郎は家康打倒を誓い、一族郎党三〇余名をともなって江戸に渡ったという。しかし、時代は変わり、もはや望みがかなわぬことを悟った本田一族は、品川に定住して漁師に

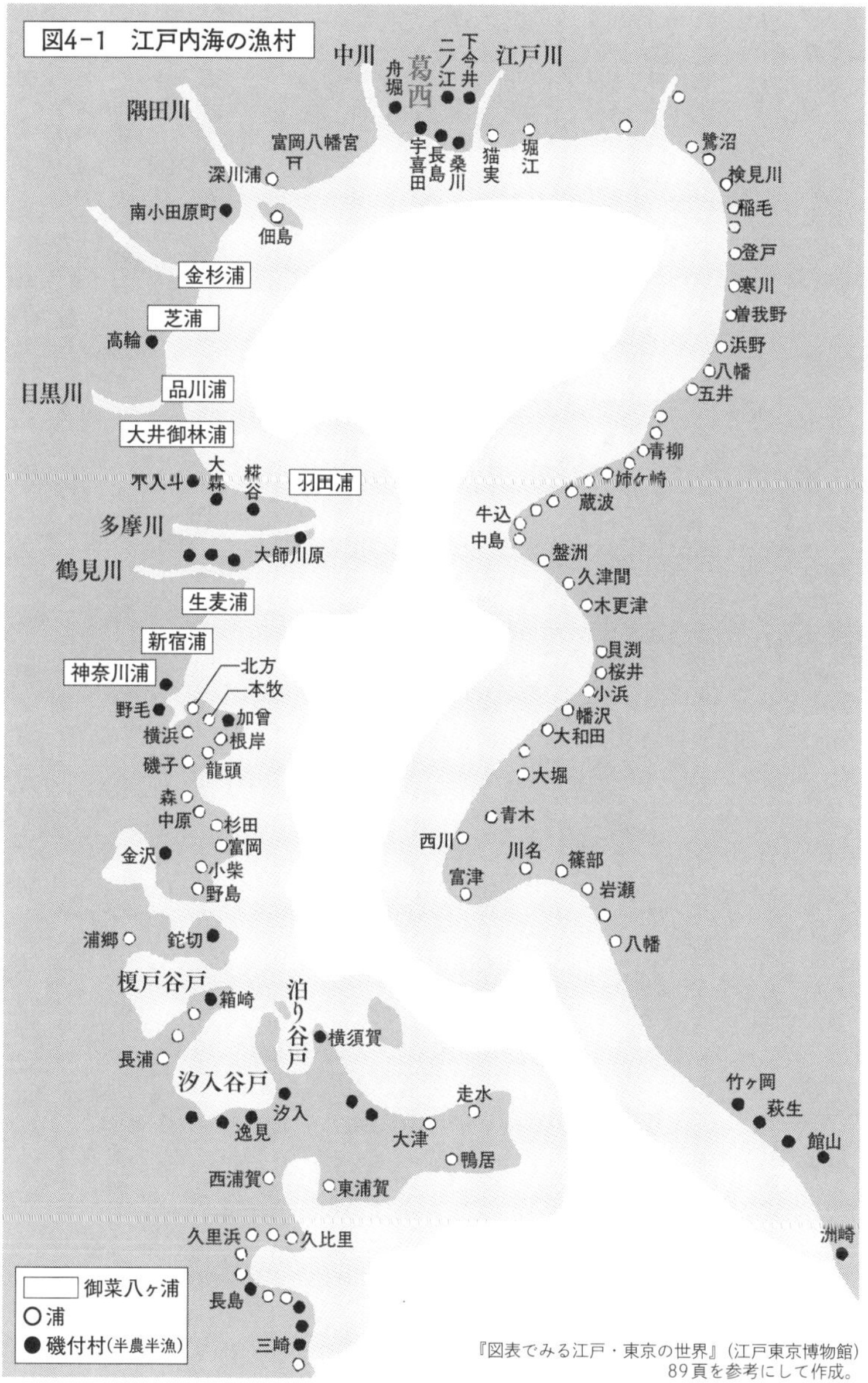

図4-1　江戸内海の漁村

『図表でみる江戸・東京の世界』(江戸東京博物館)89頁を参考にして作成。

転向する。そして、出身地である瀬戸内海の打瀬網《うたせあみ》、流網《ながしあみ》などの漁法を伝えたという。

江戸の中頃には漁船数五三隻。イワシ、芝エビ、サワラ、ボラ、グチ、シラウオ、ウナギの他小魚、貝類を漁獲した。漁法は流網、似タリ網、浮網、沈網、掛網、四つ手網、桁網《けたあみ》、小型延縄《はえなわ》などが用いられている。幕末期に台場建造による海況変化で漁業が大打撃を受けたが、ノリ養殖がこれを補い、明治以降は有数のノリ場として栄えた。

㈢ 大井御林浦

大井海岸は古くは砂水《さみず》と呼ばれた。鮫洲の地名の起こりである。後に御林町（現品川区東大井）と称した。中世の頃より小規模漁業がおこなわれたが、江戸の初めに駿河国の善兵衛と八兵衛の兄弟がやってきて、家康公より許可されたタイ網漁を伝えてから、浦として開けたとされる。これとは別に正保四年（一六四七）に駿河国の仁左衛門一族が移住して漁業を開いたという説もある。

万治元年（一六五八）、金杉村の海岸一部が鳥取松平家の屋敷地に下賜されたため、同村の漁師六人がこの御林浦へ移住した。これをきっかけに漁業が盛んになった。

御林浦は主に沖入会での漁をおこない、嘉永期（一八四八－五四）には船数一一七隻を数えたが、その直後に著しく衰退する。過剰漁獲から沖合が慢性的不漁となったのが原因だ。明治以降も魚貝の水揚げは低迷したが、ノリ養殖に活路を開いて発展をみた。

㊃ 羽田浦

平安末期に石井四郎右衛門他七名が漁を始めたのが羽田浦の起こりで、江戸時代は代々石井四郎右衛門が羽田村名主をつとめている。羽田浦には幕府のタイ御用に備える大きな生簀があって、御菜浦のなかでも重要度が高かった。地先のみならず沖入会を広く操業したが、この自由漁業特権は、慶長一九年・二〇年（一六一四・一五）の両度の大坂の陣における水主《かこ》役負担の功によって得たといわれる。水主役はいわば水軍としての徴用である。海上の物資調達役として働いたのだろう。

羽田浦の地先漁業は、大井御林浦南側から相州生麦までの沿岸を専有し、アナゴ、クロダイ、カレイ、コチ、スズキ、ボラ、キス、クルマエビ、芝エビ、シラウオ、ウナギ、シャコ、ハマグリ、カキ、アサリ、アオノリなど多彩な水産種を漁獲対象とした。とくに羽田沖の江戸前アナゴの評判は高い。近年までアナゴ筒漁がおこなわれ、隅田川河口から築地市場に直接水揚げされる数少ない魚種だった。また、沿岸最大の藻場《もば》があって、肥取《こえとり》漁業（肥料用の藻類採集）も盛んにおこなわれた。

内海への沖合出漁では、タイ、イシモチ、タチウオ、サバ、ブリ、サワラ、サメ、ハモ、アカエイなど、これまた豊富な漁獲を誇った。手繰網《てぐりあみ》、桁網、丈長網《たけながあみ》、投網《とあみ》、延縄など「三八職」に定められた多くの漁具がつかわれている。

㊄ 佃島

第二章でみたように、佃島は助成地、助成金はもとより、さまざまな漁業特権を幕府から受けたので、それをねたむ他の漁業者との摩擦も多く、漁業紛争は事欠かなかった。江戸内海のアウトサイダー的存在であり、漁場の取り決めをおこなう組合村にも参加していない。

佃島の漁業といえばシラウオ漁が有名で、浅草川、入間川（荒川）など一部の地域を除き、江戸周辺河海におけるシラウオ漁業特権を得ている。冬期に篝火《かがりび》を下げておこなうシラウオ漁には、主に四つ手網が用いられ、漁場には佃島四手澪杭《みおぐい》（澪杭とは澪標《みおつくし》のこと）という表示が立てられた。

シラウオ漁期以外には、ボラやスズキなど沿岸魚やエビ、ウナギなども漁獲対象とする。漁具は小網や六人網など小型旋網《まきあみ》がよく用いられた。

㈥ 深川浦

深川浦は沖合に入会せず、もっぱら地先漁業のみをおこなった。ただし、その漁業範囲は大変に広く、東は下総の堀江、猫実《ねこざね》から、南は神奈川辺まで出漁している。当然沿岸漁村との衝突は多かったから、内海の組合村には参加していない。

明暦の大火以降の深川地域の開発で、深川八幡界隈を中心に料理屋も多くできて、ウナギ、ハマグリ、カキを中心に魚貝需要が高まる。それにつれて深川漁師も増加し、文化文政期（一八〇四－三〇）には、漁民が五〇〇人を超えている。

深川浦の漁獲物はもれなく日本橋魚河岸へと送荷していたが、天保の改革によって魚問屋の力が弱まると、漁民たちは内外房総の各浦と結びつき、自ら集荷販売を始めた。このため魚河岸との確執がうまれるが、後に深川魚問屋が魚河岸へ編入することで決着をみる。しかし、深川八幡前では魚類販売が続けられ、明治一三年（一八八〇）に東京府の認可により、深川区中川町に深川魚市場を開設するにいたった。明治二一年に同市場は問屋三三軒、仲買四二軒を数えている。

㊆武相一七ヶ浦と新肴場

内海の各浦は、日本橋魚河岸や芝・金杉市場（雑魚場）へと漁獲物を送ったが、そのとき魚価は市場までの距離に大きく左右される。そのため武州・相州からの魚荷は、遠距離輸送で鮮度が劣ることを理由に、魚河岸での仕切価格を安く抑えられていた。そこにもってきて、一割二分の口銭《こうせん》（手数料）をかけるという魚河岸からの一方的な通達を受けたのである。

「我慢がならねえ」——高率の口銭に怒りの声を上げたのは本牧浦の漁民だった。かれらは武州、相州の沿岸漁村を味方に引き入れて、一七ヶ浦の盟約を取り付けると、魚河岸に対して口銭引き下げの要求に出る。しかし、魚河岸側は、「我々は幕府納魚の義務を負っているのだから、御菜浦でない漁村がその一部を口銭という形で負担するのは当然である」といって受けつけない。それでは、と一七ヶ浦は御上への訴願におよんだ。

訴えは江戸の最高裁というべき御評定所で取り上げられて、「何方《いずかた》へなりとも新規問屋取建《とりたて》、勝手に魚類差し送るべく候」という玉虫色の裁定が下る。つまり、魚河岸が口銭引き下げに応じないなら、漁民らはどこへでも勝手に市場をつくって、魚を送ってもかまわないというものだ。

魚河岸の問屋たちは鼻でせせら笑った。漁民らに市場など開けるわけがない。建造費もさることながら、武相一七ヶ浦は約三〇〇〇両の仕入金で縛りつけてあるからだ。

実際、漁民たちに金はなかったから、泣き寝入りするしかない。だが、そこに資金提供者があらわれたのである。魚河岸とは日本橋川をはさんだ対岸の本材木町《ほんざいもくちょう》（現中央区日本橋一丁目）の地主たちだった。かれらは本船町や本小田原町の地主が魚河岸繁盛に便乗して、しこたま儲けているのが羨しかった。この機会に新市場建設に投資して、自分らも甘い汁を吸おうと、大枚六〇〇〇両の貸付けを申し出たのである。

話はトントン拍子にすすんで、本材木町に新肴場（俗に新場《しんば》という）が公許される。そして、日本橋四組問屋、芝・金杉市場とともに、幕府御肴御用を受けもつ江戸七組魚問屋に組み入れられた。新肴場は今いうところの産地直送市場だが、何しろ素人商売に毛の生えたようなものである。日本橋や芝、金杉と同じ負担を強いるのは苛酷だろう。おそらく事実上の敗訴となった日本橋魚河岸が意趣返しに重責を押し付けたものと思われる。それでも新肴場は、武州、相州の漁獲物をあてに取引を広げ、開設より一〇年後には問屋数五六軒を数えるほどに成長した。

しかし、漁村と魚市場の関係が薄れる幕末になると市場規模は漸減して、明治二〇年（一八八七）頃にわずか九軒の問屋を数えるまでにさびれる。問屋たちは株式会社組織をつくり再興につとめたが、交通、風紀を取り締まろうと市区改正がすすむ東京市では、旧弊を残す魚市場を廃止すべしとの声が強く、明治中頃に閉市となった。

江戸近辺の磯付村

半農半漁村である磯付村の漁民は、漁師とみなされず、おこなえる漁業もきわめて限定された。漁業範囲は村の境界を限度とし、干潟および水深櫂立《かいたて》三尺（約〇・九メートル）までの水辺と定められ、船の使用は禁止される。漁具も三種類までとし、漁獲物の市場での販売は許されず、もっぱら自家用のみを建前とした。ただし、俗に肥取漁といわれる肥料用の藻類採集は認められている。

磯付村の漁業経営は零細であったが、紛争や訴願などによって特例を受けて、周辺の浦を圧する漁業をおこなったところもある。ここでは浦に劣らないほどの漁獲を上げた江戸前海の磯付村を三つ紹介しよう。

㈠ 大森村

もとは大井御林浦に属する浜百姓の集落だった。大森周辺は耕地が少なく、早くから漁がおこなわれる。そのために高い漁獲力をもっていたが、漁師浦と認められずに、江戸の中頃まで小規模な漁撈を強いられた。それが天保一三年（一八四二）に、役永銭《やくえいらく》（永楽銭による銭納税）納付によって流網漁船六九隻の入会操業が許可されると、もともと力のある漁村だけに漁業規模を拡大させて、明治一〇年（一八七七）頃には漁船数六二八隻を数えるにいたる。イワシ流網を筆頭にサワラ、サヨリ、カレイ、エイ、イカなどの延縄、小網、釣り漁など、漁法は多種多様にわたる。とりわけ主要漁業となったのがノリ養殖だ。ノリ養殖は大森の漁民が発明したもので、干し海苔製法の考案とともに、大森で製された干し海苔が浅草寺門前で売られたのが浅草海苔である。

大森村は日本橋魚河岸へ出荷した漁獲物の残りを地元で販売していたが、明治一二年（一八七九）に東京府より営業鑑札を下付されて大森魚市場として開設する。関東各地の産地直送品を中心に、浅草海苔などの海藻類も盛んに取引した。

㈡ 南小田原町

西本願寺東側の南小田原町は、寛文四年（一六六四）に日本橋魚問屋が四〇〇〇両の上納金によって拝領した土地といわれる。葦の生い茂る湿地であったのを、佃島の漁民の手によって造成されたので築地の地名がついた。それがどのような経緯で漁師町となったのかは不明で、魚河岸との関係もはっきりしない。

天保の改革では十組問屋《とくみどいや》（江戸最有力の問屋組織）解散にみられるように問屋の力は弱められた。それによって日本橋魚河岸の産地支配力が弱まったのを機に、深川漁民が市場を開いたが、このとき築地にも新市場開設の動きが起こっている。仕掛け人となったのが上柳原町の松田松五郎という代々白魚役をつとめる者だった。白魚役といえば佃島漁民とは漁場紛争をくり広げた犬猿の間柄である。ここに日本橋魚河岸との抗争が表面化するが、嘉永四年（一八五一）に深川と同様に日本橋魚河岸へと編入される。ただし、築地での魚類販売はその後も続けられ、明治一七年（一八八四）に許可を得て築地魚市場として開市した。現在の築地六丁目にあたる南本郷町から上柳原町にかけての隅田川沿いに問屋、仲買が並び、朝と夕の二回市立てし、大正期まで存続した。築地中央市場とは何の関係もない。

㈢ 葛西

江戸時代には長島村、宇喜田村、桑川村、下今井村、二ノ江村、舟堀村を総称して葛西といった。中世の頃より磯漁がおこなわれていたが、江戸時代以降に浜百姓が増えて漁村の体をなす。磯付村でありながら沖合出漁もおこない、行徳、深川、芝、品川へ入会漁業をおこなった。

家康が駿府在城のとき、駿河国に召されてハマグリ採りをおこなったことから、「言の字船」の特権を得ている（一説には駿府への干しハマグリ献上の褒賞ともいわれる）。

江戸初期には天然のアサクサノリを採集し、浅草に送っていたが、漁獲の減少によりノリ漁は大森村にとって代わられた。また、将軍家への御菜御用をつとめていて、毎年三月より九月まで月三回、二ノ江村の地曳網漁によるカレイ、キス、サヨリなどの鮮魚が、一一月より翌三月までは江戸川河口のシラウオが献上されている。

江戸前の漁法

江戸時代の漁業は沿岸域漁場に限られ、船で数日を要するような本格的な沖合漁業へと進展することはなかった。そのため、限られた漁場をいかに専有するかが漁業者の重要事である。江戸内海の漁村は組合村を結成して、よそ者を排除し、自らも漁師や漁船の数、漁具の種類に制限を設けて漁場の利用秩序を守ろうとした。その代表的なものが、江戸内海四四ヶ浦による漁具三八職の取り決めである。

ここでは江戸前海でおこなわれていた代表的漁法についてみたい。

三八職と小職

文化一三年（一八一六）に武蔵、相模、上総沿岸四四ヶ浦の協議による漁業議定書で江戸内海での漁具を次の三八職と定めた。

一、手繰網　二、六人網　三、白魚網　四、地曳網
五、丈長網　六、張網　七、四つ手網　八、サワラ網
九、ころばし網　一〇、コノシロ網　一一、縄船漁　一二、貝桁網
一三、あびこ網　一四、鯛網　一五、肥取網　一六、ボラ網
一七、こませ流網　一八、ナマコ網　一九、トビウオ網　二〇、釣船

二一．小網
二二．貝類巻
二三．鵜縄網
二四．貝藻採《かいもとり》
二五．のぞき漁
二六．アワビ漁
二七．ウナギ漁
二八．三艘張網
二九．小貝桁網
三〇．揚繰網《あぐりあみ》
三一．八田網《やたあみ》
三二．歩行網
三三．だいこんぼう網
三四．たたき網
三五．投網
三六．藻流網《もながしあみ》
三七．小晒網《しょうさらーあみ》
三八．イナダ網

この他に以前から慣習的に用いた以下の小型漁具については小職《こしき》と呼び、その使用を認めた。

一．簀曳網《すびきあみ》
二．ずり網
三．クロダイ引抜網
四．カキ万牙漁《まんがりょう》
五．カキ挟網《はさみあみ》
六．シジミ流網
七．アサリ熊手網
八．アミ漁網
九．さで押し網
一〇．下笊漁《さげざるりょう》
一一．ウナギ筒漁
一二．ウナギ筌漁《うけりょう》
一三．ウナギ抄《すくい》
一四．サザエ曳網
一五．ドジョウ漁網
一六．ボッサ縄
一七．ノリ桁網

江戸時代の網漁

網は、水の抵抗を少なくして水中の魚貝をすくい上げ、からめとり、囲い込んで、一網打尽にする漁具だ。大きな漁獲が見込めるだけに乱獲に走りやすく、漁場をめぐる紛争の多くが大型網の使用を原因とした。そのために三八職のほとんどが網漁の漁具を規定したものとなっている。

江戸時代の網は、籐《とう》や麻などの天然繊維を素材としたから傷みやすく、維持も大変だった。用途によって使用する網もさまざまだが、一〇〇メートルを超える大型網となれば大金がかかり、誰でももてるものではない。そのために網元と網子という漁民の階層化がすすんだわけである。

次に江戸内海にみられた代表的な網漁を挙げてみた。

㈠ 曳網漁

海底や海中に網を引き回して漁獲する方法。漁獲場所や漁獲目標で形態が異なる。船上で引く打瀬網や手繰網は、魚の集まる場所に出かけてとる。地曳網は陸から人力で引き揚げるもので、沿岸に魚が寄ってきたところをねらってとった。竹や木の枠に網を張ったもので海底を引き回す桁網は、沿岸部の底魚を捕獲するのに向いているし、移動性の浮魚をとるなら海面の上層、中層を引く浮網がうってつけである。

手繰網

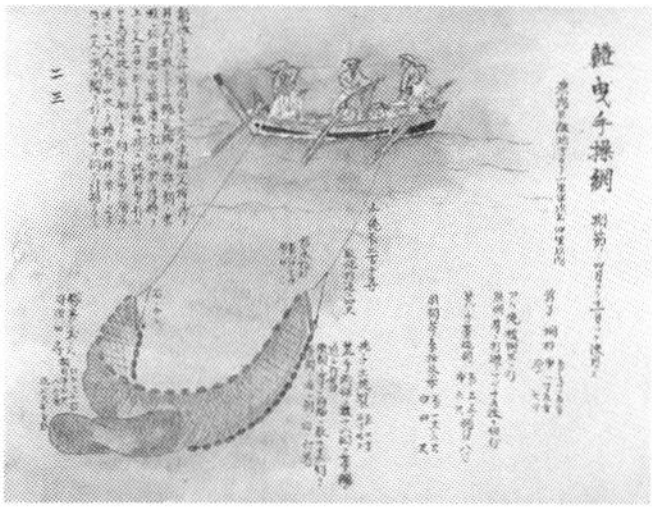

打瀬網とよく似ているが、こちらは網を入れた後に船を固定して、網をたぐって漁獲する。芝、金杉、羽田、葛西などでつかわれ、カレイ、コチ、タコ、エビ、アナゴ、ハモなどをとった。

打瀬網

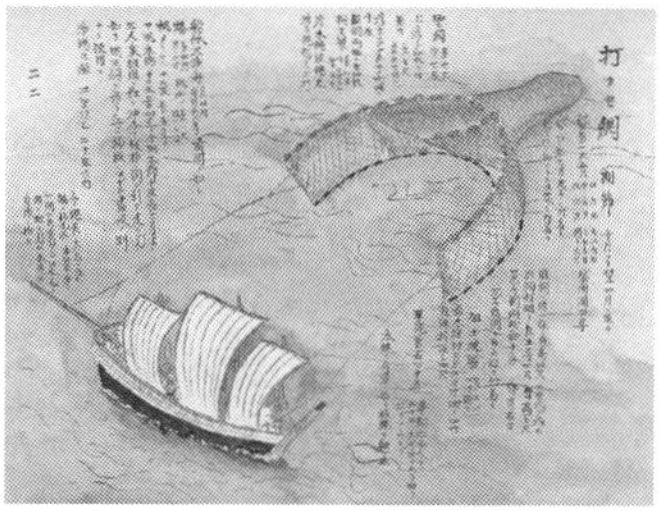

船首と船尾に張り出した棒に曳網を取り付け、船が横ざまに風を受けるように帆を張ってすすめる。曳網をたぐると中央部の袋網に漁獲物が入る仕組みだ。江戸内海に広く使用された漁法で、イワシ、芝エビ、小雑魚、クルマエビ、アナゴ、アミなどの流網漁はいずれもこの打瀬網である。風力次第なので風のない日に漁はできないのが難点だった。

桁網

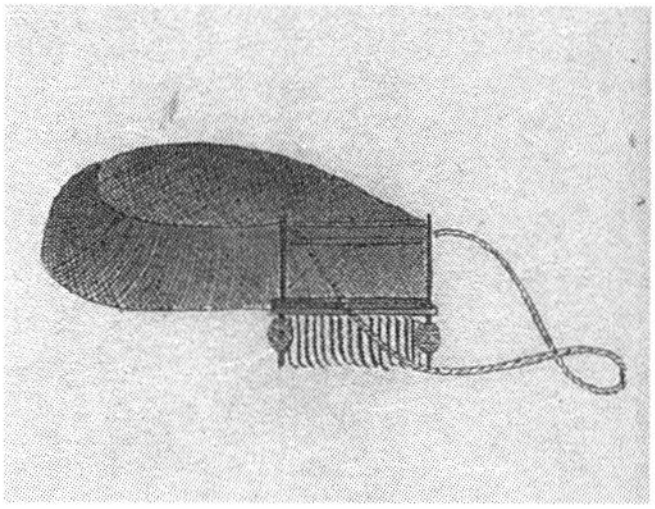

貝桁網は桁枠に袋網を付けて干潟などを引き回した。桁の先に付いた爪が地面を掻くようになっている。品川、御林浦、羽田、深川などで盛んにおこなわれ、アカガイ、トリガイ、カニ、シャコ、カレイ、コチなどをとった。

地曳網

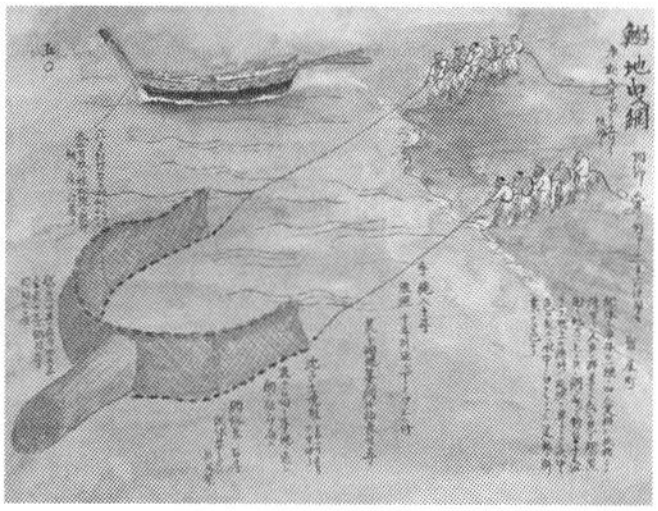

帯状もしくは中央に袋網の付いた曳網を陸上から引き揚げる。網裾は海底に沿って移動させる。平坦な地形を必要とするので、長い海浜をもつ漁村でおこなわれた。沿岸に多くの魚が寄せるときに最大限の効果を上げる。羽田浦でウナギ、カレイ、コチ、アカエイ、エビなどをとった。

㈡ 旋網漁

魚群を確認した後、網を取り付けた船でぐるりと包囲し、この包囲網を徐々に狭めて引き揚げる漁法。捕獲用の袋網の有無によって旋網と繰網《くりあみ》に大別される。網の突端が袋状である旋網は、江戸内海ではほとんどみられず、もっぱら繰網がつかわれた。四つ手網などの敷網も広い意味での旋網に含まれる。

代表的な旋網漁

六人網

佃島漁民の伝えたシラウオ漁に用いる漁法だ。六人が二隻の船に乗り組み、左右に分かれて網を入れ、円を描くように船をすすめた後に会合して網をたぐる。夜間は追い込みの篝火をたいた。

敷網

水底に網を敷き、餌や光をつかって網の上に魚を集めておいて引き揚げる。古くは四つ手網や歩行網など磯漁につかわれ、江戸時代以降は沖の大型漁業にも活用された。

鵜縄網

あらかじめ網を水底に敷いておき、船二隻により鵜の羽をつけたおどし縄で囲んで、魚を脅かし付けて、網の上へと追い込む。魚群が集まったところで網を引き揚げる。大森、羽田でおこなわれ、ボラ、スズキ、カイズなどをとった。

四つ手網

敷網の一種で、四角い網の四隅を竹で十字に張り広げたもの。魚の集まるところに一定時間沈める。最も簡単な定置網だろう。

八田網

船二隻に一六人が乗り組み、長さ約九〇mの底網を海中に沈める。これを潮流に向かって海中に帆を張ったように立て、魚群が網に入ると、曳網をたぐって網を狭める。御林浦で芝エビ漁につかわれた。

歩行網

鵜縄網をやや小型にしたもので漁法もいっしょだが、漁夫二人が水中に入って網の引き手となる。人が立てる水深の浅い沿岸の漁法。大森、羽田、深川でおこなわれ、ボラ、スズキ、サヨリなどをとった。

建網

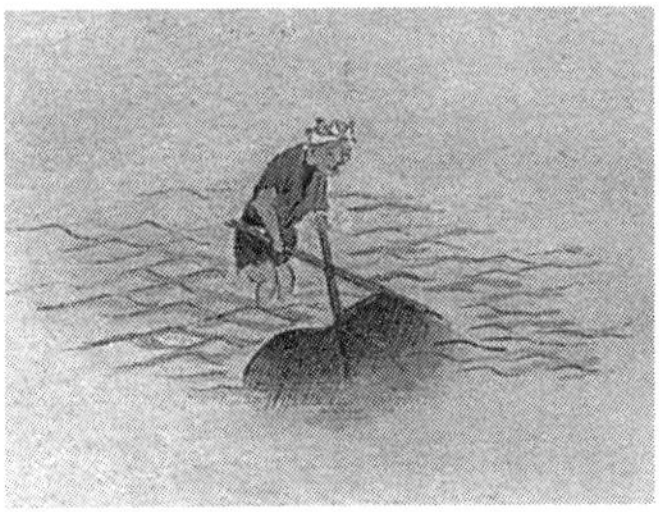

魚の通り道を遮断するように網を立てるのは刺網と同じだが、こちらはおもりや支柱などで固定する定置網だ。江戸内海では佃島や葛西のアミコ漁に用いられ、河口部に樫の棒を立てて網をつなぎ、澪筋の流れを利用してアミを漁獲した。
上図はアミの押し網で、大型の抄網の柄を両手で前に押し、浅瀬を歩行しながらアミをとった。

刺網

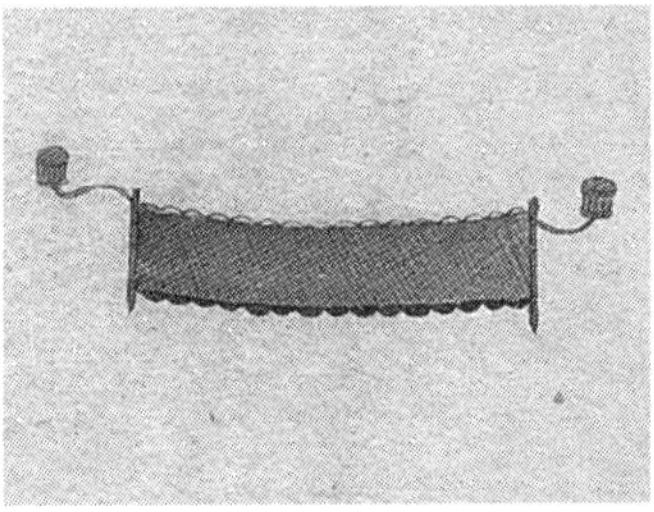

平面状の網を魚群の通過を遮断するように立てて、網目に刺さった魚をとる。魚に合わせて網目を調整する。海面の中層部に設置する浮刺網はサヨリ、ボラ、イナ、サワラ、ダツなどの浮魚、低層部に設置する底刺網はイシモチ、コチ、カレイ、マコなどの底魚をねらった。
上図の丈長網は中に長い刺網を張った後、水面をたたいて魚を網に追い込んだので別名たたき網という。

掩網

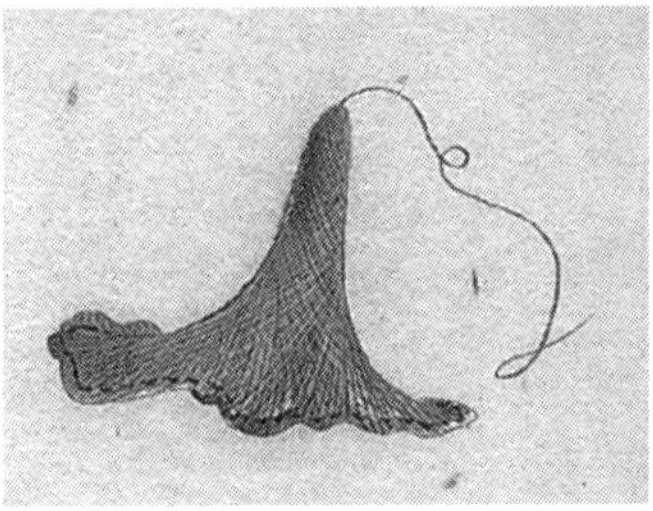

魚の上から網をかけて、おおい込むようにからめとる漁法。網の形状はたいてい円錐形をしていて、網裾を重くして水中に沈み込みやすくなっている。
上図は投網で、魚群をめがけて網を投げてからめとる。腕力によって網の裾を広げて投下させるのにかなりの技術を要した。

釣りによる漁法

釣り漁は一本の糸に一本の針をつける一本釣と、たくさんの針をつける延《はえ》縄《なわ》の二種類がある。どちらも起源は相当に古い。鉤針《かぎばり》は縄文期の地層からたくさん出てくるので、原始社会でも釣り具は一般的につかわれたのだろう。『古事記』に語られる海幸山幸は鉤針をめぐる話だし、国譲りの話では長い延縄が登場している。

釣具の基本は針と糸で、これだけでも魚とりはできる。これに竿、沈子《おもり》、浮子《うき》、餌が加わって「釣りの六物《りくもつ》」といった。

針は先の曲がった曲鉤《きょっこう》が一般的だが、まっすぐな直針《じきばり》もときに応じてつかわれた。針先と逆方向にとがった部分をカエシという。カエシがあるのが返し

一本釣と延縄

一本釣

釣り漁をおこなうには、魚の性質および水環境の変化を熟知して、うまく対応する技術が必要となる。そのわりに網漁にくらべて漁業効率は良くない(それゆえ水産資源にはやさしい漁獲方法なのであるが)。とくに一本釣などは漁業よりはむしろ遊漁として進化したといえる。江戸内海の地先では、浮釣でボラ、底釣でセイゴ、カイズ、キス、ハゼ、アナコ、ウナギなどをとった。

延縄

長く延びた幹縄に、針、餌をつけた枝縄を下げたものを漁場に張り込んでおく漁法。浮魚をねらう浮縄と底魚をねらう底縄がある。幹縄の長さは漁獲対象で大小さまざまだが、サヨリ浮縄やハゼ底縄ではだいたい六〇から二〇〇m。サワラ底縄では五〇〇mに達するものもある。これに三〇から二〇〇本程度の枝縄を下げる。幹縄の端には目印と流出防止のためのぼんでん、浮標、おもりをつけた。江戸内海では芝、金杉で盛んにおこなわれた。浮縄ではサワラ、サヨリ、底縄ではタイ、カレイ、ウナギ、マコ、イカなどをとる。

針、ないものをスレ針、ちょっとだけあるのは半スレ。その他虫や魚の形を模した疑似針もつくられた。針の材料は、古くは石や骨、鹿の角などだが、江戸時代には鉄製のものが増えている。たいがい漁師や趣味の釣り人が自分でこしらえた。魚の種類や漁場に合わせて工夫を凝らしたから、その種類は数限りない。

糸は葛や籐などの植物、馬の尻尾や生糸が原料につかわれたが、江戸中期に中国からテグスが伝えられている。これは理想的な釣り糸で、魚の目にとまらないように細く透明で切れにくく、弾力があって使用中にひねりがかからず、耐久性があった。ただし、国産のテグスが普及してくるのは、江戸末期まで待たなければならない。

刺突《しとつ》漁

刺す、突く、剝ぐ、掻くなどはとても原始的な魚貝のとり方といえる。大昔は木片や枝をつかって貝を掘り、魚を突いたのだろう。より多く、確実にとるために道具を改良し、技法を身につけた。刺突漁法は地域ごとに種類が多いが、江戸内海でおこなわれたものをみてみよう。

代表的な刺突漁

ウナギ鎌

河口や浅海で船上から水底を掻き、鎌状になった先端で引っかけてとる。江戸内海で広くおこなわれた漁法。

見突きとイサリ

魚をみつけて突き刺すのが見突き漁。それに対して船を潮まかせで流して海底を突きまくるのがイサリ。見突きは目視するために昼間のみ、イサリは昼夜操業できた。
上図は葛西などでよくみられたカレイのイサリ漁。

カキ挟み

竹の先に鉄の四本爪がついている。これを二つ合わせて真ん中で結びつけてはさみのようにつかい、海底のカキを挟んで引き揚げる。芝、金杉、品川、御林浦、深川、南小田原町にみられた。

貝巻

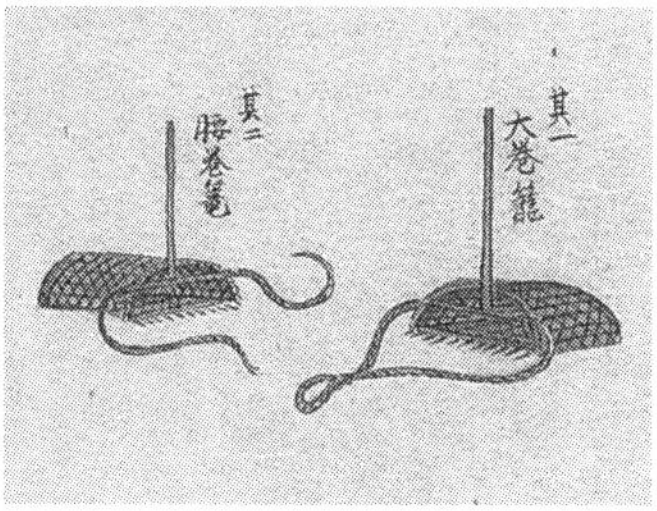

篭と一体になった熊手状の掻き棒は先端に鉄の爪がついている。これを水底に沈めて舟で引いた。大きいものを大巻、小さいものを腰巻という。干潟でアサリ、ハマグリ、サルボウなどをとった。

採取による漁法

単純なしかけで魚貝を採取する小規模な漁法は、半農半漁村がおこなう磯漁として、あるいは浦では主力漁業の合間に副次的におこなわれた。

代表的な採取漁

簀曳網

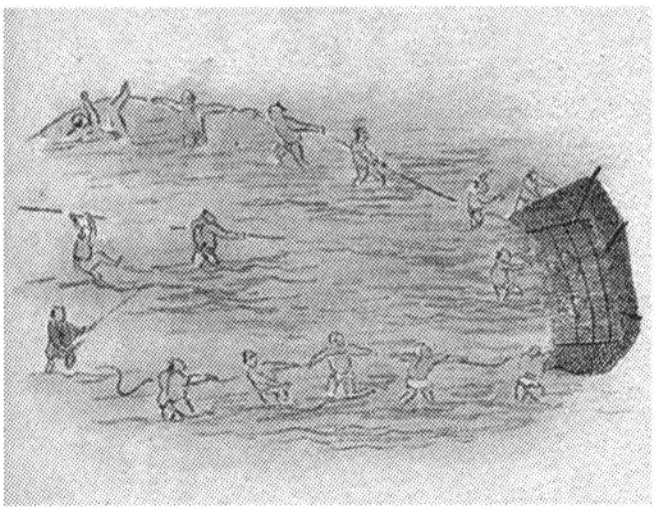

江戸内海では漁民や農民が余暇におこなったレクリエーションといわれる。二〇m×三mのよしずを一二枚つないだもの。これを浅海で斜めにささえ、水面をたたいてボラをよしずの上におびき寄せてとる。四〇人から八〇人でお祭りのようにおこなわれた。葛西、深川、大森で主に夏季にみられた。

ウナギ筒

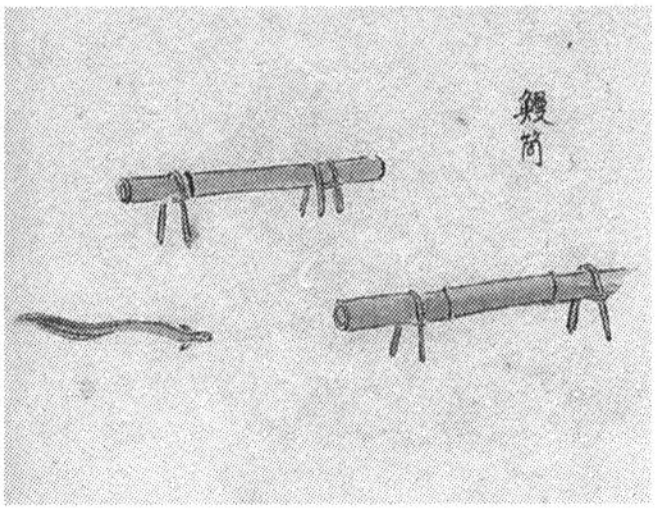

竹筒を一定間隔で水中や砂泥にしかけておく。一昼夜経過してから、水中、泥中に潜って筒の両口を手で押さえて引き揚げる。後に竹で編んで両口が狭まった円筒状のウナギ筌（うけ）もつくられた。

江戸の鮮魚流通

漁獲物を商品として流通させるには市場への出荷が必要となる。江戸内海の魚貝は次々と日本橋魚河岸をはじめとする江戸の生鮮市場へと出荷された。一方、魚問屋たちは幕府御用肴の納入に追われつつも、市中売りで大きく儲けられたから、資本や権威の後ろ盾をつかい確実な集荷をもくろむ。その結果、魚問屋による収奪構造にも等しい鮮魚流通システムがつくられた。

職貸と職網

日本橋魚河岸の魚問屋は、特定の漁村と結びついて、そこの漁獲物を専売する。いわば契約産地で、当時これを持浦《もちうら》と呼んだ（鯛問屋の場合は敷浦《しきうら》といった）。両者の関係は対等なものでなく、魚問屋が漁村に対しておこなった職貸《しょくがし》と呼ばれる資金援助によって、産地漁民は長く江戸魚問屋の支配下に置かれたのである。

職貸は、漁具の購入や補修資金から、漁夫の雇用金、食事の費用にいたるまで面倒をみるが、漁船のような高額なものは対象からはずされた。当時の仕入証文によると、ひと網につき一〇両から数十両を限度とする。この貸付金をかたに、魚問屋は漁村の全漁獲物を引き取るという契約である。その際の代金は、魚問屋の都合で仕切られたから、少額の資本で漁業者から魚を収奪できた。

漁村は魚問屋と手を切りたくても、職貸はいっぺんに返済できない取り決めである。「魚荷一〇〇貫につき三両ずつ消金」が通例で、そこに滅法な利息が上乗せされるから、返済期間は次々に延長された。何となれば、魚河岸は幕府御用という大義名分があったから、産地に対する一方的な契約もまかり通るのである。もっとも、漁民たちも借金を返そうなんて料簡はあまりもち合わせていない。大漁が続き、いつもより多く銭を手にすれば、すぐに博打や酒につかい果たしてしまう者が多かった。「板子一枚下は地獄」の苛酷な稼業に身をやつすかれらは、明日は死んでしまうかもしれないのだ。余分な銭は生きているうちにつかってしまう。そうした漁師気質が蓄財に向かわないのは当然だ。それゆえ、没落する漁村も多かったし、いつまでも魚問屋への隷属を余儀なくされた面がある。

さて、漁村から魚河岸へと漁獲物を送るには、近隣の浦なら直送もできるが、房州、相州などの遠隔地からは、鮮度保持のために押送船《おしおくりぶね》という高速船をつかう必要があった。そこに押送船を所有する押送船持商人、通称旅人《たびにん》と呼ばれる業者が介在してくる。生鮮品の長距離輸送を旅といった。つまり魚に旅をさせる者という意味の輸送業者である。

魚問屋はこの旅人を集荷元手金や押送船の建造維持費を貸付けることで手なずけていった。かれらに産地での集荷業務を任せて、漁獲物確保をねらったのである。旅人に押送船代金の名目で貸付けた金額は、大型船で約四〇両、小型船では一〇両程度である。このような水上輸送への資金投下は職網《しょくあみ》と呼ばれ、漁業者に対する職貸同様、一括返済はできない決まりとなっていた。

海の渡世人

魚問屋が旅人を通じて産地支配を強固とした背景には、江戸内海の通船《つうせん》統制というものがあった。享保五年（一七二〇）、幕府は海上警固を目的とする浦賀奉行所を設立する。これによって江戸内海を通航するすべての船は浦賀に寄航して積み荷の改めを受けることになった。しかし、鮮魚をあつかう押送船では、回航による鮮度落ちの不便が生じてしまう。魚河岸では船改めの免除と通船許可を願い出て許可された。その際に魚河岸は鮮魚船《なまぶね》の通行手形というべき生魚印鑑の発行を奉行所に代わっておこなう権限が認められたのである。この業務を代行する特権的な魚問屋を印鑑問屋といった。活鯛問屋に限っては、遠隔地からの輸送に通行切手をつかったので紙切手問屋の名称で呼ばれている。鮮魚を運ぶ押送船には印鑑問屋、紙切手問屋の証明が必要となるので、産地の旅人たちは、必ずこれらの魚問屋と関係をもたなければ商売ができない。魚河岸でも業務規定を設けて、他人の旅人荷物をせりとったり、魚問屋が漁村へ出かけて直接魚を買い付けることを禁じた。

産地の集荷取引を旅人に一任することで、魚問屋にしてみれば遠隔地の支配が容易におこなえるメリットがあった。一方旅人たちは魚問屋の手先に甘んじても、産地の小買商人として中間搾取的に利潤を吸い上げられたから、小金を貯め、網株を買って網元を兼ねる者や、名主をつとめる者も出てくる。しまいには藩主へ冥加金を差し出して、地小買《じこがい》商人同士で株仲間をつくり、独占集荷を思うままにしていった。

魚河岸支配の終焉

文化文政期（一八〇四－三〇）になると、魚問屋と産地の関係に変化がうまれる。漁村のなかから有力な名主があらわれて、独自の漁業経営をおこなうようになった。かれらは江戸魚問屋の支配を嫌い、これを排除するために在地に集荷問屋をつくって対抗していった。

おりしも天保一二年（一八四一）、老中水野忠邦による政治改革、いわゆる天保の改革が断行される。物価高騰の元凶を江戸十組問屋ら有力商人の流通独占にあるとして、これら株仲間には解散が命じられた。幕府への納魚をおこなう魚河岸は廃止こそまぬがれたものの、その特権的支配力は著しく失われたのである。旅人らの地小買商人株組織の解散が大打撃となった。産地支配の基盤がくずれて、漁村がどこへでも自由出荷できるようになる。そこにもってきて、流通が規制緩和されて、深川と築地にあらたな魚市場がつくられた。両市場は産地に対して、日本橋よりも魚を高く仕入れることをうたい、どんどん荷引きしたので、魚河岸とのあいだに激しい対立をうむ。

そして、嘉永五年（一八五二）一月、富津村から築地魚市場へ送られた生魚押送船が日本橋魚問屋の手によって差し押さえられるという事件が起こる。怒った漁民たちは江戸表へ強訴におよんだ。この事件は町奉行預かりとなり、名奉行と名高い遠山左衛門尉景元《さえもんのじょうかげもと》が裁定を下している。遠山の金さんは「お前さん方、仲良くおやんなよ」と、深川・築地の日本橋魚河岸への編入を勧めたので、これにて一件落着とあいなった。

落着はしたものの、もはや支配力をもたない魚問屋に漁民の自由出荷を止める力はなかった。ほどなく幕府は瓦解し、後ろ盾を失った日本橋魚河岸は、かつての地位を取り戻すことがついにできないまま近代を迎える。魚問屋の支配下で渡世してきた旅人たちは、世の中の変化に対応できず、多くは未返済金を残したまま、姿をくらましてしまった。

第五章

賑わう江戸の魚河岸

江戸っ子のルーツを探る

本章は江戸の水産流通の要である日本橋魚河岸を三つの側面からみていく。

第一は商売について。江戸の中心地日本橋でおこなわれる一日の商いの様子から、魚河岸の仕組みを説明する。また、魚河岸の一年を追いながら、季節ごとの商いの風情にふれる。

第二は幕府への納魚について。魚河岸の勢いは幕府御用を背景とするものだった。しかし、一方で魚問屋への負担は重くのしかかった。江戸時代を通じて幕府納魚の重責とその見返りとの損得勘定に右往左往する様子をみる。

第三は気風について。魚河岸は江戸っ子の見本のようにいわれたが、そこには資金力によって江戸の庶民文化を支える実力派の江戸っ子と、「いき」と「はり」を売りものとする勇み肌の江戸っ子が同居していた。第一章で述べた江戸前の価値観を地でいくのが魚河岸の人々である。江戸前の精神的な側面を魚河岸のエピソードからみていく。

「日に千両の商い」

江戸川柳に「日に三箱《みはこ》　鼻の上下《うえしん》、へその下」というのがある。江戸では一日に三箱（三〇〇〇両）の金が動いた。「鼻の上」の目で楽しむ芝居町で一〇〇〇両。「鼻の下」の舌で味わう魚河岸で一〇〇〇両。「へその下」とくれば遊里吉原で一〇〇〇両。都合三〇〇〇両。これが江戸の三大繁盛地とされた。生き馬の目を抜くといわれた江戸日本橋で、活きと意気を売りものとした魚河岸の商売をみる。

魚河岸のある朝

「お江戸日本橋七つ立ち」とうたわれた東海道の旅人が出立《しゅったつ》する明け七つ（朝四時頃）。まだ暗い時分にもかかわらず、日本橋のたもとは活気をおびている。江戸前海から内外房州、遠く豆州《ずしゅう》相州の魚貝が日本橋川を通り、猪牙船《ちょきぶね》で、押送船《おしょくりぶね》で、高瀬舟で、続々と運ばれてくる。『江戸名所図会』の「日本橋魚市」に、市場の様子が細かく描写されている。天保年間（一八三〇－四四）、正月（新暦で二月初旬）頃の風景だろう。これをみながら魚河岸の朝市をながめてみることにしよう（図5－1）。

国立国会図書館蔵

図5-1　江戸名所図会「日本橋魚市」

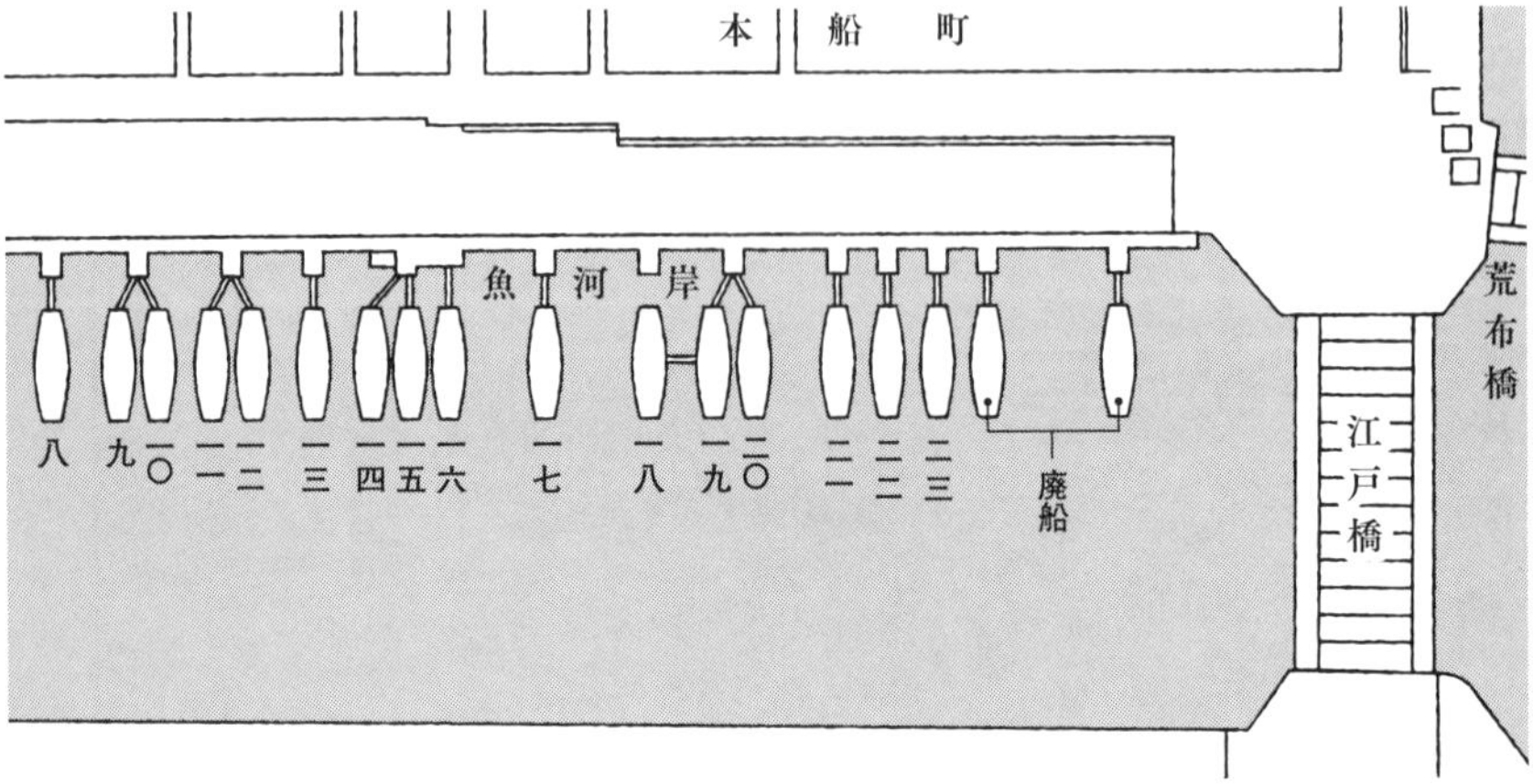

『東京都中央卸売市場史・上巻』（東京都）内「日本橋魚市場之圖」をもとに作成。

㈠魚の荷が届く

遠近の海から運ばれてきた魚荷は、日本橋川を通って魚河岸の河岸揚げに到着した。岸壁と垂直方向に偏平な舟がいくつもつながれている。これを平田《ひらた》舟《ぶね》と呼んだ。日本橋川は干満の影響が大きく、干潮時には舟が接岸できなくなる。そこで舟を艀《はしけ》の代わりとした。半固定になっていて、将軍家の隅田川遊漁や浜御殿遊覧などの川御成《かわおな》りには、くるりと回転させて接岸させる。平田舟の数は一六艘と定められたが、大正期に二三艘となった。それぞれの平田舟には定められた出荷先の荷が着いた（図5－2）。

平田舟は一種の株として所有権が売買され、一艘ごとに特定の魚問屋の所有となった。権利者である魚問屋は河岸揚げに帳場をつくり、陸揚げされた品物と荷主の送り状を確認した後、船一艘につき二五〇文の平田舟使用料を徴収した上で、魚をそれぞれの魚問屋に渡す。

魚の荷揚げ作業は大変で、平田舟と岸壁のあいだ

図5-2　平田舟（大正期）

一・二番 ―― 芝金杉市場からの荷。千葉寒川から深川、越中島、洲崎、羽田、横須賀方面。
三番 ―― 木更津方面の魚。一～三までが、いわゆる江戸前の魚である。
四～八番 ―― 利根川経由で送られてくる外房の魚。
九～一四番 ―― 押送船用。伊豆、三崎、上総方面の遠海物。
一五・一六番 ― 魚腸骨回送用。魚のあらが肥料用に下総などの業者に送られた。
一七～二〇番 ― 内外房州方面の多獲魚（イワシなど）。
二一・二二番 ― 空桶返送用。
二三番 ―― 船橋方面から平押舟で運ばれる小型魚。

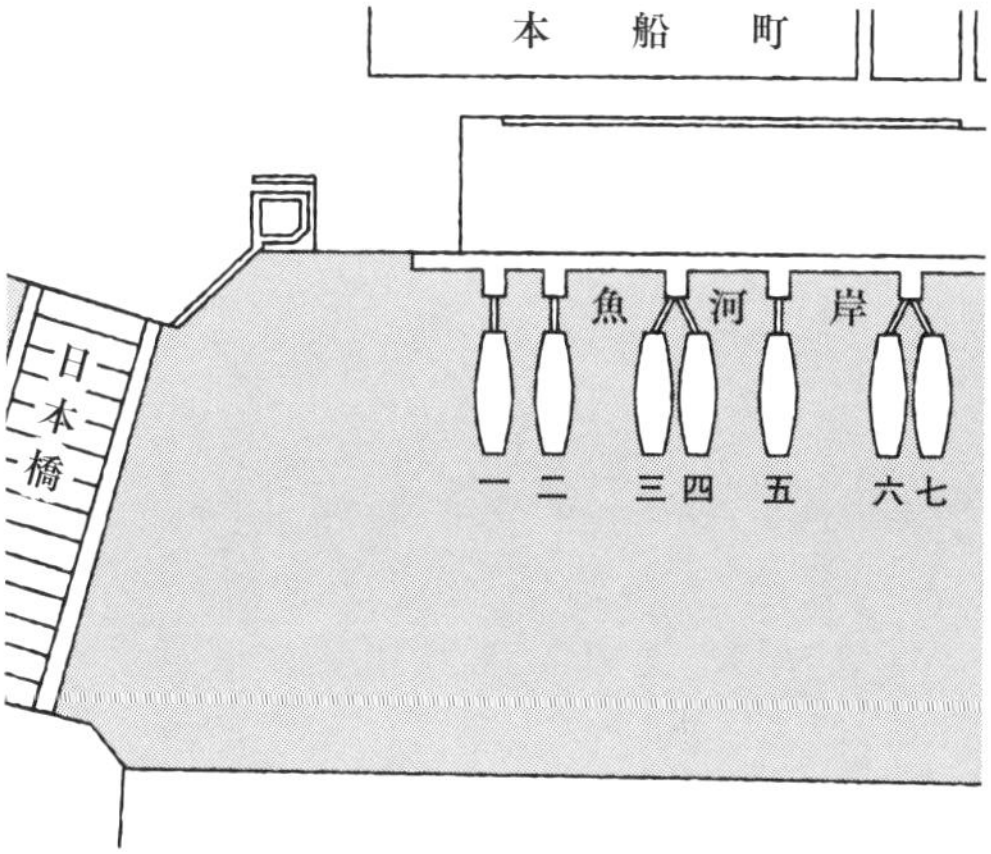

に長さ・幅とも一メートルほどの歩み板というもので橋渡しされているが、干潮時には傾いて、急坂をのぼるような状態となるため、重い魚荷を担いで通るのは苦行だった。荷揚げ作業をおこなう者は小揚《こあげ》、または平田役といい、これに従事するのは信州諏訪からの出稼ぎ人が多かったという。『日本橋魚市場沿革紀要』によれば、江戸中頃に諏訪の友七という者が、毎年農閑期に江戸に出て平田役についた。浜方荷主の名前、魚荷印などの覚えが良く、仕分けもうまかったので、問屋はかれを大いに信頼して江戸に移住させた。以来、諏訪からの出稼ぎ人が友七を頼ってくるようになり、友七は平田役を取り仕切る存在となる。平田役の友七、略して「平友」を屋号に小揚斡旋を代々おこなったが、大正期に運送業に転じたという。

　さて、平田舟に到着した魚を、問屋の店先まで運ぶのが軽子《かるこ》の仕事だ（図5-3、図-ア）。軽子は主に魚問屋に雇われる配達人で、このような河岸揚げ

国立国会図書館蔵

図5-3　江戸名所図会「日本橋魚市」その2

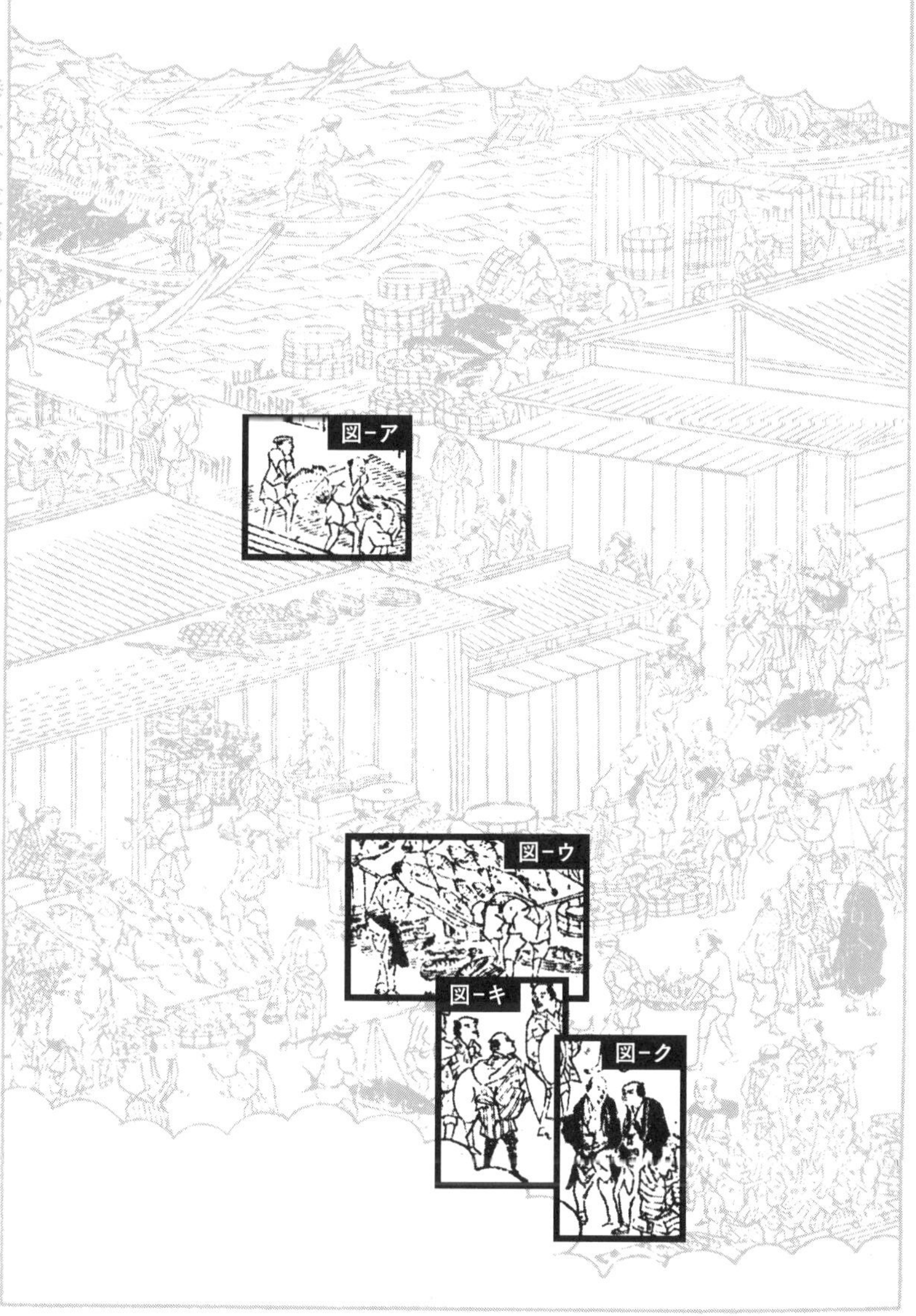

から魚問屋の店前まで運ぶ者を「荷揚軽子《にあげかるこ》」といった。それと別に魚売りなどの買出人が買った商品を、店から後述する棒手茶屋《ぼてぢゃや》へ運ぶ者を「使い軽子」と呼ぶ。「荷揚軽子」のほうが立場は上で給金も少し良かったという。なかにはフリーで売場を流す「野軽子《のがるこ》」も結構いて、市場を離れて市中の料理店などへの運搬も手伝った。その多くが出稼ぎ人で、正月前にやってきて、春になるといなくなるので「カモ」と呼ばれた。

㈡ 問屋と仲買

日本一の繁盛地なので大商人といえる問屋も数多いが、同じ日本橋界隈でも「越後屋《えちごや》」や「木屋《きや》」といった大店《おおだな》とくらべて店のつくりはいたって質素である（図－イ）。あつかうものが魚だけに仕入れてすぐ売ってしまう。だから蔵など必要ないし、建てる場所もない。それよりも魚の作業場が確保できればよかった。そこで魚問屋では間口を大きくとり、二階を住居とするのがつねである。店内は魚荷が積まれて、屋敷方、問屋方へと送る荷物が仕分けされていく。奥の帳場では主人がきっと難しい顔をしている。

店先で魚を売るのは仲買人という者だ（図－ウ）。問屋の販売部門という役割をもつ。元和（一六一五－二四）の頃、魚売りや料理人などの買出人が多くなり、売り子として雇われたのが仲買のはじめという。思うに森孫右衛門一族が魚河岸を開いた当時は、ほとんどが武家屋敷に納めていたが、元和二年（一六一六）に大和屋助五郎がやってきてから、市中売りが増大したのだろう。

仲買人は問屋が保証人（請人《うけにん》）となったので、初めは請下《うけした》と呼ばれた。かれらのような売り子が急速に増えたため、市場秩序保持の意味から、宝永五年（一七〇八）に魚商とともに町奉行所より鑑札が交付されている。これによって業種として確立したようなもので、独立して店持ちとなる仲買もあらわれてきた。ただし持浦がないので、他の問屋から魚を分けてもらうとか、浦方とその都度交渉して荷引きして販売をおこなう。江戸後期の魚河岸では、問屋と仲買を兼業する問屋兼仲買の店が全体の六割程度。問屋専業と仲買専業がそれぞれ二割程度であったといわれる。

ところで、仲買とともに鑑札を受けた魚商というのは、市場区域外で営業する魚問屋である。店構えで商売する魚屋で、店頭販売ではなく、料理屋や小売の魚売りに魚を卸した。いわば独立系の魚問屋で、江戸市中に点在したが、神田佐久間町、日本橋平松町、呉服町など、こうした魚商が集まって小さな魚市場の体をなした場所もある。江戸切絵図などには「肴店」と記されている。

㈢板舟

仲買は問屋の軒先から通路へせり出した板に魚を並べて売る。幅一尺三寸、長さ五尺（約七〇センチ×一五〇センチ）に定められたこの板を板舟《いたぶね》といった。江戸中期の享保年間（一七一六－三六）に町奉行大岡越前守が公許した一種の公道使用権で、それまで無秩序におこなわれた仲買の商売を統制するためにできたものである。仲買は板舟がなければ公道での営業はできない。しかし、板舟の枚数は限られたから、つねに需要が高かった。そこで貸借や売買の対象となり、これを所有する魚問屋が私腹を肥やす一種の既得権となっていく。魚河岸には板舟の他に、先の平田舟であるとか納屋（河岸揚げの貯蔵施設）に既得権があり、それぞれ「板舟持ち」「平田持ち」「納屋持ち」といわれた。

㈣ 買出人

魚市は雑踏をきわめている。おそらく罵声や怒声が騒々しく飛び交っていることだろう。売場はつねにぬかるんでいて草履では歩きづらい。小売の魚屋たちは足元を濡らさないように気をつかいながら、売場を行き来している。俗に棒手振《ぼてい》と呼ばれるかれらが魚河岸の買出人の主役だ（図‐エ）。天秤棒の先に盤台《はんだい》や笊《ざる》を下げ、そこに魚を入れて市中を担い売りする。向こう鉢巻に腹掛け、尻切れ半天を三尺帯で締め上げ、片肌脱いだ容姿《いでたち》はいかにも威勢の良い江戸っ子の風情である。町内の路地にも入ってきて、その場で魚をさばいてくれる。長屋のお内儀《かみ》さんたちにはありがたい存在だ。お屋敷や料理店も得意先にもっていて、その方面の魚選びにも余念がない。

買出人のなかには料理店の雇い人もいる（図‐オ）。これは鮨屋の仕入れだろうか（図‐カ）。田舎の商人とおぼしき三人連れもみえる（図‐キ）。紋付姿の二人連れは、大名の買出人なのだろう（図‐ク）。料理屋やすし屋の買った魚は棒手茶屋（後述）へと運ばれ、大名の魚は屋敷方肴納《やしきかたさかなおさめ》の問屋がまとめて届けた。

㈤ 売買のやりとり

魚河岸の店先での仲買の売り方はさまざまだが、なかにずいぶん伝法《でんぽう》な物言いもする。明治の実業家鹿島萬兵衛《かしままんべえ》（一八四九‐一九二八）が大正一一年（一九二二）に出版した江戸の回顧録『江戸の夕栄《ゆうばえ》』にその商売のやりとりが描かれている。臨場感あふれる口調なので、ここに引用してみよう。

「……『オイその鯛《てい》と鰆《さわら》とはいくらだ』『三枚で口明けだ安くまけて四貫だ、ナニ、三貫にしろと、何を寝惚《ねぼ》けてゐるんだ、今日は鉄の草鞋《わらんぢ》をはいて河岸中探しても、ありはしねえ、いやなら、よしねえ、三貫五百だと、エヽまけといてやれ持って行きねえ、ナニこの鰹か、安くして三百五十よ、下駄目《げため》（＝三。この場合は三百。下駄の鼻緒の穴は三つからくる符丁……引用者注）に負けろと、オイ顔を洗って来ねえ、ナンダと、目が赤くなってゐる、と、馬鹿も休み休み言ひねえ、今しがたまで、放《はね》くりかへってゐたのだ、人間だって、この東風《こち》ぢゃあ、昂《のぼ》せて目も赤くならあ、ヤイ、ヤイ、気の短けえやつだ。エヽ、負けてやれ』などと喧嘩でもしてゐるのかと思ふ……」

魚の鮮度を考えて商いは何事も手早くおこなう。ぞんざいな口の利きようもまかりとおった。

㊅ せり

通路の脇で数人が集まって、手を上げて口々に怒鳴っているかと思えば、次には拍手が起こる。賑やかな売場のなかでも、とりわけ喧《やかま》しいこの集団は、「せり」をしているのだ（図－ケ）。真ん中には魚を売ろうという仲買。まずはひと声「下値」を出すと、周りの魚屋が次々に手を上げてやり（指値）をつく。仲買は何とか高く売ろうと、拳を振り身体をよじって、もひとつ、さー、もひとつとかけ声をかける。それに合わせて魚屋らも大声になる。値も上がる。一番高値を付けた者がせり落とすオークション形式だ。

ほどなく買い手が決まると、皆で手締め一本というのが習わし。そうして、すぐ次の魚へと移る。ときにはうまく値が合わず、せりが成立しないこともある。天気や入荷具合にもよるが、買い手もその辺の相場は十分心得ているわけだから、かれらの買い気をいかに引き出すか。その器量のない仲買にはせりなど立てられない。

㈦ 魚の値段の決め方

毎朝魚荷が届くと、問屋はこの魚を自分の息のかかった仲買へと渡す。つまり委託するわけだが、このときまだ値段は決められていない。仲買はこれを自分の裁量で棒手振や料理屋に売る。多くは対面による相対《あいたい》取引だが、ときにはせり売りをした。掛け合いの商売なので値切られてしまうこともままあるが、仲買がはじいた算盤に合えばすぐに取引成立となる。

さて、朝市が引けると問屋の旦那と番頭が魚の相場を話し合う。その日の入荷状況、季節や天候などを考慮して細かく魚の卸値が決まると、そこに仲買が呼ばれる。問屋側はここで初めて委託した魚の代価をかれらに伝えるのだ。仲買は問屋の提示した金額よりも自分が商った売上のほうが大きければ、その差し引きが利益となる。逆に小さければ損となるが、そのときは問屋に掛け合って、ある程度はまけてもらうことができた。だから仲買は才覚ひとつでなかなか儲かる商売だった。

日本橋魚河岸の問屋・仲買は、現在の中央卸売市場における卸・仲卸のそれぞれ前身ともいえるのだが、仕事の中身は大きく異なる。公設の卸売市場では、卸売会社が生産者から委託された魚に関し、いわば消費者側の代表である仲卸とのあいだでせりによって値を建てる。その形は今日では崩れつつあるが、建前はこのような仕組みだ。公正・公平を旨とした透明性の高い取引といえる。

一方、江戸時代には、魚の値段は魚問屋が密室で決定した。公正・公平とはほど遠いが、何しろ幕府御用を第一とする私設市場だから、市中売りに対する規制は緩やかである。魚が増えれば安い、少なければ高い。それが自然の生産物である魚の実情にかなって、あまり問題が生じることなく、三〇〇年余りもこのような取引が続けられたのである。

㊇ 附属業務

『江戸名所図会』「日本橋魚市」に描かれていないものを、いくつかみていく。本船町東側の江戸橋近くには地引河岸《じびきがし》といわれる区域があった。主に外房の地曳網漁の魚をあつかったのでこの名称が付いたのだろう。地引河岸の業者は、イワシ、コノシロ、サッパなどをダンベイと呼ぶ大きな樽に入れてすくい笊で量《はか》り売りしたので、はかり手組と呼ばれる。

はかり手組の下で平田役をおこなうのがあかとりという者たちである。かれらは平田舟の一七～二〇番で荷揚げをおこない。手間賃にあかとり一杯の魚を受け取ったので、このような呼称となった。あかとりとは、舟にたまった水を掻い出す小さな桶のことだが、これに一杯のイワシといっても知れている。恐ろしく薄利な商売だったろう。魚市場では普通一尾いくらで売買されるが、多獲魚は単価が安いために量り売りとした。それも一般の問屋ではあつかわずに、はかり手組、あかとりに荷揚げから販売まで代行させている。

さて、魚河岸の売場と室町通りを隔てた品川町辺には棒手茶屋というものが点在している。これは棒手振ら魚売りたちの荷物を一時預かりする所だが、なかなか便利にできていたので、ちょっとその仕組みを説明しておこう。

棒手振が魚市場で買い出しをする際は、まず懇意の棒手茶屋へ顔を出して、天秤棒や笊などを預ける。

そんなものを背負って狭い売場は歩きづらいからだ。それから茶屋札というのを受け取るが、これには茶屋と棒手振の名前とが記されている。棒手振はこれを何枚も懐に入れて、馴染みの魚問屋を回るのだ。そして、問屋の店先で売買が決まると、代金とともに茶屋札を相手に渡す。問屋は札に書かれた茶屋名を確認すると、売れた魚を使い軽子にもたせるのである。

さて、棒手振が仕入れを済ませて茶屋に戻り、出された茶などすすって一服しているうちに、問屋の使いが次々にきて、自分の笊や盤台がその日に買った魚で一杯になるという寸法だ。これには茶屋銭として一日分三〇文（およそ六〇〇円）程度を支払うのが決まりで、その他に茶代や菓子代など若干の心付けを渡す。

棒手茶屋の数は、最初は三六軒と決められたが、後にもぐりの茶屋もあらわれたので、天保三年（一八三二）に鑑札が交付されている。

これが明治期に潮待茶屋《しおまちぢゃや》という洒落た名称に変わる。潮が満ちて船が河岸に着くのを待つという意味である。この頃には鉄道・トラックといった陸上交通も出てきたので、地方からの買出人も増えて、茶屋の数は二〇〇軒余りに増加している。

魚河岸の一年

捕物帳の創始者としても知られる作家岡本綺堂《おかもときどう》氏（一八七二－一九三九）の明治三六年（一九〇三）の随筆に「魚河岸の一年」がある。明治期の魚河岸を活写しているが、商いの仕法などは江戸時代とさして変わらないだろう。綺堂氏の名文を引用しつつ、魚河岸の年中行事を追ってみたい。

（一）正月

「鳥の啼《な》かぬ日はあれど、魚河岸に休業の日はないと誇っているが、さすがに一年一度、元日の初鳥が啼く日だけは必ず休業すること古来の習慣である……」（岡本綺堂「魚河岸の一年」より、以下同）

魚河岸は無休。大火に見舞われても仮店舗で営業するほどで、休むことを大変に嫌った。といっても江戸時代にはどこの商店にも定休日なんてものはない。ことさら魚河岸が無休をうたうのもうるさい生産者への手前なのだ。本当は河岸の人々だって、たまには休みたいのだが、〝馬鹿をいうな。生の魚をあつかうんだ。第一人間様の胃袋に休みなんてあるものか〟と荷主から文句がくる。だが、元日には浦方から続々と入荷するのを、河岸納屋に無理矢理に積み込んで休むのである。

年に一度の静かな朝。小僧も若い衆《し》も布団にもぐり込んで白河夜船を決め込んでいるだろう。主人は紋付袴でご近所への挨拶回り。損なくじを引いた手代がその後ろをついて回る。だが、後で年玉をもらえるかもしれない。門松に注連《しめ》飾り、床の間に踊る伊勢エビ。正月飾りも河岸はとりわけ華やかである。しかし、休日気分も夜まで。翌日二日の初市に向けて元日の夜九つ（深夜〇時頃）から支度にとりかかる。

「……店先に定紋付の高張提灯をかけ、またその軒端《のきば》には屋号を記したる長提灯を隙間なくかける。店前には商売物の盤台を見上ぐるばかりに積上げ、板舟には鯛・鮪・蛸それぞれの魚を列《なら》べて、これにもわが屋号を記したる雪洞《ぼんぼり》を添える……」

大提灯と小提灯のイルミネーションが日本橋から江戸橋まで続く。元日深夜の魚河岸は、さながら画のような美しさだ。とくに店先に飾る盤台は初売りの目玉だ。日本橋魚河岸をよく知る築地市場の古老尾村幸三郎氏は、「真新しい盤台に大アワビを並べ、それを一〇枚どんと積み上げる。その上に鏡餅、伊勢エビ、金銀の大じめを飾りつけ、真ん中にほんだわらをひく。何とも立派な飾りつけの数で商売の勢いを競ったものだ」と語っていた。

初売りは御祝儀相場だから、少し高いと思っても買ってやれとなる。お得意の気前に一同シャンシャンと手締めをして、「本年もどうぞよろしく」。初売りではお得意に手拭いを渡すのがしきたりだ。自分は河岸の大得意だとばかりに、あちこちの問屋でもらった手拭いで懐を膨らませるのが買出人の見栄であった。

さて、七草も終わると一五日は藪入りだが、河岸では浜からの入荷があれば、小僧の里帰りもままならない。不漁の日を選んで一日の休みとするのが決まりだった。七月の藪入りも同じである。

㈡春

「……二月の初午《はつうま》には長浜町の常盤稲荷の社で稲荷祭を執行する……この午祭の当日、河岸の若い者が三々五々徒党を組んで他の町内へ押して行き、地口行灯を叩き毀《こわ》したり、お神楽堂の縄を切ったり、種々の悪戯をやる……」

常盤稲荷は市場内にあって、市場人の信仰も厚く、初鰹やはしりのサンマは必ずお社《やしろ》へ供えた。何といっても初午となれば喧嘩好きの河岸の若い者にとってうってつけの舞台である。他の町内と一戦交えた後は、御神酒《おみき》を飲《や》って赤飯と油揚げを飽きるほど食うというのが常だった。

「このしろは初午ぎりの台に乗り（柳多留《やなぎだる》一二）」というように、初午にはコノシロを供える風習がある。これは狐がこの魚を好んだという言い伝えからきているものだ。それで魚偏に祭で鰶《このしろ》という字が当てられた。普段は下魚扱いだが、この日ばかりはタイのようにうやうやしく白木の台にのせられる。

カレイは種類が多くて、時期も調理法もさまざまだが、春は何といっても江戸前のホシガレイだ。刺身に脂《あぶら》を求めない軽やかな味わいが、かつては愛されたものである。

雛祭りにはハマグリ、サザエなど貝類が、花見にはサワラが季節商品となる。

「……栄螺《さざえ》の相場も節句前は一個五銭、六銭ぐらいの値を呼んでいるが、節句を越すとにわかに下落して大道見世の壺焼きとなる……鰆の照り焼き。これが花見時の料理屋向きですこぶる需要の多い魚であるから、これをあつかう小物師という問屋では、その産地たる豆相《ずそう》（豆州と相州……引用者注）の浜に向かって、鰆網の仕入れをする……」

小物師というのは上物の小型魚をあつかう問屋のこと。サワラ網は内湾三八職に数えられる漁法で、縦九尺（二・七メートル）、長さ一〇丈（三〇メートル）の網を潮に任せて流してから引き揚げる。浮立網《うきだちあみ》といわれるものである。古くから品川浦などで操業したが、明治期には外湾での漁が多くなった。

さて、三月、七月、一一月のそれぞれ一五日は浦方との契約更新の時期に当たる。四ヶ月を一漁期と決めて、これを一職《ひとしょく》といった。漁村は仕入金でいうことをきかせているのだから、資本仕入れはおろそかにはできない。とくに三月払いの冬の職は、年末年始の需要期後だけに金額も大きかった。それでこの時期は問屋の主人が最も頭を悩ませることになる。

㊂夏

「……四月に入って初めに河岸に着いた堅魚《かつお》を初鰹魚《はつがつお》と号して賞玩する……」

初鰹の景気は天明期を最盛期にして、その後は馬鹿な高値が付くこともなくなるが、それでも河岸がいっぺんに活気づくのは変わりない。八丁櫓《はっちょうろ》のかけ声も勇ましく、飛ぶ鳥と競走するような勢いで、真夜中に河岸にカツオが到着した。

「……吹流しの大鯉は日本橋の朝風に尾鰭《おひれ》を揮《ふる》って、地には生魚、天には鯉幟《こいのぼり》、上にも下にも魚跳《おど》る……」

屋根の上では吹き流しの大鯉（こいのぼり）がひるがえり、下の店先では生魚が活き活きしている。ただし、この時期、店先を飾るのは干物が多かった。江戸では五月の節句に干《ひ》ダラと干フグを食べる習慣があったためだ。普段、塩干物をあつかうのは対岸の四日市市場だが、江戸中期には魚河岸にも合物（半生品）問屋がずいぶんできて、初夏のこの時期は書き入れどきとなった。

六月になると隣町《となりちょう》の小舟町で天王祭《てんのうさい》がおこなわれる。「ふんどし祭り」といわれ、裸に単衣《ひとえ》をはおり色とりどりのふんどしをひけらかすのを見栄とする祭りだ。

「血気盛んなる手合は、紅白、または黄の縮緬《ちりめん》を幾重にも巻き付け、ほとんど俯《うつむ》くこともできぬほどに、腹から腰のあたりを膨らませている」

洒落っ気たっぷりのふんどしを二度身につけないのを河岸の気風として、祭りでは大いに水を浴び、泥のなかを転げて、真っ黒に汚すことを競った。

㈣ 秋

「……夏場は魚類払底、かつは不捌《ふさばけ》、なおその上に腐敗し易いと来ているから、河岸にとっては最も御難の季節で、いずれの問屋も夏場はほとんど休業同様と覚悟しているが、その中で活物問屋《いけものどんや》のみは最も得意の時……」

七月は精霊月《しょうりょうづき》で生臭ものを敬遠する家が多い。盆の一〇日から一五日まで魚の売れ口が悪くて、ほとんど休業状態となった。何といっても冷蔵庫どころか氷すらなかったから、暑い夏は魚もうまくない。活物を洗いで食うのが最上等だろう。活物屋は深川・佃島・芝などに納屋を設けてあって、スズキ、クロダイ、カレイなどを畜養する。綺堂氏は「深川を以って第一」としている。深川では川活けといって、河川に生簀を囲い放し飼いにした。活物問屋は毎朝納屋から日本橋まで運び出すのに忙しい。

「……七、八月の候になると、夕河岸の市が立つ……」

夕河岸は昼八つどきから七つまで（午後二時から四時頃）開かれる。朝市ほどではないが、なかなか繁盛した。主役は江戸前アジ。棒手振の魚売りもアジ売りと形を変えて、「あじぃ、あじぉ〜」と夕方の江戸を売り歩く。「夕河岸やひとしほ旨き鰺の魚（柳多留一一三）」と川柳に詠まれた夏の風物詩である。夕餉《ゆうげ》の支度にかかるお内儀さん連中も路地へ出て、夕飯のおかずに、亭主の晩酌のあてにと買いあさった。

七月一五日に秋の職への切り替えがあって、またぞろ主人の顔を険しくした後は、すぐに房州からサンマがやってくる。この時期ばかりは河岸中がサンマ一色となって売りさばきに多忙をきわめた。鰶はコノシロの当て字だが、河岸ではサンマにも同じ字を当てる。売場が祭りのような騒ぎになるからだ。八月下旬からはイワシもどっと入荷して、さらに目の回る忙しさとなる。青魚は手早く売らないといけない。若い衆の語気もいっそうはれ上がった。その忙しい最中に、九月初旬には水神祭《すいじんさい》がおこなわれる。

「……この祭礼は魚河岸の守護神ともいうべき水神祭であるから、河岸の気組もまた格別で、大祭の節には山車《だし》・踊屋台・地走《じばしり》・積み物の数を尽して、その繁盛、実に筆紙に尽されぬくらいだ……」

水神祭は御神体のある神田明神社から神輿を担ぎ出して市中を練り歩く。その威勢の良さは江戸っ子の語り草となった。江戸の頃は毎年おこなわれたが、明治以降は不定期開催となる。明治三四年（一九〇一）、大正九年（一九二〇）、昭和三〇年（一九五五）、平成二年（一九九〇）には大祭が華やかにおこなわれ、魚河岸の気風をおおいに見せつけた。

㊄冬

「……一〇月は例の恵比寿講で大小の鯛に羽が生えて飛ぶ勢い……」

この恵比寿講というのは、大伝馬町の宝田恵比寿社を中心におこなわれる「べったら市」のことで、毎年一〇月一九日に市が立ち、四、五〇〇もの露店に魚、野菜、神棚が売られる。五、六寸の小ダイに紅い糸でこしらえた尾鰭を飾りつけて売り出す。これが河岸の若い衆の内職となっていた。

「……七五三の祝いという一五日の当日には、魚類の捌けもよく、相場も騰貴する……」

一一月になると入荷する魚の種類もぐっと増える。とくに七五三に当て込んだ祝い魚の売れ行きが良い。タイ、カナガシラ、ホウボウといった赤い魚を並べる「赤物屋《あかものや》」の店先は、火のように赤々と飾られる。

ヒラメもこの時期に入ってくる。カレイとの見分け方として、「左ヒラメ右カレイ」などといわれるが、その区別はさほど明確ではない。江戸では単に大きいものをヒラメ、小さいものをカレイとした。佳品はやはり江戸前ヒラメに限る。川柳に「うまくないひらめは百が一里ぬけ（柳多留四九）」というのがあって、銚子からくる九十九里産のヒラメは味が落ちるといわれた。

ヒラメの白身と、やはりこの時期に出てくるマグロの赤身とで紅白の造り合わせがよろこばれる。「……気候もおいおい寒くなって生魚の手当ても楽になる。河岸もこの頃から大いに勢いを得るのだ。なんでもこの商売は寒空でなければいけない……」

冬場のフグ、アンコウは天然の雪に詰められてやってきた。江戸っ子はフグちりではなく、フグ汁といって、醤油と味醂で甘辛くした割り下で食う。

川柳で「鮟鱇《あんこう》は口びるばかりが残るなり（柳多留一七）」と詠まれているが、アンコウはまな板では切りづらいというので吊るし切りにする。これは見世物的な演出もあったかもしれない。その際に唇を鉤《かぎ》にかけて吊るすので、そこだけが最後に残った。俗に「アンコウの七つ道具」といわれる肝（肝臓）、とも（鰭）、柳（頬肉）、ぬの（卵巣）、水袋（胃袋）、えら、皮。アンコウはほとんど捨てるところがなく、すべてうまく食いつくした。

いよいよ師走となれば、「……一一月は他と同じく餅搗《もちつ》きと煤払《すすはら》い……」というように、餅つきと煤払い（大掃除）が恒例である。河岸では売場が忙しい日中を避けて夜間、ときには真夜中に餅つきをする。だいたい二〇日過ぎから寝静まった江戸の町に魚河岸界隈だけ「ぺったんぺったん」と餅をつく音が響き渡った。一方、江戸の煤払いは一三日だが、これも忙しい暮れの売場では大晦日近くに一斉におこなわれる。煤払いといえば鯨汁。クジラの皮を入れた味噌汁を食べる習わしだった。暮れともなれば五、六頭のクジラが江戸人の腹に収まるといわれる。

「魚偏に江の字でくじらと書かせたい（万句合）」というように、江戸っ子は無類のクジラ好きだったのだ。

江戸に初雪が降ると、河岸にあらわれるのがタラ。「たらふく食う」の語源ともなったこの魚は、腹を割いてみたら一〇〇種類もの魚貝を呑んでいたという逸話がある。生命力の強さから長命魚とされた。寒い晩にちり鍋で温まりながら、江戸人は長寿を願ったのだろう。

さて、年も押しつまると佃名物のシラウオが登場し、正月をあてにした魚も続々と入荷してくる。関東の正月魚といえばサケだ。正月用の荒巻鮭が入荷してくる。松前でとれたサケが定期的に江戸に運ばれるようになるのは寛政の頃（一七八九－一八〇一）で、それまでは利根川でとれたものが少し出回る程度だった。初鮭は初鰹に劣らないほど高価だったという。

「……問屋・仲買ではお年玉の手拭をあつらえる。こんな事でわやわやと賑やかに一年を送ってしまうのだ……」

以上、岡本綺堂氏の文章とともに、魚河岸の歳時記をたどってみた。

魚河岸というのは、江戸城に魚を調達する幕府の施設だと思いがちだが、それはちがうのである。昭和初期に魚河岸業者が築地中央卸売市場に収容されたときに初めて公設市場となったのであって、日本橋にあった時代は魚問屋らが自主的に開いていた私設市場だった。ただし、まずは幕府に魚を納めて、そして、その残りを市中で売ることを建前に商売が許可されていたから、御城への納魚は責任ある義務となっていた。

幕府御用達の明暗

一方、魚河岸にとっても納魚によって得られる幕府御墨付の恩恵は大きい。第四章でみた魚河岸による産地支配は、幕府御用達の御威光があってこそ可能となったのである。また、過当競争の激しい魚河岸のなかでは、納魚実績の高い魚問屋ほど市場内の発言力も大きく、産地への支配力も増した。だからこそ納魚を取り仕切る責任者ともなれば、有力魚問屋が奪い合う名誉職だったのである。

ところが、納魚に支払われる対価はあまりに安かった。その上、江戸城中での需要は増える一方であったから、魚河岸の負担はひとかたでない。次第に納魚忌避に走る魚問屋が増えていく。そうなると幕府としても納めるべき魚が滞るなど不届き千万とばかり、何とか魚を召し上げようと強硬手段に打って出るようになる。

江戸時代の魚河岸は幕府納魚の名誉と負担のはざまで右往左往し続け、そのあおりで有力魚問屋が泡沫のようにあらわれては消えていったのである。

納魚の名誉と負担

魚河岸は御城へ魚を届けることを第一義としていた。それは大変に名誉なこととされていて、幕府上納の高張提灯を掲げた荷車が、江戸城竜の口（大手門外・現千代田区丸の内一丁目付近）の賄所《まかないどころ》へとくり込むときには、大名さえも道をゆずったなどといわれている。

納魚は前日に幕府賄所から、明朝これこれの魚を揃えてほしいとの指令が伝えられる。それを受けて魚河岸の組合役員が交代でつとめる月行事《がちぎょうじ》が、月ごとに定められた地域の魚問屋から品物を取りまとめて納入した。

その他に祝事に欠かせないタイとコイの納魚は別格で、魚河岸でも特別の役柄をもつ者が受け持っていた。

鯛御用は代々大和屋助五郎が請け負っている。第二章でみたように初代助五郎は活鯛流通の開拓で巨万の富を築き、四日市町に活鯛屋敷拝領の栄誉にあずかった。その後も事業拡大が続けられ、寛保四年（一七四四）には、浦賀に広大な活鯛場を敷設している。しかし、後述するように納魚をめぐる事件で大和屋は失脚する。鯛御用役は罷免となり活鯛屋敷も取り壊された。それ以降は、他の問屋が入れ替わりで鯛御用をつとめることとなった。

鯉御用は森孫右衛門とともに摂津国からきた井上与市兵衛《よいちべえ》が任命されている。鯉屋を屋号とした与市兵衛は深川に大きな生簀を囲い、毎朝そこから船で日本橋へ搬送した。市場内には活船が設けてあり、そこに貯蔵して御用に備える。鯉御用は重要な役目であり、特別な権限が与えられていた。臨時の需要が生じたとき、あるいは水害などで生簀に被害があって、御用を果たせないときには、江戸市中どこの家の池からでもコイをとってよいことになっていた。もしもこれを拒んで魚を隠したりすると、夜中に鯉屋の者が屋敷の外でじっと耳を澄ましていて、コイの跳ねる音が聞こえると「御用だ」と屋内に押し入ることができる。そうした、まことしやかな噂も立った。

さて、大変な名誉を担う納魚であるが、それが魚問屋たちの大きな負担となっていったのである。それというのも、納魚の代価は「本途値段《ほんとねだん》」といって市価のおよそ一〇分の一程度で買いたたかれるからだ。後に六分の一くらいにまで値上げされるが、いずれにしろ魚問屋は大変である。それでもどんな魚を納めてもかまわないというならどうということはない。ところが納魚に定められる魚種はタイ、コイ、ヒラメ、シラウオなど。つまり高級魚限定なのだからやりきれない。サンマやイワシ、コハダなどの多獲魚はまず除外される。落語の「目黒のさんま」は、家光公とおぼしき将軍が生まれて初めてサンマの塩焼きを食べる噺だが、誇張はあるにしろ御上は下魚など口にしなかったのだ。

しかも、高級魚しか食べない口の奢った城中の需要は年々増大していく。これは将軍家のみならず、江戸城に毎日登城する諸侯の食事の分まで用意するようになったからである。「これには役職の上下によって、等級を異にしたために、お菜用の魚類は数十種に達し、しかもその人数が多いので、需要量は莫大なものであった」(『東京都内湾漁業興亡史』)

寛永二一年(一六四四)に魚河岸業務を規定する魚問屋法式書というものができるが、そのなかで納魚は何を差し置いても優先することがうたわれている。たとえば、幕府に差し上げるべき魚を他に売ってしまう「隠し売り」や、御上に注進せずにこっそりと魚を仕入れる「脇揚げ」を御法度とした。禁止するくらいだから、そのような実態があったのだろう。

江戸中期になると、納魚は名誉よりも負担ばかりが重くのしかかり、何とかそれから逃れようとする魚問屋が増えてきたので、幕府御膳賄所とのあいだにさまざまな確執がうまれてくるのである。

覇権をめぐる争い

納魚の負担は増えるばかりだったから、次第に魚問屋から不平が聞かれるようになった。隠し売りや脇揚げも常套化してくる。そこで町奉行大岡越前守の進言により、享保四年（一七一九）から納魚が請負人制と改められた。つまり特定の請負人に絶対的な権限と責任を与えて、御用魚の一切を任せようというのである。納魚請負人は幕府の代理人として、その指図は御上の絶対命令にも等しい。したがって魚河岸の事実上の最高権力者となれた。これが魚問屋たちの名誉欲、権力欲をかきたてたのである。

しかし、威厳ある役職だけに責任も重い。欠品は一切許されず、大幅な損金をたびたび負担することになった。名誉欲にかられて役職についた者も、すぐに商売が立ちゆかなくなる。それで結局、組合役員が三、四人ずつ持ち回りで役目を果たしたが、それでも負担に耐えきれず、問屋たちは納魚代金の値上げを要求する。幕府も仕方なしに従来代金から三割六分の増額を許したが、それでも苦しい。元文五年（一七四〇）、四組問屋組合はさらに二割五分の増額を御上に願い出た——ところへ物言いがつく。それが奉行所からではなく同業者からであった。

「他の問屋は御用召し上げにして、私一人に任せていただければ、増額なしでやりましょう」

こう申し出たのは、魚河岸興隆の祖と知られる大和屋助五郎の子孫、三代目大和屋助五郎である。このとき三代目は浦賀検校崎《けんこうざき》（現神奈川県横須賀市西浦賀）に横幅一三〇間（約二三〇メートル）という広大な「永代活鯛囲簀場所」を敷設して、活鯛御用としての地位をゆるぎないものとしていた。「価格引き上げなどの願いは一切しないし、それで納魚が滞ったならば、いかような罰を命じられてもかまいませぬ」

他の問屋が三人体制、四人体制でも音を上げた重責を一人でやってのけるというである。

三代目の鼻息の荒さには理由がある。魚河岸では森孫右衛門以来の流れを汲む摂津系問屋こそが主流だという暗黙の了解があって、四組問屋内ではつねに摂津系魚問屋が大きな発言力をもった。大和屋が不断の努力で活鯛流通をつくり上げ、しかも、そのやり方は魚問屋経営に大きく影響を与えたにもかかわらず、依然としてよそ者扱いを受けることは臍《ほぞ》をかむ思いだったのである。

魚河岸は大和屋が大きくしたようなものではないか——かれは祖父、そして父の口惜しさを肌身で感じていた。積年の思いを晴らすとの思いから、その意気込みもすさまじく、寝食すら忘れて集荷をテキパキとこなす。魚が足りなければ、どんな問屋の荷も押さえてしまう。奉行所も「大和屋より御用魚の入荷についての問い合わせがあったときは、当日に限らず、翌日、翌々日であっても、品種、数量を正確に知らせるように」と強く達しをするので、他の問屋は大和屋のいうことに従わざるを得ない。

三代目助五郎は勢いに乗じて、寛保三年（一七四三）には摂津系の伏見屋作兵衛が請け負っていた江戸御用聞商人の職までも引き受けてしまう。これは大奥とか伝奏屋敷《てんそう》（当時の迎賓館）といった江戸城のなかでも将軍家の私用施設もしくは催事施設へ魚を納める責任者で、やはり格式ある御役目である。従来の活鯛御用人に加えて、納魚請負人と江戸御用聞商人という魚河岸の権威を一人独占する三代目助五郎の権勢はまさに頂点にあった。大和屋一三〇年の悲願はついに果たされたのである。

しかし、絶頂は長くは続かない。請負人七年目の延享三年（一七四六）に事件は起こった。大和屋が七年間にわたり問屋からの納魚仕入代金を滞納しているとして、これを不満とする問屋らが奉行所に訴願したのだ。さらに次の五人に代金を肩代わりさせるよう願い出た。それが西宮源右衛門、佐野屋七兵衛、佃屋佐兵衛、佃屋九佐衛門、伏見屋作兵衛で、いずれも摂津衆である。魚河岸旧勢力は大和屋に奪われた魚河岸代表の座を取り戻すべく、失地回復に立ち上がったのがみてとれる。とくに伏見屋は四〇年続けてきた江戸御用聞商人の地位を先年大和屋に横取りされた。これを好機と巻き返しに出たのだろう。

それにしても七年間の仕入代金滞納は穏やかでない。あるいは大和屋潰しの策謀かと勘ぐられたが、訴えは事実であった。三代目の大失態である。断罪されても文句はいえないが、奉行所は「大和屋年季中ニ付」との理由で訴えを却下した。未納金はきっと完済するように申しつけるが、年季中つまり幕府内御用の任期中との理由で一切お咎《とが》めなしに終わる。

手心を加えたとしか思えない裁断に、納得がいかないのは摂津系問屋である。意趣返しとばかりに大和屋への激しい妨害行動に出た。おそらく何らかの失敗をあげつらって詰め腹を切らせたのだろう。ほどなく大和屋は請負人の座を辞すこととなった。さらに江戸御用聞商人と活鯛御用人の地位からもすべり落ちる。三代にわたって魚河岸繁栄に貢献した大和屋助五郎はあっけなく姿を消した。魚河岸という閉鎖的社会における権力争いの激しさが窺えるではないか。

こうして市場のイニシアティブはふたたび摂津衆の手に戻る。だが、それでは治まらなかった。大和屋の後釜として請負人の役についた者たちは、就任後わずか一年で失脚の憂き目をみるのである。納魚の不手際というのがその理由だ。ある日、城内賄所より「明朝までに大小のタイ八尾、スズキ八尾、マス八尾を納入せよ。ただしマスはまだ漁期早々につき、畜養タイやスズキを充ててもかまわない」との達しを受ける。しかし、実際に納入されたのは、タイ五尾、フッコ七尾、活ボラ七尾であった。

品違い、数量不足、事前連絡なしである。現代の量販店相手にこういうことをすると取引停止になりかねないミスだが、江戸時代には指示通りの魚が調達できないなどはよくあること。ありあわせの魚を納入するなどは慣例となっていた。しかるに新請負人は「身代取上げ」という事実上の破産に等しい重い過料に処されたのである。業務存続は不可能。魚河岸の重鎮は失脚した。

これは明らかに新請負人を追い落とそうという幕府の意図がある。任期途中の大和屋を引きずり降ろした問屋たちが憎くもあったのだろう。だが、それだけではない。役目がつらい、重いと弱音を吐き、その都度納魚価格の引き上げ要求をする問屋風情のたわごとはもはや聞く耳もたぬというわけなのだ。一連の事件を契機として、魚問屋の自主的な納魚は廃されて、幕府自らが魚を取り上げる方式へと転換していく。信頼のうちに続けられた御用魚の伝統は江戸中期頃までには終わりを告げたのである。

お魚、御用だ

江戸後期の寛政四年（一七九二）、幕府は江戸橋際に魚納屋《うおなや》役所を設けた。ここに役人を配して、半ば強制的に魚を取り上げる組織をつくったのである。取り立ての厳しさは横暴をきわめ、多くの問屋、仲買、小売が泣かされた。

魚納屋役所は御納屋《おなや》と呼ばれ、いかめしい門構えを入れば、台所にはかまぼこ台、焼台をしつらえ、大きな生簀まで備える料理屋の体をなしていた。ここに御賄所役人七名、買役と称する小者七、八名が毎日出勤して御用魚の買い上げをおこなう。祝事には魚類需要が倍加するし、また不漁時への備えから、御納屋役人はつねに魚類の貯蔵につとめる。良い魚があれば御納屋内の生簀へ放しておき、大漁時にはかまぼこにして不時の御用に備えた。

御賄所役人は、せいぜい一〇俵取りの軽輩で、城中御賄所では食料の役得を生計の足しにしていた。たとえば鰹節などは二、三回削って取り捨てる。魚は身を残して捨て、かまぼこは二〇本入用のところ四〇本つくって二〇本余らせる。平皿一枚に醤油五合を用意する。そうして捨てたもの、余ったものを家へ持ち帰るのを役得とした。御納屋においても、魚問屋から脅しとった魚の上前をはねるなどは当然のことだったろう。

さて、御納屋役人は御直買《おじきがい》という公定価格で魚を買い上げたが、これがお話にならないほど安い。たとえば高値を競う初鰹では、荷が着き次第届け出て、まずは上納が決まりである。だが、その買取額といえば一本銭二貫五〇〇文、しまいには一〇〇文にまでたたいた。その他の高級魚も軒並みひどい安値で、目の下三尺という大物のタイですら四〇〇文というから、サンマくらいの値しかつかない。

これではやりきれないと、問屋たちはひそかに魚を隠して上納をまぬがれようとした。だが、魚の直買がすすまず、納魚に不足をきたせば御納屋役人の失態となる。御納屋役所は魚河岸の事情に精通する者を雇い入れて、納魚取り立てにあたらせた。

この買役というのが実に粋がったもので、藍《あい》の小袖に黒無地の八丈を羽織り、懐中《ふところ》に手鉤《てかぎ》をのぞかせて売場をあさって回った。問屋の穴蔵、仲買の板舟をかき回し、めぼしい魚がないときには、「御用だ」

と道ゆく棒手振の盤台にまで手鉤をかける。かれらの目にとまったら最後、どんな高級魚も二束三文で召し上げられてしまうのだ。

思いあまった問屋が相応の心付けを渡すと、買役はますます図に乗って、問屋の店先で金を出せ見よがしの嫌がらせをする。どこの問屋に荷が届いたと知れば、すぐに出かけて、荷を押さえてしまう。

この横暴にさても商い成り立ちがたし。進退窮まる問屋連の一計案じてとる術《すべ》は、浜から届くお魚を右から左に隠しては、葛籠《つづら》長持ち仕舞い込み、簞笥《たんす》のなかに秘匿する。ひどいときには雪隠《せっちん》のなかまで隠す入念さ。問屋の店先に魚なく、家のなかでは生臭い。まったくもっておかしなことになってしまったのであった。

このような御納屋役所との丁々発止《ちょうちょうはっし》に疲れ果てた魚河岸は、御上に「何とかしてください」と泣きつく。それで役所と魚河岸のあいだに建継所《たてつぎじょ》というのが設けられることになった。御納屋役所設立から約二〇年後の文化一一年（一八一四）のことである。この建継所はいわば決済機関であって、問屋が魚を仕入れる際に仕切金の一〇〇分の一を積み立て、役所からの支払いが魚の値段に見合わない場合に、そこから不足分を補充する、いわばみんなで苦労を分け合おうという考えからつくられたものだった。これがうまくいくと思いきや、今度は建継所の行事（事務方）連中の横暴によって、事態はさらに悪化してしまうのである。ここにいたって問屋の怒りが爆発して「建継騒動」という大立ち回りが演じられるのだが、これについては後述する。

江戸っ子の見本

魚河岸の連中こそ江戸っ子の見本、と大田南畝《なんぽ》（蜀山人《しょくさんじん》）が看破した通り、小田原町の問屋衆は幕府御用の威光と経済力によって江戸庶民文化のパトロン的役割を果たす実力派の江戸っ子であった。一方、河岸の若い者らは「いき」と「はり」に男を磨く俠気《きょうき》の輩《やから》。江戸っ子の勇み肌の典型だろう。二種類の江戸っ子の共存する魚河岸の動向は、良きにつけ悪しきにつけ、大きな影響力があった。

魚河岸風俗

三田村鳶魚氏の『江戸っ子』によれば、江戸時代に最初の豪商となったのは材木商で、その後は米商人に勢いがあり、それに魚河岸がとって代わったのだという。魚河岸は日に一〇〇〇両もの金が流れる繁盛地だが、個々の問屋の身代はまことに小さい。ただ景気が良いので派手さが目立ったとしている。

威勢を売りものとする魚河岸の風情が世間に広まって一種の流行をみたものは多い。

元禄期（一六八八－一七〇四）に江戸の粋人のあいだで流行した本多髷《ほんだまげ》は代表的な江戸風俗として定着するが、この髷はもとは魚河岸の連中が始めたものとされる。それで魚河岸のある本小田原町の本と田をとって「本田髷」といったのが初めという（図5－4）。

魚河岸では着物の下に「紅襦袢《べにじゅばん》」をつけて粋がったが、これも世間に流布し、とくに芝居の男伊達の風俗につかわれるようになった。

図5-4　江戸の粋人のあいだで流行した本多髷

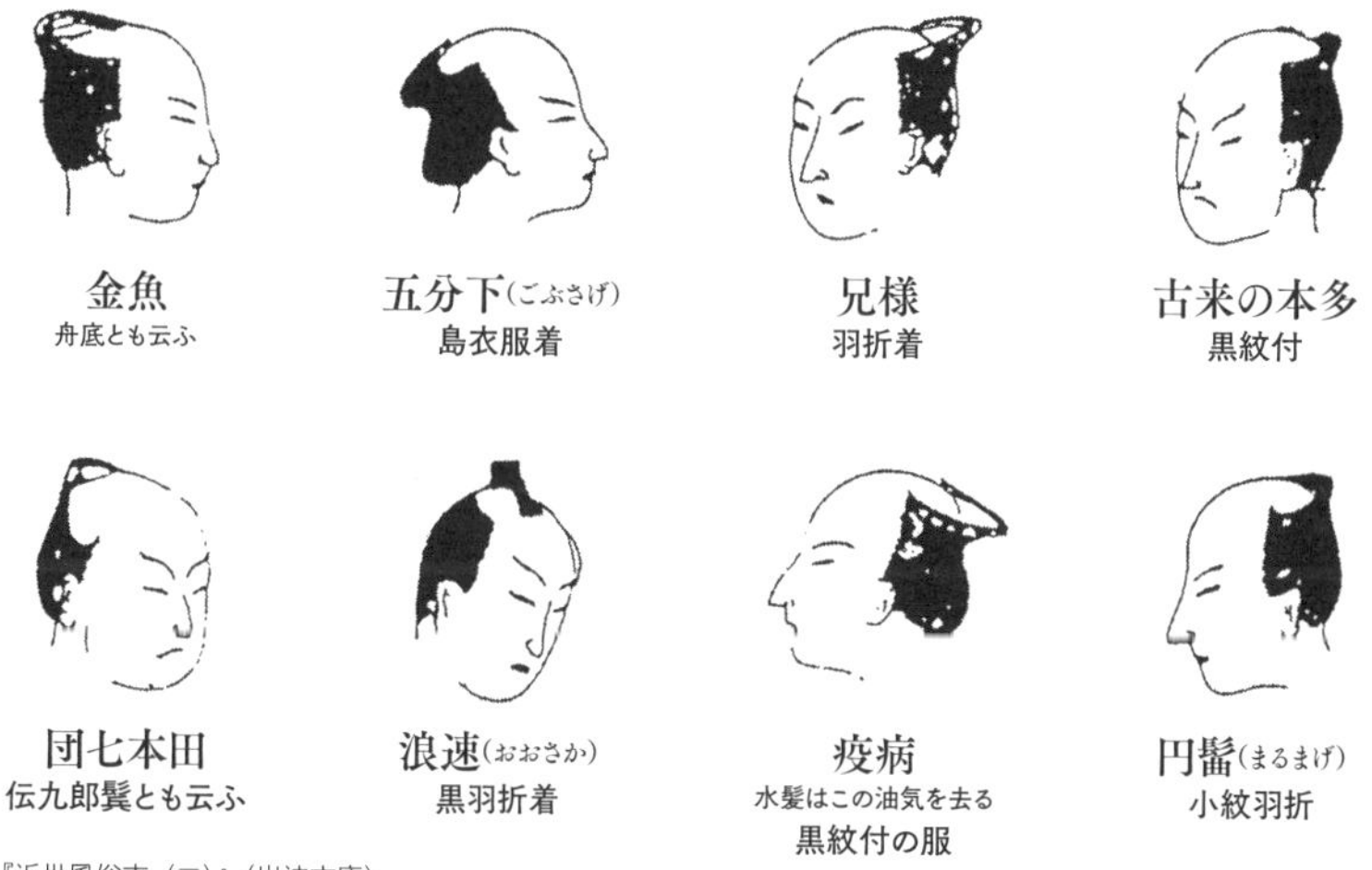

『近世風俗志（二）』（岩波文庫）

下駄というものは雨の日の履物で、普段は草鞋《わらじ》か草履を履いた。いわゆる通人たちが晴天でも下駄を履くようになるのだが、この風俗も魚河岸からうまれた。景気の良い魚河岸では一年中売場が乾くヒマがない。草履で市場は歩けないので下駄を履いたのだが、若い者はそのまま遊郭までくり出した。しかも島桐の目の細かい贅沢な台に樫の歯を入れた上物で、革の鼻緒をすげて目立たせてある。これは恰好よい。後にそれを通人として知られる人口《かおぐち》屋《や》暁雨《ぎょうう》らが真似たという。

助六と魚河岸

「……小田原町は所謂《いわゆる》江戸ッ子にして、江戸役者をほめ、市川団十郎を贔屓《ひいき》にするも此ゆえなるべし……」。文化七年（一八一〇）新春の中村座顔見世興行で、大田南畝は魚河岸の総見《そうけん》を賞嘆してこのように綴った。団十郎贔屓は、とりもなおさず市川家の代表演目「助六《すけろく》」への後援である。

助六と魚河岸のかかわりは、一説に花川戸助六のモデルが持ち前の男気から他人の身代わりに牢死した魚問屋ともいわれるが、確かなところは「助六」の見せ場でうたわれる河東節《かとう》の創始者十寸見《ますみ》河東が魚河岸出身という由縁からのようだ。日本橋品川町で羽振りを利かせた魚商天満屋藤左衛門《とうざえもん》の長男で、本名を藤十郎という。営利を好まず、遊蕩にふけり、ついに江戸半太夫の門に入って浄瑠璃節を学んだ。

十寸見との関係から助六を河東節でやる限り、魚河岸に承諾を得るという不文律がうまれる。歴代団十郎は助六上演の際には必ず魚河岸に挨拶に出向いた。魚河岸の旦那衆も立派な引き幕を贈り、初日には総見し、助六が花道で見得を切るところでは、河岸の皆様のお手を拝借してシャンシャンというのがしきたりとなる。だから、火事で芝居小屋が焼失の憂き目に遭ったりすれば、魚河岸はその再建に資金を融通している。

江戸っ子にふたつある

江戸っ子といえば、「宵越しの金はもたない」気風、「はらわたのない」さっぱりとした性分とされる。いいかえれば銭も貯められず、大した分別ももたない連中ということか。落語の熊さん、八つぁんのような、その日暮らしの連中もその仲間内だろう。しかし、江戸っ子がすべて浮草のような存在かというとそうではない。経済力をもち、洗練された文化生活を営む根生《ねお》いの大町人も多数いた。いわば実力派の江戸っ子である。歴史学者西山松之助《にしやままつのすけ》氏（一九一二－二〇一二）は著書『江戸ッ子』のなかで、江戸っ子にはこうした二種類のタイプがあるとした。

江戸で大半の面積を占めるのが諸藩の武家屋敷である。そのほとんどは地方人だ。そこに流れ着いた素性の知れない自称「江戸っ子」が空威張りする。一方根っからの江戸人は「おらぁ江戸っ子だ」といわないが、江戸生まれを誇りとし、庶民文化に対する造詣の深さをもち、パトロン的にそれを育んできたのである。江戸開府以来を誇る小田原町の魚問屋たちは、まさにそのような実力派の江戸っ子といえるだろう。

前項にみた団十郎贔屓もそのひとつだが、芝居に遊郭に物見遊山にと、江戸の代表的な遊びではたいそう羽振りを利かせたのが河岸の旦那衆である。吉原では蔵前の札差《ふださし》ばりの派手なふるまいをするし、信心にかこつけての伊勢詣で、大山詣で、成田詣でとくり出し、各地の寺社には魚河岸寄進のものが残されている。

遊びだけでなく江戸の文芸にも大きな役割を担った。俳人杉山杉風《すぎやまさんぷう》は魚河岸の鯉問屋にうまれている。芭蕉十哲の一人と聞こえた杉風は気取らず温雅な作風で知られるが、その一方で師への経済的援助によって蕉風俳諧確立の最大の功労者とされる。鯉御用が格別な存在であったことは先にみたが、その羽振りの良さが芭蕉への庇護を可能としたのだ。鯉屋は深川に生簀をもっていたが、そこの番小屋を改造したのが芭蕉庵である。有名な「古池や蛙飛び込む水の音」の句もそこで詠まれたものだ。

魚問屋の江戸文化への貢献は羽振りの良さからうまれたものだが、ただ銭をもったからといってできることではない。自らが文化人として活躍するほどの素養が魚河岸旦那衆にはあった。それが江戸っ子の見本といわれ、江戸の人々に一目置かれたのである。

魚河岸喧嘩仕法

魚問屋の旦那衆が実力派の江戸っ子であるなら、店の若い者は空威張りの江戸っ子の典型だろう。まるで喧嘩のようなやりとりは魚河岸流の商いだったが、血気盛んな連中にとっては本物の喧嘩も日常茶飯事だった。小さなものは毎日起こる。何しろ若い者の娯楽といえば博打と喧嘩。ことに喧嘩となれば、これが飯よりも好きときている。

「おう、これからひとつ喧嘩をしにいこうじゃねえか」と三々五々集まっては、喧嘩の遠征に出かける。大正時代には日本橋通二丁目の白木屋百貨店で「魚河岸の帯」なるものが売り出された。前も合わせられない身幅の狭い単衣《ひとえ》を羽織り、そこにこの帯を後ろから巻いて前で結ぶと喧嘩装束となる。このおかしな恰好は、喧嘩した相手のほうが強くて分が悪くなったときに、後ろから捕まえられても、パッと帯を解けば、そのまま素っ裸で逃げ出せるという寸法だった。

「誰が手前《てめえ》なんかに捕まるかい、このバカヤロウ！」と、ふんどし姿の馬鹿野郎が日本橋通りを走って逃げる光景がみられたのだろうか。

少し大掛かりな町内総出の喧嘩となれば、たいそう血沸き肉躍る行事となる。先述の『江戸の夕栄』に市場を挙げての大喧嘩の話が出てくる。筆者は築地市場の古老から同じ話を聞いたが、だいたい次のようなものである。

幕末の文久年間（一八六一－六四）に新場《しんば》の魚市場へ芝金杉市場から殴り込みをかけるという予告があった。どこかの問屋が他人の持浦にちょっかいを出したのが原因だが、理由はどうであれ、日頃いまいましく思っていた相手と一戦交えるのだから熱い。「手前ら、ここは俺に命をあづけてくんねへ」。アニキ分が言うなり、後ろ鉢巻に勇み肌の連中がそれぞれマグロ包丁に竹槍、目潰し、筋金入りの棒などを得物に、庇に上がって「さあきやがれ」と、敵のくるのを待ちかまえる。女房連中は炊き出しに身支度の手伝いとかいがいしく働きながら、「しっかりおやりよ」とハッパをかける。

この噂が江戸市中にぱぁっと広まって、物見高い江戸っ子らが大挙やってくる。木戸銭なしの見物と洒落込み、屋台は出る、瓦版売りは出る。一日の行楽としては最高の舞台である。

結局この騒動は双方顔役の仲裁で手打ちとなるのだが、魚問屋の威勢は世間の語り草であった。この最中に御上は見て見ぬふりをしたというから、町人の喧嘩などは娯楽だったのだろう。

それでも喧嘩がたび重なれば、ときに殺傷沙汰にも発展しかねない。それはたいそう都合が悪いので、魚河岸の町内ではいざというときに下手人として牢屋に送る身代わりを用意していた。無宿者などを捕まえてきて三度の飯といくばくか小遣いをあてがい、会所などに住まわせたのである。これも魚河岸の古老から聞いた話だが、やはり『江戸の夕栄』に同様の話が出てくる。

建継騒動顚末

魚河岸の俠気がとんでもない事件に発展したことがある。

前節の最後で納魚取り立ての苛酷さに困窮した魚問屋たちが建継所という中間組織をつくって自治的な解決を試みたことをみた。ところが、建継所を運営する行事連中の横暴でさらに事態は悪化するのである。ここに魚河岸の人々の怒りが爆発して建継所急襲という事態が勃発したのだ。

文化一一年（一八一四）一一月五日に起きた刃傷《にんじょう》事件は「建継騒動」の名で伝えられる。その顚末は東京都の『東京中央卸売市場史』（上巻）に詳しいが、その内容はほとんど『風俗画報（第一六〇号）』（一九〇三）所載の蓬軒居士なるペンネームによる記事「日本橋魚市場建継騒動」からの引用と思われる。『風俗画報』は今でいうグラフ雑誌のようなもので、記録の正確さに欠ける嫌いはある。だから、本当にこんな事件があったのかはわからない。ただ、魚河岸の人々の気性をよくあらわしているという点でこの伝承は興味深いのだ。ここではちょっと時代がかって講談調でこの大事件をみていこう。

建継所の行事連中は、我こそ御上の代理人と官僚気分にふんぞり返る。御用魚の取り立てに厳しくあたる一方で、お定まりの袖の下、自ら潤すお手盛り御用。あげくの果ては役人といっしょになって問屋を絞るありさまだ。「このままでは魚河岸に将来はない」。もはやすべての元凶の建継所を打ち壊し、活路を開く他なしと、ついに我慢の限界に達した河岸の兄ぃ連。すなわち河岸のなかでもとびきりの男のなかの男を自任する、西宮利八《にしのみやりはち》、伊勢屋七兵衛《いせやしちべえ》、神崎屋重次郎《かみさきやじゅうじろう》、佃屋彦兵衛《つくだやひこべえ》、伊勢屋亀太郎《いせやかめたろう》――血気盛んな五人の男が大包丁を振りかざし、暁のなか建継所へ、いざ出陣と躍り込む。

かれらの決死の突撃に、色めき立つは魚河岸の血の気の多い連中だ。つねづね憎きは建継所。その不満は爆発し、手鉤に包丁、得物をもって五人衆の後を追う。

「かれらに怪我をさせるな」「役人に化けた泥棒を打ち殺せ」皆口々に叫んでは、上げた拳を下ろさない。いつのまにやら橋詰めは、一〇〇人を超す大群衆。鼻息荒き連中がぞろり囲んだ建継所。心強き助っ人の熱狂声援背に受けて、はやる心の五人衆。頭にカーッと血が上り、初めは脅しのつもりでいたが、ついに包丁振り回し、相手に怪我を負わせてしまう。

さあ、こうなると大事件。ただでは済まぬお定めだ。罪人、下手人、獄門台。下手すりゃ魚河岸取り潰し。問屋、組合、お偉方、血相変えて駆けつけて、何とか事を治めたい。割って入ってみたけれど、頑と動かぬ五人衆。我らがここで引いたなら、この行動は無駄になる。いざとなればこいつらと刺し違えて死ぬ覚悟。役人たちの咽喉仏、二尺五寸を突きつけて、一歩も引かぬ心意気。これでは生きた心地もせぬと、音を上げたのは役人だ。命ばかりはお助けを。囲む群衆を証人に、この建継所を取り潰す約束交わす起請文《きしょうもん》。泣きの涙で書きつづる。

公儀の役人向こうに回し、大立ち回りの魚屋風情。まこと天晴《あっぱ》れ魚河岸の勇み肌なら天下一。その男気を知らしめた五人は、江戸中の評判となる。

魚河岸を苦しめた制度はなくなった。だがこれほどの騒動を起こして、お咎めなしとはいかない。即刻五人は召し捕られた。そして吟味が済む前に全員が牢死してしまう。魚河岸の人々は冥福を祈り、両国回向院《えこういん》境内に五輪塔を建てて手厚く供養したという。これが魚河岸の歴史に残る大喧嘩、しかし本当はどんな事件だったのかよくわかっていないという「建継騒動」の顚末である。

江戸防衛軍

幕末の慶応四年（一八六八）正月、会津・桑名を主力と頼む一万五〇〇〇の幕府軍は鳥羽伏見の戦いで官軍に敗れた。勢いづく官軍は江戸に向かって東進する。江戸には徳川の旗本八万騎が温存されたが、太平に慣れた幕臣たちは、戦意乏しく団結力ももち合わせない体たらく。なかには江戸を後にして逐電するは卑怯者。

こうした御時世に幕府は何を思ったか、町奉行所を通じて、魚河岸と鳶の者に町兵として江戸防衛に当たるように命じたのである。威勢を張った喧嘩好きもここにきわまり、ついに錦の御旗を相手に大立ち回りの舞台が用意されることになった。

幕府瓦解の危機に魚河岸が江戸防衛に身体を張ったという逸話もよく語られるものだが、ここも講談調で当時の様子を再現してみよう。出典は『日本橋魚市場沿革紀要』。それに江戸の貸本屋藤岡屋由蔵が江戸末期の巷説を記した『藤岡屋日記』、一橋家の家臣村山摂津守の懐古談『村摂記《そんせつき》』を参考に、さらに魚河岸の古老の話で補った。

慶応四年正月下旬。町奉行から達しを受けて、魚河岸会所に問屋・仲買ぞろりと集い、評議を始めてみたものの、一同は水を打った静けさに、黙りこくるは思案顔。さしもの威勢の良い連中も互いに顔を見合わせて、ただもう、おろおろするばかり。

このとき魚河岸総代をつとめる相模屋武兵衛、といえば全身彫り物をほどこした男伊達。ぐっと腹に力をこめると、「皆の者、心して聞いてもらいたい」と口火を切った。

我らは元和慶長の古き御世より将軍様の御魚御用をつとめてまいった。長きそのあいださまざまの、紆余曲折はあらばこそ、なおも魚の商いを続けられるは御上のおかげ。今こうして我々に援助の力を請うてきた。町奉行よりじきじきに助力を請うてきたものだ。今こそ我らが恩返し。御江戸直参魚河岸の、心意気をば見せようぞ。

「第一だよ、薩摩だ、長州だのと、とんだイモや三ピンの官軍の名を借りた紙屑拾いに、この日本橋を渡らしたら、それこそ江戸っ子の名折れじゃねえか。こいつぁな、沽券《こけん》にかかわることさ」

武兵衛の熱のこもった弁舌に訳もないまま感激し、「そうだ、その通りだ」「やろうじゃねえか」、皆、口々に叫んでは立ち上がる。引くに引けない河岸の気風が、ただいたずらに駆り立てられて、無謀な戦いに突き進んでいくのだった。

さっそく武兵衛総大将に魚河岸会所を本陣として準備万端ぬかりなく防衛軍を組織する。

一　集合・離散には太鼓鳴り物合図とし、単独行動すべからず

一　いざというとき、仮病にて逃避したるは、以後一切市場商い差し止めのこと

一　軍役の名を借りての上納忌避を固く禁ず

一　合言葉は「舟」と言えば「水」と答えること

いかにも素人丸出しの軍令・規律取り決めて、連日会所に集まれば、炊き出しもあるし酒もある。酒が入ればいつもの通り、気ばかりどんどん大きくなって「あんな田舎侍が」という心もちになってくる。

そうこうするうちに、官軍が品川に迫っているとの町方の報に一同色めき立つ。鉦《かね》と太鼓を打ち鳴らし、いざ出陣のトキの声。飛び出していく防衛軍は、威勢ばかりは立派だが、いくさ装束みてみれば、刺子半纏《さしこばんてん》、股引きに、草履履きやら草鞋履き。得物といえば包丁に手鉤、鳶口《とびくち》、商売道具。どこをみても軍隊というより田舎の小芝居の一座の門出とあいなった。それでも日本橋の際、数百人が終結するその勇ましさ。

敵がこちらに向かってきても、うかつに出てはいけねえよ。奴《やっこ》さんには大砲や鉄砲やらがたんとある。我らに勝機はただひとつ。隙をついての奇襲策。肉弾戦に持ち込めりゃ、刀よりもゲンコツだ。弾丸《たま》よ

り気組みの勢いだ。それでうまくいかないときは、尻喰《しりくらい》観音（知らんぷり）決め込んでハイ左様なら……。

さあこれから一世一代の大喧嘩の始まり、というそのときだった。

「……中止？　そいつあどういうことだ」

二月一四日、勝海舟は高輪に官軍参謀西郷吉之助を訪ねて、膝詰め談判二日間、男と男が腹を割り、江戸城無血の明け渡し、一身かけての約束を、まことをもって取り交わす。これによりて江戸市中、戦火にまみゆることもなく、政権交代平和裡におこなわれたのであった。

幕府の危機を見過ごせず、身体を張っての心意気は見事だが、もしも官軍が市中に攻め入れば、惨劇が起こらなかった保証もない。一人の怪我人も出さなかったのは幸いだろう。

こうして江戸の魚河岸はドタバタ劇のうちの幕引きとなったのである。

第六章

日本人と魚食、知られざる歴史

ここまで漁業や魚市場などの水産インフラを中心にみてきたが、ここからは食についての話をすすめていきたい。

日本の魚食文化は江戸において華々しく開花した。現代の和食を代表する料理が江戸時代に多く登場するわけだが、その中心にあったのは江戸の魚食である。

だが、日本の魚食は江戸時代に始まったわけではない。第三章で一〇〇〇年以上にわたる海民たちの広範な活動が江戸時代以降の水産業発展を準備したのをみたが、同じように、先人たちによって連綿と続けられてきた魚食の伝統が江戸時代に結実したのである。

本章では魚食の歴史をたどり、日本人が魚食民族といわれる由縁について考える。

「日本人はなぜ魚を食べてきたのか」

食は風土に決定づけられた地域的な性格をもち、そこに長い年月をかけて文化が育まれていく。食文化とは何だろう。おそらくそれは空腹をいやし、身体に栄養を摂り入れるだけでなく、宗教、習俗に根ざした社会、教育、文化の営みに食べ物がかかわりをもつことをいうにちがいない。

日本の食文化がどのように根づいたのか考えてみたい。

サカナのなかの魚

「魚」と書いて何と読むか。サカナ？　その通りである。誰が読んでもsakanaにちがいない。しかし、昔の小学校ではこれをサカナとは教えなかった。昭和四八年（一九七三）に当用漢字音訓表が改正されるまでは、音読みでギョ、訓読みでウオと定めて、サカナという読みはなかったのだ。

サカナとは本来、酒の肴《さかな》を意味する言葉である。酒魚《さかな》とか酒菜《さかな》の字が当てられた。酒魚はいいとして、酒菜はちょっとしっくりこない気もするが、菜はおかずといった意味合いをもつのだ。「一汁一菜」といったら御飯に味噌汁とおかず一品のことで、別に香の物がつく。どういうことかというと、もともとサカナとは魚貝に限らず、惣菜全般をさした言葉なのである。地べたに生えるやつ。空を飛ぶやつ。その辺を走り回るやつ。海川を泳いでいるやつ。酒に供するものなら、いずれもサカナだったのだ。

そのうちでも動物系のものはとくにうまいものである。これは本格的な食べ物だ、という意味で真菜《まな》と呼ばれた。「まないた」の語源は、この真菜をのせる台からきている。今では薄い板状の「まな板」だが、昔は神前に料理を供えるための厚みのある「俎《まないた》」だった。

一方で植物系のサカナ、これは真菜の添え物であるから、粗略な食べ物を意味する「蔬菜《そさい》」といって区別され、やがてサカナの仲間から除外されていった。

日本人は獣や鳥の食肉よりも魚肉を好んだ。米と魚の取り合わせは最高だし、米からつくる酒との相性も抜群である。鹿や猪などの食肉は日本人の基本食としては定着しなかったから、これも次第に真菜から格下げとなった。

こうして魚こそがサカナの代名詞となり、俗に魚＝サカナと読むようになった。本来の読みではないので、戦後の国語教育ではあえてサカナではなく、ウオ、ギョと教えたのだ。

食の禁忌《タブー》

人間は他のさまざまな生物を食べて生きている。動物の肉や内臓、卵、乳、魚貝などの動物系から、穀物、野菜、木の実、果物、きのこ、植物の根、海藻類といった植物系まで、何でも食べてしまう。このように食が雑多であると食料環境は安定する。逆に限られたものしか食べない種族であれば、ちょっとした環境変化でも食料を失いやすく、その結果、滅んでしまう可能性が一気に高まる。たとえば人間がマグロしか捕食しなかったら――あまり現実的なたとえではないが、もしもそうであれば、おそらく人類はマグロの減少とともに絶滅への道を歩んだにちがいない。そもそも文明がうまれたかも怪しい。極端にいえば、人類はその雑食性ゆえに生存と繁栄を勝ち得たといえる。

しかし、人間が何でも食べるといっても、実際には国や地域ごとに食の嗜好や習慣は大きく異なっていて、それぞれに食べるものはちがう。ことに特定の食対象を禁忌《タブー》とすることが、世界中いたるところでおこなわれていて、これが地域の食習慣をいっそう特徴づけている。

日本人は米食民族であり、また魚食民族であるといわれる。魚肉を真菜とした日本人に、近代にいたるまで肉食の習慣は広まらなかった。その画期となったのが、天武三年（六七五）の殺生禁断の令といわれる。仏教伝来によって殺生禁断の教えが広まり、獣肉食を忌避するようになった。この禁止令によって日本人の魚食志向が決定づけられたという人もある。だが、禁止令が一時的には魚にまでおよんだことは第四章でみた通りだし、獣肉食が禁じられたから魚食に向かったというのでは、もちろんない。

さらにいうと仏教伝来で肉食禁止が徹底されたわけではない。第一仏教思想が一般庶民にまで浸透するのは、檀家制度ができて、幕府支配のなかに寺院がしっかりと位置づけられた近世以降のことではないだろうか。それに牛や馬など農耕に役立つ動物を食べることは忌まれたが、鹿や猪などは薬食《くすりぐ》いと称して、けっこう食べられている。日本では肉食忌避の意識はうまれたが、さほどやかましく規制されることはなかったのだ。

一方で世界に目を向けると、食の禁忌の厳しい国は少なくない。主に宗教の教義を守って食べるものを戒めている。ユダヤ教では蹄《ひづめ》が分かれていて、食べ物を反芻《はんすう》する動物――牛、ヤギ、ヒツジは食べてよいが、そうではない豚やウサギは不浄として食べることを禁じられた。他にも爬虫類や昆虫類、鰭《ひれ》と鱗《うろこ》のない水生生物――クジラ、ナマズ、貝類、甲殻類などが禁忌とされる。イスラム教では豚肉は禁じられるし、ヒンズー教は菜食を尊び、鶏卵は食べるが牛肉は決して口にしない。

また、宗教的な理由でなくても生活環境になじまないとか、食べる機会のないものをタブー視するのはありがちなことだ。アザラシはイヌイットにとって貴重な食料だが、かれら以外に食の対象とする地域はなく、そんなものを食べるなんてとんでもない、という国は多い。クジラの食習慣をもつのは日本の他にノルウェー、アイスランド、それに北アメリカやロシアの先住民族くらいだ。世界中から反捕鯨がやかましくいわれるわけである。

馬肉も相当に忌避される代物だ。カウボーイの本場アメリカをはじめとする先進諸国では、馬は乗り物であって、食べるという発想はもち合わせない。だが、フランスのように飢饉をきっかけに、食いたくはないが食ったらけっこううまかったので常食化した、というのもあるし、ソーセージに加工されて知らないうちに食わされることもある。

さらに、たとえ食習慣があっても哺乳動物を食べるときは、ちょっとした畏怖の念を感じるものだ。その証拠に肉食文化をもつ国々では、食肉をそのまま動物名では呼ばない。牛の肉ではなくビーフを食べるのであり、豚肉はポーク、鶏肉はチキン、羊肉はマトンという具合に、あたかも動物とは別の「食べ物」であるかのようにあつかわれる。日本でも食肉忌避が意識された時代には、もみじ（鹿肉）、ぼたん（猪肉）、さくら（馬肉）、かしわ（鶏肉）などの言い回しがうまれた。

自分で獲物を潰していたのが、肉屋の仕事となり、やがて食肉工場で集中的におこなわれるようになると、生き物と食肉はすっかり隔絶されて、最後にうっすら残った「後ろめたさ」がストレートな言い回しを避ける。これも一種の禁忌だろう。

食の禁忌は宗教的なものであれ、生活習俗からくるものであれ、いろいろな形で食べることを規制する。そういう意味では、肉食禁止令が日本人の魚食志向を決定づけたというのもまちがいではない。だが、それは小さな動機づけなのだ。何を食べるか、あるいは食べないかという取捨選択（食文化の非寛容さともいうべきものだろう）は、人間が後からこしらえたものである。そもそも種族が何を食べられるかなんて、自分たちで決められる事柄ではなかった。だから、日本人が魚を食べること。これには、もっと決定的な要因が働いているのだ。

風土に育まれる食《フード》

肉食文化、魚食文化といっても、それは肉を好むか、魚を好むかといった人間の欲求によって肉食や魚食が選ばれたのではない。風土に適した食料確保の方法として、牧畜や漁業が決定されるのだ。日本人が魚を食べる民族であることは、環太平洋の弧状列島に培われた風土によって定められたのである。

日本は東アジアの温暖湿潤気候に属する。この気候帯では稲作がおこなわれるのが特徴だ。とくに日本列島は国土の約七割が山岳地帯で占められ、平野部は少ない。広い土地と余剰な穀物を必要とする牧畜には向いていないから、自然に稲作がうながされた。そして、主に四つの島からなる国土は長い海岸線をもち、海流に乗ってやってくる豊富な魚貝に恵まれ、漁撈も早くからおこなわれている。

また、日本は火山国だ。ときに噴火や地震による災害に見舞われる宿命にある。だが、それと同時に清涼な湧水が豊富に得られた。きれいな水は、生鮮魚貝類の普及に不可欠であり、山脈から大小の河川を通じて海に注ぎ豊潤な漁場を育てていく。また、岩塩がとれずに塩を海水に求めたことも、人々を漁撈に向かわせる一因ともなった。好むと好まざるとにかかわらず、日本人の祖先がこの国土に根を下ろしたときから、魚食民族として歩むべく方向づけられたといえる。

ただし、それは楽な道のりではなかった。四方を海に囲まれて魚がたくさんとれるといわれる。だが、かんたんにとれるわけがない。海は危険に満ちていて、海岸からほんの少し漕ぎ出せば、それは大海原の真ん中にいるのと大差ないのだ。明治の終わりに船の動力化がすすむまで、波間に浮かぶ木の葉にも等しい舟を頼りに漁撈がおこなわれた。「板子一枚下は地獄」といわれるように、つねに命がけの仕事である。また、苦心の末に魚をとっても、それは傷みやすく、運びづらい難物だった。どうやってうまく食べるかが悩みの種で、長い年月のあいだに、さまざまな試行錯誤がくりかえされることとなる。

先人たちは身体を張り、知恵を絞って、いろいろな困難を乗り越え、日本の風土が与えてくれた恵みを自分たちのものとした——というのが日本の魚食文化だったりするのだ。

何と骨太なものだろう。

「食べられない」からうまれた食文化

日本は豊富な水産資源に恵まれた。しかし、昔の日本人が魚を好きなだけ食べられたわけではない。あつかいづらい食材を、知恵と工夫によってうまく食べてきたこと。そこに日本の魚食文化の真髄がある。

多様な日本の魚食

世界中で日本人ほど魚を食べる国民はいない。まるで世界中の魚を腹に収めんばかりのメガ消費である。だが、ガツガツとたくさん食べるから魚食民族かというとそうではない。消費量もさることながら、あらゆる水産物を多様に食べてきたところに、魚食民族の特色がある。

何といっても食べる種類の多さ。これは世界にも類をみない。大型のマグロからシラスのような小(子)魚、イクラなどの魚卵も食べれば、エビやカニなどの甲殻類、タコ、イカ、貝類などの軟体類、ノリ、ワカメといった海藻類と、外国人が敬遠する魚貝類も大好物。毒魚のフグですら高級食材として珍重するし、グロテスクな形をしたアンコウを、「七つ道具」といって、肝、鰭、えら、卵巣、胃袋、頬、皮と、丸ごと食べつくしてしまう。すごい。

日本以外にも魚食の習慣をもつ国は多いが、どこも食べる魚の種類はある程度限られる。地中海やバルト海沿岸の国々は、中世の時代から魚食が盛んだが、主な食材はニシン、イワシ、カレイにエビ、カニ、貝類といったところに、だいたい落ち着く。日本人のように何でも食べてしまう食習慣とはずいぶんとちがう。

もうひとつは食べ方だ。さまざまな魚に対して、煮る、焼く、干す、蒸す、燻《いぶ》す、発酵させる、と調理法の何とバリエーションに富んだことか。ましてや鮮度が良ければ生で食べる。生食はかんたんなようでいて、実は最も手のかかる食べ方だ。漁業者、生鮮市場、消費者が「こいつを生で食うぞ」と心をひとつにしなければ実現しない料理なのである。

ひとつの魚に対して、これでもかと手をかけて、何としてもうまく食べようとする。気合の入れ方がよその国とは全然ちがう。これこそ魚食民族たるゆえんだ。執念にも似た魚の食べ方はどこからきたのか。もちろん魚好きだから——これはまちがいない。四方を海に囲まれて、たくさん魚がとれたから——確かにそれもある。

しかし、何よりも大きな理由は、大多数の日本人が思うように魚を食べられなかったから——なのである。

魚なんて食べられなかった

私が子どもの頃、近所に明治生まれのじいさんがいた。会津白虎隊の血を引いていることを自慢し、興が乗ると子どもたちに針金細工のおもちゃをつくってくれる。楽しい人だった。三度の御飯にメザシを欠かさないのを長生きの秘訣として、九三歳まで長寿を保ったと思う。

このじいさんがあるときいったのだ。「昔は魚なんて滅多に食えなかったんだよ」——何だか変な感じがした。なぜなら、「日本は水産資源に恵まれた漁業国で、魚は昔から日本人のたんぱく源だった」なんてことを学校で習ったから。肉ならともかく、魚が食えないなんて何かのまちがいじゃないの。でも、白虎じいさんのいうことなら正しいはずだ。たぶん学校がまちがっている——と思った。だが、じいさんのいった意味が理解できたのはずっと後のことだった。

長年の疑問が突然氷解することがあるもので、一〇年ほど前、築地の仲卸の社長と世間話をしていたときのことだ。ちょうど河岸引けで、社長は好物の酒盗《しゅとう》をあてにコップ酒でしたたか赤ら顔である。酒盗はカツオの塩辛。酒飲みには最高のお供だ。「カツオの身はあんなにうまいのに、なぜ内臓《わた》なんか食ったのかねえ」何気ない私の独り言に、社長はこういったのだ。

「だってお前、昔は新鮮なカツオなんて手に入らない。魚なんて食えなかったから、こうやって工夫して食ったんだろうが」

驚いた。普段エロ話ばかりしている社長がまともなことをいったのも衝撃的だが、それより「魚なんて食べられなかった」——三〇年を隔てて、この言葉がひとつにつながったのである。

何かとても深いものを感じて、日本人の食の歴史を知りたいと思った。そんなとき、水産庁の長崎福三氏の書かれた『魚食の民』（講談社学術文庫・二〇〇一）の冒頭に次のような一文をみつけたのである。「日本人は米・野菜・魚を食べてきた米食民であり、魚食民である。しかし……米と魚を存分に食べたいと願いながら、実際には長い間、米も魚もあまり食べられないような食生活を強いられてきた……」

日本人は漁業国にうまれながら、魚は滅多に食べられないもので、新鮮な魚と炊き立ての御飯を腹一杯食べることが長年の宿願ですらあったというのだ。それも昭和三〇年（一九五五）くらいまで。それほど昔の話ではない。

なぜ魚を思うように食べることができなかったのか。それは不安定な漁獲もさることながら、保存や輸送が難しかったことが最大の理由だ。氷も冷蔵庫もない時代、たとえ魚がたくさんとれても、みるみる傷んでしまう。車も電車もなければ、人が担ぎ、あるいは馬背で運んだ。少し離れた場所に届けるのも容易なことではない。昔の人にとって、この自然の恵みを享受することは、大変な苦労をともなったのである。

知恵と工夫がうんだ水産物

日本人は何とか魚を豊かに食べたかった。大漁のときには捨てる無駄をせず、また、時化《しけ》が続いても食いつなげる。強い思いが手段をあみだしていく。そのひとつが塩蔵《えんぞう》という方法である。魚を塩漬けにして保存性を高めたものだ。たくさん塩を抱かせれば、岩塩に乏しい山間部へ貴重な塩分を届けることもできる。うまいことを考えた。正月の祝い魚は関東ではサケの、関西ではブリの塩蔵が主役。正月魚には、せめてハレのときだけは魚を食べたいという思いがこめられている。

魚に塩を加えて、天日《てんぴ》で乾燥させると腐敗を防ぐばかりか、風味と栄養を増すことができる。アジやサンマの干物は、塩とたんぱく質が結びつき、魚がいっそううまくなる。身欠ニシンや棒ダラなどは塩を加えずに素干《あらぼ》しにする。後で戻して調理できる優れものだ。魚肉や内臓に塩を加えて発酵させて塩辛などというものをつくり出す。イカの塩辛、カツオの酒盗、ナマコのコノワタ――捨てない工夫が最高の食材をうみ出した。

今は即席で食べるすしも、もとは発酵食品。魚の内臓を除き、そこに飯を詰めて、長時間発酵させるなれずしに始まる。滋賀県名産のフナずしがその原型といわれている。

きわめつきは鰹節で、豊漁のときに、食べきれないカツオを燻製にして保存する荒節《あらぶし》。さらにカビの力で余分な脂や水分を吸い出す本枯《ほんか》れ節の技術が加えられる。創意工夫が傷みやすいカツオを、日本料理に欠かせないダシへと究極に進化させてしまった。

食べたいけど食べられない。なら何とか食べられるようにしよう。強い思いをもって、知恵を絞り、工夫を重ねて魚を食べてきたのが昔の日本人だった。塩をして、干して、火を通して、燻して、たたいて、発酵させて、そして生のままで——多様な食べ方は、決して「豊かさ」がもたらしたのではなく、「食べられない」という逆境からうまれたものだった。

江戸の魚食、現代の魚食

日本人が魚を食べるという普遍的な食行動が、江戸時代と現代では変化している点も多い。ここでは味覚の好みや魚の選び方、格付けといった、魚を食べる人の意識変化について考える。合わせて魚の新鮮さの問題についてもみる。

魚とつきあう

一番うまい魚は何か。まったくの愚問だが、魚好きなら一度は考えそうなことだろう。

魚の産地は全国に分布していて、各地に自慢の魚料理がある。土地の者は自分のところが一番だというにちがいない。だが、どんな名産も時季をはずせば、魚の身が細るし、数も減る。味だって落ちるものだ——それはそれで工夫してうまく食べればいい話だが。

また、同じ魚種でも厳密には味なんて一匹ずつちがう。同じ魚はこの世にふたつと存在しないことになっている。そういう地域性と季節性、そして個体差があるのは、魚がまぎれもなく自然の産物だからだ。工業製品ではないから人間の都合通りにはいかない。

そういうことだから、一番うまい魚は産地や旬のちょっとした知識（これはまあ、なくても良い）と、それをうまそうだと感じる感性みたいなもの（すごく重要だ）をつかって、自分でみつけるにこしたことはない。

この感性というやつだが、魚をみて、「つやつやしている」とか「ぷっくらして皮が薄そう」といった様子からうまそうだと感じるもので、たくさんの魚と出合い、触れていくうちに経験則からなんとなく身についてくる。一期一会ともいえる魚との出合いなどは魚食の醍醐味ではないかと思う。

だが、現代は食品表示とか、ネットやメディアの情報があふれていて、魚と自分のあいだにどんどん入ってくる。情報は玉石混交で、有用なもの、どうでもいいものとさまざまだが、とくに生食のリスクは高めなので、事前の安全情報がおいしさにつながる面はある。とはいえ他人のいうことに左右されていたら、魚に対する感性なんて養えない。ある意味では、便利な情報が魚とのつきあい方の邪魔をしているともいえるわけだ。

江戸時代はというと、今のグルメ本にあたる案内書や、人気ランキングをあらわした番付なども出版されて重宝された。それでも巷に飛び交う情報量は今とくらべものにならないほど少ない。江戸の人々は自分の感覚を頼りに魚を食べていた、といっていい。

目でみて、においをかいで、ちょっと触って、どんなふうに食べたらうまいかを考える。好きなものには目がないし、うまい食べ方だって心得たものだ。だが氷もない時代だから、うかつに刺身など口にしてしくじることもままある。売れ残りの初鰹をやって腹痛を起こし、医者にかかってカツオの値が知れたなどは、まことに江戸っ子らしい逸話だ。

フグにあたってまいってしまった話も少なくない。何もあたると思って食べる者もいないわけで、こいつはうまく食えるという自分の感覚を信じて、食べて、おめでたくなった。今なら大騒ぎで業者責任すら問われかねないが、江戸ではフグは素人料理だから覚悟を決めるしかない。生き物を屠《ほふ》って食らうのだから、逆にこちらがやられても仕方ないとあきらめたのだろうか。

命を落としたら洒落にならないが、江戸時代の魚食にはそうしたのっぴきならない部分があった。生き物を食うのはなかなかワイルドなことなのである。現代人とちがって、江戸の人々は身体を張って自然と対していた。それがいいとも思わないが、現代人の知り得ない魚食のよろこびを感じていたのかもしれないと思う。

上魚・中魚・下魚

現代は「☆いくつ」なんて評価が一般的だが、おもしろいことに江戸時代にもそんなものがあった。いや、古くは平安朝の時代から、魚は厳密に上・中・下と格付けされていたのである。ランクは味わい、身質、希少価値の他に、もろもろの先入観によって決められる。なぜ格付けするかといえば、宮中儀式の料理につかう素材の決めごととして、また、料理屋であれば客の身分に相応するように、つかってよい魚、いけない魚を区別することが必要となったのだ。ただし、魚の評価は普遍的ではない。格付けの順序は時代によって、けっこう変化している。

平安時代中期の史料である『延喜式《えんぎしき》』、『和名類聚抄《わみょうるいじゅうしょう》』などをみると、淡水魚のコイ、アユ、マス、淡水でもとれたサケが重要な魚とされている。とくにアユは古代人とのかかわりが深く、朝廷料理にも重用された。これには天孫族は海洋民族ではないので、海産魚よりも大和平野を産地としたアユを好んだという説がある。

鎌倉時代の故実書『家中竹馬記《かちゅうちくばき》』でも、「魚は前、鳥は後也、魚の中にも鯉は第一也、其次は鱸《すずき》也。

河魚は前、海の魚は後也」と、やはり川魚を上等とし、なかでもコイを最上とした。

それが、室町期中期の料理書『四条流包丁書』になると、「美物上下之事、上は海の物。中は河の物。下は山の物……河の物を中に致されども、鯉に上をする魚なし。去り乍《さなが》ら、鯨は鯉よりも先に出して苦しからず」として、こちらは海産魚を上位に置いている。淡水のコイを第一とするのは変わらないが、クジラを重要な魚に位置づけているのは興味深い。かつての水軍の末裔たちが鯨組をつくり、突き具と網を併用した「網取式捕鯨《あみとりしき》」を始めるのは、延宝年間（一六七三－八一）のことだ。室町期には、突き具だけでとる「突取式捕鯨」が広まり出した頃だろう。その時代に鯨肉が重用されたというのは、ちょっと意外ではある。

江戸時代になると、コイに代わってタイが首位の座につく。赤色の体色が邪気を払うといわれ祝い膳には欠かせない。美しく立派な体型で、白身の肉はきわめて味が良く、魚の王様と讃えられた。この頃多くの料理書がまとめられたが、魚貝の格付けを細かく記したものに、延享三年（一七四六）の手稿本『黒白精味集《こくびゃくせいみしゅう》』がある。これによると魚貝は次のようにランク分けされた。

上魚　タイ、マス、アンコウ、アマダイ、サヨリ、シラウオ、スズキ、サケ、サワラ、カレイ、アユ、タラ、コイ、フナ、シジミ

中魚　タコ、ナマコ、コチ、ヒラメ、メジカ、アジ、アラ、イカ、ボラ、アカウオ、アカエイ、カツオ、ヒラメ、ホウボウ、イシモチ、スバシリ、ウナギ、アサリ、ハマグリ

下魚　イワシ、ニシン、カニ、ハゼ、マグロ、サバ、フグ、コノシロ、サッパ、ドジョウ、

ウグイ、クジラ、ムツ

上魚には白身魚が多く、下魚には赤身魚がならぶのがわかるが、今みるとけっこう違和感もある。ハマグリよりもシジミ、ヒラメよりもカレイがそれぞれ上物とされている。クジラは室町時代から一気に格下げされた。

今や高級魚の代名詞となったマグロも、昔は下魚あつかいである。文化七年（一八一〇）の柴村盛方《しばむらもりかた》の随筆集『飛鳥川』にも「昔はまぐろ食《くい》たるを人に物語りするにも、耳に寄せひそかに咄《はなし》たるに、今歴々の御料理に出るもおかし」と大げさに書かれている。なぜそれほど下賤とされたのか。その理由は遠隔地から運ばれるために鮮度が落ちてしまうからだ。江戸には陸前・陸中のマグロが届いたが、きれいな赤身が身上なのに黒ずんでしまうのが良くない。「鉢巻をしなければ食えない」というようなことを三田村鳶魚氏は書いている。鮮度落ちの中毒で頭痛がするからだ。江戸時代は「日増しの鮪は毒なり」といわれたほどだから、これでは下魚あつかいも仕方ない。

しかし、江戸時代後期になると海流の変化だろうか。江戸近海でマグロがたくさんとれるようになった。文政年間（一八一八‐三〇）にはあまりにとれすぎて食べきれず、仕方なしに肥料にしたというほどだ。おそらくこの頃からマグロの刺身が一般的となったのだろう。

マグロは酢で洗うと赤色が抜けて表面がザラザラになってしまう。そこで醤油漬《ヅケ》が考案された。それによって明治以降にすしネタとして人気が出る。ただし、脂身を食べるようになるのは昭和戦後のことで、トロの呼び名もそのときに考えられた。江戸っ子は「ダンダラ」とか「ズルズル」といって身くずれしやすい脂身を気持ち悪がった（ちなみに中おちも江戸っ子は決して食わなかった）。下魚から高級魚まで、マグロほど時代によって評価を変えた魚もめずらしい。

ついでだが、江戸っ子は魚にさっぱりとした味を求めた。天ぷらやウナギの蒲焼に舌鼓を打つのだから油（脂）は好きなはずなのに、魚の脂に限ってはこれを嫌ったのである。「脂がのった魚」という褒め言葉を江戸っ子が口にしただろうか。少なくとも魚の脂肪分がうまいものという認識をしていなかったようだ。それというのも脂はとくに傷みやすいからなのである。うんと脂がのった赤身魚ほど足が早い。今ではサンマでさえ生食するが、それは現代の鮮度保持技術のなせる業であって、現代人には病みつきになる脂の味わいも、江戸っ子には腹痛を連想させるものだったにちがいない。

フグも今では高級魚だが、先にいうように専門の調理師もいなかったので中毒死が多かった。

落語の「ふぐ鍋」はそんな時代の噺だ。旦那と幇間《たいこもち》がフグ鍋を前に、食べるかどうか思案しているところへ、乞食が物乞いにくる。「このフグを食わせて何事もなかったら、自分らも食おうじゃないか」と相談が決まり、少しもたせて帰した。後から様子を探りにいくと、フグはなく、乞食は平気な顔をしている。これなら安心だ。二人はうまい、うまいと鍋を平らげてしまう。そこへまた乞食がやってきて、「先ほどのものは全部食べてしまいましたか」。さては味をしめたなと思い、「残念だが、全部食ってしまったよ」と断ると、「そうですか。なら私もいただくといたしましょう」。

フグにあたる者が後を絶たないので、長州や尾張など禁止令を出している藩もあったほどだから、上座に座れる魚ではなかったのだ。

コハダは江戸っ子好みの粋な魚だが、その成魚であるコノシロとなると、「此の城を食う」に通じると武士階級に忌み嫌われた。ホンマグロは古くシビと呼ばれたが、これが「死日」につながると、やはり敬遠される。馬鹿馬鹿しい語呂合わせだが、江戸では武士も町人もひどく縁起を担いだのだ。

江戸前の新鮮

「江戸前の新鮮な魚貝」とか、「とれたての江戸前」なんてよくいわれるし、本書でも書いている。これはまあ言葉のアヤで、いちいち細かくいうとややこしいから、決まり文句で済ましたわけなのだ。ちょっとお詫びの意味をこめて、新鮮さについて説明しておきたい。

「新鮮な魚はうまい」とは必ずしも限らない。新鮮が魚のうまさの絶対条件ではない。新鮮な魚が本当にうまいなら、生きているやつが最高だろうし、しめたてなども相当に新鮮である。それなら、しめたてを食べればうまいだろうか。どうかな。うまい魚もあれば、うまくない魚もある、と思う。たいていコリコリしているはずだ。「このコリコリ感がたまらない」という人もいるが、その感覚はわからない。

魚は死ぬとすぐに堅くなる。これは死後硬直を起こしているためで、食べてもコリコリするばかりで味などない。それが時間とともに硬直が解けてくると、肉質も柔らかくなり、そこにうま味成分のイノシン酸がじわじわと出てくる。魚に味がのってくるわけだ。しかし、さらに時間がたてば魚体の自己消化がすすんで、やがて腐敗に向かう。硬直が解けてから腐敗までの、魚体がイノシン酸に満たされたときが魚の一番うまい状態で、これを熟成と呼ぶ。魚の食べ頃である。

だが、まさか「死後硬直を卒業した味わい」とか、「くさる手前の豊潤さが脳を直撃」とも書けないので、この手の書物では食べ頃感までもひっくるめて「新鮮な魚」と表現してしまう。これはもう書き手の語彙の貧弱さに恥じ入らなければならない。

それはともかく魚の熟成だが、やっかいなことに個々にちがう。それぞれの魚に食べ頃があるのだ。ごく大ざっぱにいえば、青魚、つまり赤身魚は概して熟成期間が短い。サバ、イワシ、サンマ、カツオなど長距離移動する魚は運動量が激しく、自己消化が早くすすんでしまう。だから文字通り新鮮さを食べる。生食がいけなければ、煮るなり焼くなり、工夫して食ってやるのだ。

一方、白身魚は熟成期間がずっと長い。ヒラメやタイなどは、海の底のほうでノンビリやっていたから、なかなか死んだ気がしないのだろう。自己消化もゆっくりすすんでいく。

また、図体の大きい魚も熟成まで時間がかかる。マグロは青魚だが、大きいためにうまく食べるには少し寝かせてやるのがいい。二〇〇キロを超すようなものになると、築地の仲卸は一〇日くらい冷蔵庫に置いておくこともある。もちろん解体し、氷の手当てをしての話だ。そうすることで赤身がきれいに発色して、じんわりと味わいが出てくるという。

料理屋やすし屋で水槽に魚を活けてみせているところがあるが、あれはいかがなものだろうか。どうかすると網でヒラメをすくいあげて、その場で潰して客に出したりするので泣きたくなる。せっかくの魚をまずくするのは、ひどい所業だと思う。

すし職人は魚の熟成をよく知っていて、お客の口に入るタイミングをうまく計って握ってくれる。職人の作業場を「つけ場」といい、カウンターを「つけ台」というのは、魚を漬けていた時代の名残である。つけ場では魚の状態から、季節、その日の天気なども考慮して、タネを酢にくぐらせる按配をしたり、マグロならヅケにする。そして、握られたすしがつけ台に置かれるのは、あえて仕事を客にみてもらうためだ。そういう形式美が何だかとても緊張してしまう。それが回っていないすし屋の醍醐味にちがいないのであるが。

ひるがえって江戸時代はどうかというと、今よりもずっと新鮮さが貴重だった。冷蔵庫どころか氷もない。トラックなんて走っていない。大八車すら自由に引けなかった（だからみんな荷を担いで売ったり運んだりしたわけだ）。魚はどんどん傷んでしまうから、熟成がどうのという以前に、魚を生で食えること自体、すごいことだったのである。

つまり、江戸時代には腹痛を起こさなければ、まあ、新鮮な魚だっただろう。それゆえ新鮮さがうまい魚の代名詞ともなった。それが冷蔵冷凍技術、輸送技術のはるかに進歩した現代では、魚の熟成を追い越して、すこぶるつきの鮮度が手に入ってしまう。新鮮な魚はうまい、と一概にいえなくなった。新鮮さの意味合いが時代とともに変わったためである。

第七章

関東風の味覚はどうつくられたか

魚が劇的にうまくなった理由

江戸で魚食が盛んになったのは、豊かな江戸前の海がすぐ目の前に広がり、そこに漁業や魚市場が発達したからだが、そのような恵まれた環境に加えて、さらに江戸人の魚好きを助長する社会状況が重なったからである。本章では三つの現象に注目して、江戸の魚食いについてみていこうと思う。

第一には江戸の味覚の誕生である。関東で発達した調味料により上方の影響を離れた独自の味覚が完成した。その特徴をみれば、濃口醤油は刺身にうってつけだし、甘辛でコクのある味つけは鰻料理に欠かせないものだ。江戸の味覚は魚をうまく食べるためにつくられたとすら思えてくる。

第二は旬と初物に対する高揚感だ。もともと魚食はその季節にしか味わえない楽しみがある。そこに江戸っ子の初物好きが加わって初鰹のような熱狂がうまれた。たとえそれが軽薄なブームであっても、庶民の魚への欲求が大きく高まり、グルメ志向が一般に広がるきっかけとなったのではないだろうか。

第三は外食の進化である。鰻、すし、天ぷらなど現代の和食を代表するものは江戸の外食からうまれた。外食の普及が当時の庶民生活と深くかかわることは第一章にみたが、ここでは江戸に立ち食いの習慣ができて、やがてはそれが外食文化と呼ぶにふさわしい発展を遂げる様子をみていく。

江戸の味覚

江戸時代後半、経済的、文化的に上方をしのぐようになった江戸では、食においても上方の影響を離れて江戸独自の味覚がつくられていった。甘辛くコクのある江戸の味覚の形成には濃口醤油、味醂、鰹節など、江戸時代にうまれて普及した調味料の存在が大きい。

西と東の味覚のちがい

関西と関東の味覚のちがいについて、江戸後期の風俗史家喜田川守貞《もりさだ》が優れた論考を残している。守貞は文化七年（一八一〇）、大坂にうまれ、天保八年（一八三七）に江戸深川に移住した。そのとき京坂と江戸の生活習俗のちがいに興味を覚えたことが動機となり、幕末にいたる三〇年余りの期間に、江戸時代の百科事典というべき『守貞漫稿』をまとめている（生前は出版されず、一九〇八年に『類聚近世風俗志』として刊行される）。同書の「料理茶屋」の項に、上方と江戸の味覚について次のようにある。

「……三都ともに士民奢侈《しゃし》を旨とし、特に食類に至りては、衣類等と異にして、貴賤貧福の差別なきがごとし。しかして三都自《おの》ずから異なる所あり。京坂は美食といえども鰹節の煮だしにて、これに諸白酒《もろはく》を加え、醤油の塩味を加減するなり。故に淡薄の中にその物の味ありて、これを好《よし》とす。江戸はもっぱら鰹節だしに味醂酒を加え、あるいは砂糖をもってこれに代え、醤油をもって塩味をつける。故に口に甘くうましといえども、その物の味を損するに似たり。しかれども従来の風習となり、今は味醂あるいは砂糖の味を加えざるを好まず、必ずこれを用いて、京坂の食類さらに美ならずという。また京坂の人は、江戸にて甘味を用うをたるしと云いて、これを忌みて美食とせず……」

諸白酒は室町時代にうまれたもので、清酒の原型というべきものだ。美食で名高い上方では、鰹ダシに諸白酒を加えて、薄口醤油で塩味を調整し、薄味のなかに素材の味を際立たせている。それにくらべて、江戸では鰹ダシに味醂ないし砂糖を加え、濃口醤油で塩味をつけるから、調味料が口に甘く感じられて、素材の持ち味が損なわれてしまう。けれども、それが習慣となれば、味醂や砂糖を加えない上方の味つけはうまくないと、江戸の人々は感じていた。一方、上方では江戸の味覚をたるし（＝甘ったるい）と嫌ったという。

東西の味覚の良し悪しをいい合うのは、今も同じだが、守貞は「各互い己れが馴《な》れたるを善《よし》とし、馴れざるを不善《よからず》とするのみ」といい、食べ慣れたものがよく感じるだけだとしている。さらに、「余大坂に生まれ、三十歳にて江戸に下り住み、今年四十四。すでに十五年を江戸に住す。故に両地の可否を弁ずることを得る。必ず自己の口に合わずと云いて、強いて論ずることなかれ。けだしその精麁《せいそ》（精粗……引用者注）を云う時は、京坂より江戸は勝《まさ》り、江戸より京坂の製劣れり。実に今の江戸の製食は至れりと云うべく、京坂には未熟のことあり……」と続けた。

守貞は自分の口に合わないからうまくないと決めつけるべきでないと戒めた上で、料理のきめ細かさにおいて、江戸は上方に勝るといっているのだ。上方と江戸の両方に住んで、公平な見方のできる守貞からみても、天保の頃（一八三〇－四四）には、江戸の味覚は上方をしのぐほどになっていたのである。

最初は粗末な江戸の食

喜田川守貞がきめ細かいと褒めた江戸の味覚だが、そのように洗練されたのは江戸時代後半のことであって、それ以前には上方には到底およばなかった。とくに江戸がうまれたばかりの頃には、ずいぶんと粗末な食事をしていたようだ。

江戸中期の儒学者荻生徂徠《おぎゅうそらい》が、享保一一年（一七二六）に著したとされる政策意見書『政談』に、江戸の食生活について次のような記述がある。

「……江戸に集まってきたのは田舎者ばかりで、麦、ひえ、粟、雑穀を食べ、にごり酒を飲み、味噌も食べず、粗末な身なりで、むしろに寝起きしていた。それが、御城下に住んでからは米味噌を食べ、美酒を飲み、薪を焚き、衣服を買い調える。金さえあれば町人でも大名とおなじような暮らしができる……」

江戸の初期は地方人の寄り合い所帯で、人々の身なりも食事も粗末だった。しかし、城下町が形成されて、住人も代を重ねるようになると、次第に都会的生活が浸透していく。いつ頃とは書かれていないが、江戸開府後、半世紀ほど経た寛文の頃（一六六一－七三）には、さすがに雑穀を食べるようなことはなかったようだ。

随筆集『続飛鳥川』（作者不詳・成立年不詳）に、「昔は三度食事に菜もなく、汁、香の物ばかり。五節句に奢ってゴボウやニンジンなどを煮て食べるくらいだった。今は平生からそれよりもよい物を食べている」とある。江戸後期の文化の頃（一八〇四－一八）には、江戸人の食が豊かになって、よりうまいもの、めずらしい料理が求められるようになった。その理由は町人層まで金が回るようになり、下々《しもじも》の生活が豊かになったからだが、それだけでなく醤油、味噌、砂糖、味醂、鰹節など、江戸時代にあらたに登場した調味料の存在が大きい。上方の影響から離れた江戸風の味つけ、料理法がうまれた背景には、下りものではない関東地廻りの調味料の普及があったのだ。

江戸の味覚をつくった調味料

関東の醤油は元禄の頃（一六八八－一七〇四）に紀州の漁業者によって伝えられ、銚子や野田を産地とする、いわゆる地廻り醤油が利根川水運により江戸に流通していった。享保の頃（一七一六－三六）には、それまで主流であった上方からの下り醤油を圧倒して市場を独占する。色や香りを抑えた上方の薄口醤油に対して、関東は香りの強い濃口醤油。江戸の味覚が濃口醤油を求めたのか、濃口醤油が江戸の味覚をつくったのか、というほど両者は密接な関係にあるが、とりわけ鮮魚をうまく食べるには、濃口醤油はうってつけだった。

濃口醤油がなかった時代はどうだったろうか。鱠《なます》の味つけには酢、たまり、煎酒《いりざけ》などが多く用いられた。酢については、戦国時代の長享三年（一四八九）成立とされる『四条流包丁書』に「鯉は山葵《わさび》酢、鯛は生姜《しょうが》酢、鱸《すずき》は蓼《たで》酢、鱶《ふか》は実芥子《みがらし》酢、王余魚《かれい》はぬた酢」と、魚による調味酢のちがいが記されている。たまりは味噌を熟成させるときに味噌桶の底にたまる液汁のことで、たまり味噌ともいった。煎酒というのは梅干しを酒で煮つめたもの。江戸初期の料理書『料理物語』に「鰹節一升に梅干一五か二〇入れ、古酒二升、水とたまりを入れ、一升に煎じ漉《こ》し、冷やしてよし」とあるから、かなり手の込んだ調味料だったようだ。これら昔ながらの調味料にくらべると濃口醤油は手軽だし、万能といえるほど、どの魚にもよく合う。濃口醤油の登場によって、新鮮な魚を生で食べる習慣が一般にまで浸透したのである。

次に味噌についてみてみよう。味噌は栄養がある上、貯蔵や運搬が容易だったので、戦国時代には携帯用の兵糧につかわれている。そのために各地の戦国武将が地元の味噌を保護、育成した。その伝統は江戸時代以降も続き、参勤交替制を通じて江戸に流入する。なかでも人気が高かったのは伊達正宗がつくらせたという「仙台味噌」である。赤褐色の辛口味噌でこってりしたうま味があり、一年以上も熟成させるため長もちした。仙台と名がつくが、大井にあった仙台藩下屋敷でつくられたものである。初めは自藩の食用だったが、近隣に分けたところ評判をとり、味噌問屋で大々的に売られるようになった。

江戸で「仙台味噌」と人気を二分したのが「江戸甘味噌」である。こちらは名前の通り江戸うまれの味噌だ。一説に家康が「京都の西京味噌のようなものをつくるように」と命じて、とくに醸造させたともいわれる。一ヶ月程度の短い熟成期間でつくり上げ、塩分も辛口味噌の半分くらいに抑えられていた。味噌汁につかうには甘すぎるが、どじょう汁や鍋料理によく合った。

次に砂糖であるが、江戸時代には白砂糖、黒砂糖、氷砂糖の三種類が出回っていた。もとは東南アジア方面から輸入された渡来物である。室町時代中期に初めて入ってきた頃には珍貴な贅沢品で、江戸時代初期ですら名前は知っているが実際に口にした者は少ないという代物だった。

砂糖が希少だった時代の狂言に「附子《ぶす》」というのがある。

「主人が壺に入れた大切な砂糖を〝あれは毒薬だからそばへ寄らないように〟と留守番の太郎冠者《かじゃ》、次郎冠者にいいつけて外出する。妙なことをいうといぶかった二人が壺を開けてみると毒薬らしくない。なめてみたら甘くてとてもおいしい。ペロペロやっているうち全部なくなってしまった。これは大変だ。

一計を案じて主人の大切な道具を打ち壊しておき、主人が帰ると〝申しわけなくて、毒薬で死のうと思い、みななめてしまいました〟」

こんな話がうまれるほど貴重品の砂糖であったが、江戸時代後期には国産品の生産が始まり、奄美・琉球の黒砂糖、讃岐・阿波の白砂糖が全国的に広まって、誰でも買えるようになった。同じ頃に江戸では、やはり最初は贅沢品だった濃口醬油が安くなって普及している。醬油と砂糖による「甘辛い」味つけは、醬油と砂糖のうまさにすっかり馴染んだ江戸人がこの時期につくり出したものなのだ。

次に味醂だが、これはもともと酒である。甘くてコクがあり、口当たりが良いので、お屠蘇《とそ》や女性の飲む酒として用いられた。おそらく江戸の初めの頃は男の町であり、それも肉体労働者ばかりだったから、料理の味つけなどは塩気が強ければそれで良かったのだろう。しかし、江戸が大都市に発展するにつれて女性人口が増えてくると、調味にもっと気をつかうようになり、とくに甘味を求める志向が強くなったのだろう。江戸時代後期に味醂が調味料として用いられるのは、江戸の女性人口の比率が高くなっていったことと関係しているように思われる。

さて、味醂といえば三河産が名高く、上方から江戸まで広く需要を賄っていたが、江戸時代後期からは下総の流山がこれと並ぶ産地へと成長していく。酒造が早くからおこなわれた流山は、近隣に二郷半《にごうはん》領《りょう》（現埼玉県三郷市）特産のもち米があり、味醂醸造に適地だった。これが江戸川水運によって江戸に運ばれるようになると、甘くて濃い江戸の味覚に欠かせない調味料として定着する。

鰹節も江戸時代に普及したものだ。もともとはカツオの保存性を高めるために干して堅くした「堅魚」がその原型だろう。飛鳥時代にはこれが調として献納されていた。江戸前期の延宝二年（一六七四）、紀州の漁師甚太郎が燻製《くんせい》によって魚の身から水分を飛ばす燻乾法《くんかんほう》というのをあみだす。この方法でカツオをいぶしてつくったものが荒節《あらぶし》である。さらに元禄の頃（一六八八－一七〇四）にカビつけによる製法が開発された。良質の青カビを付着させて、他の悪いカビの増殖を防ぐ。燻乾で取り除けない水分までも吸い出して鰹節の脂肪分を分解するので、透き通ったダシをとることができるようになった。これを本枯れ節という。保存性がより高まり、遠隔地への輸送が可能となったので江戸にも大量に出回ることになる。

江戸好みの甘辛く濃い調味には、昆布ダシの淡い風味だけでは弱い。しかし、動物系の鰹ダシならそれも受けとめられる。醬油、味噌、砂糖、味醂と並び、鰹節の普及によって、江戸の味覚が完成をみた。

旬と初物

魚は多種多様なので、旬を一概に決めつけることはできない。ただ、多くの場合は多産・多獲期に値段が安く、味が良くなるため、この時期を一般に旬と呼ぶ。

一方で江戸っ子の初物好きというのがある。初鰹に大いに見栄を張ったことは有名だが、その他に初鮭、初酒、初蕎麦、若鮎など、幅広く初物をありがたがっている。

旬と初物は相反するようだが、いずれも季節の移ろいを楽しむ人々の生活と密着していた。

旬の魚

「旬」という言葉は、古代の朝廷で毎月朔日《さくじつ》（一日）に料理などを振る舞う旬宴《しゅんえん》の儀式からきたものだ。その時季に最も味の良い魚や野菜を食べたことから、「旬＝季節のうまいもの」という認識が広まった。

では、「旬」になるとなぜ魚はうまくなるのか。たくさんとれたり、安くなったりするのか。そもそも「旬」の正体は何だろう。

魚にとっての旬は、産卵期を意味する。種族保存という最大目的のために、かれらは餌を捕食し、身体に栄養をつけてブクブクと太る。これが旬の魚がうまい理由だ。そして産卵場所へ群れをなして寄ってくるので、たくさんとれる。とれるから安くなる。そうしたからくりだ。

その他に移動性の魚――イワシとかサンマとかアジとかカツオとかマグロとかサバなどの回遊魚が、

お決まりのコースをたどって日本近海にやってくる。その時季もまた「旬」と呼ぶ。

一般的に魚は産卵の少し前が最もうまくなるといわれる。夏産卵のサワラは春に、秋産卵のアユ、スズキは夏に旬を迎える。産卵期に入ると味が落ちてしまうものが多いなかで産卵期間が一番うまいものもある。春のサヨリ、イイダコ、夏のキス、イサキ、冬のボラ、タラなどだ。

そうはいっても人間の思惑通りに旬を迎えてくれるとは限らないのは自然の産物だからである。その年の気候や海流の状況によって魚の漁獲量はずいぶんちがう。暦に合わせて魚がとれるわけでないのは今も昔もいっしょだ。ただ、現代のように輸入物、養殖物、冷凍物があふれて、食べたい魚がいつでも食べられる（それはとても幸せなことだが）のとくらべれば、そのときしか食べられない魚ばかりだから、はっきりとした季節性があった。魚の名前を聞くと季節を思い浮かべるほど、魚の出回りと旬が一致していたのである。

江戸の初物食い

旬のはしりが初物なのである。これが大変にありがたいもので、「初物七五日」といわれ、食べれば七五日寿命が延びるといわれた。「人の噂も七五日」ともいうし、「七五日」は特別な区切りのようだ。昔の暦は春夏秋冬および土用で区切ったから、七五日はだいたいひと季節だったのである。

しかし、初物は元来庶民がおいそれと食べられるものでなかった。古代社会では初物はまず神に供えるのが習わしで、それをひと足先に頂戴するなどとんでもない。初物は恐れ多いものなのである。しかし、町人が財力をもって、口も奢ってくると、銭に糸目をつけないで食べる風潮が出てくる。何かにかこつけても食べたい。そんな思いが「初物七五日」なんて俗信をうみ出したのだろう。

さて、江戸の初物食いは徳川家康に始まるという。慶長の頃（一五九六－一六一五）に駿河国で収穫された初ナスが三度飛脚《さんどびきゃく》（大坂―江戸間を毎月三回往復した定期飛脚）によって江戸の将軍家に献上された。直径六センチほどの丸い形をした折戸《おりど》ナスというものである。家康公はことのほかよろこび、「一富士、二鷹、三茄子《なすび》」と駿河名物をうたった。これを真似て他の大名たちも初物を食べるようになると、各地の収穫物が御城に届けられたという。初めは限られた武家の楽しみだったようだ。

町人が初物を口にするのは、寛文の頃（一六六一－七三）に砂村（現江東区砂町）の篤農家《とくのうか》松本久四郎が「萌《もやし》もの」と称して野菜の促成栽培を始めたことによる。これは障子に油をぬって水をはじくようにして囲ったもので、今でいうビニールハウスのようなものだろう。この方法でナスやキュウリなどがひと月も早く収穫できたという。これを初めは御城へ献上していたのだが、どこで聞きつけたものか、江戸の豪商がやってきて、いくらでも金を出すといって買っていってしまう。この噂が広まると、高く売れるというので、江戸近郊の生産農家が野菜をいち早く出荷しようと競争を始めたのである。

それが御上の耳に入ると、武家を差し置き町人が初物を食すなど由々しき事態と、貞享三年（一六八六）に野菜の出荷時期を制限してはしりものを抑制した。しかし、江戸の消費経済が拡大に向かう時世に富裕町人らの奢侈はいっこうにやまない。さらに初物志向は野菜ばかりでなく魚貝にもおよび、寛保二年（一七四二）には魚貝の出回り時期も定められている。

一、ます　正月より。

一、かつお　四月より。
一、あゆ　四月より。
一、なまこ　八月末より。
一、さけ　八月末より。
一、たら（塩ものは格別）　一一月より。
一、まて　一一月より。
一、しらうお　一二月より。

その頃の狂歌に「商いに水は打てどもなかなかに道にはぬかりあらぬ魚がし」というのがある。御上にいくら規制されようと、魚河岸ではうまいこと抜け道をつくって売っていたということだろう。

明和の頃（一七六四‐七二）になると、富裕層ばかりでなく一般庶民のあいだにも初物食いの風が広がる。式亭三馬の滑稽本『浮世風呂』に「お江戸に産れた有りがたい事には、年中自由が足る。初物は一番がけに食うなり」というように、銭さえ出せば人より先に初物を賞味できるようになった。ここは江戸っ子の見栄をみせるところだろう。

安永五年（一七七六）の評判記『人心覗機関《ひとごころのぞきからくり》』に、江戸の初物ランキングが記してある。

極上上吉　初鰹
上上吉　若菜、早《さ》わらび、初鮭、新酒、新蕎麦

上上吉　若鮎、若もち、早松茸、早初竹
上上　新茶、初ナス、初スバシリ
上　初鮒、新麦、新かんぴょう、新米、新生姜

初鰹騒ぎ

初物好きの江戸っ子がとりわけ熱狂したものが初鰹だ。初鰹一本が銭四貫文（四〇〇〇文＝約一両）でも五貫文でもかまわず買って食うというのだから、まるで銭の刺身を食うようなものである。だが、高価《たか》くなくては初鰹を食った心もちがしない、というのが江戸っ子の心情だったようだ。

初鰹の値段が最もはね上がったのは、江戸時代後期の天明の頃（一七八一－八九）といわれる。弘化三年（一八四六）の山東京山『蜘蛛の糸巻』に、天明の頃に豪商の家で初鰹が振る舞われたので値を尋ねると「今日は安くて一本二両二分だ」とある。また、大田南畝は文化九年（一八一二）の随筆集『壬申《じんしん》掌記《しょうき》』で、こんな聞き書きを記している。

「三月廿五日、日本橋の河岸へ初鰹一七本来る。六本は御城で本途値段《ほんとねだん》（公定価格）二貫五百文を二割増にて三貫文づゝの御買上也。残り一一本のうち、山谷の料亭八百膳方にて一本買い、下谷にて、さる御屋敷への進物として二本買う。代金は二両一分ずつ也。残り八本のうち一本を新場の肴屋にて中村歌右衛門が代金三両で買って、三階（大部屋のこと）にふるまう」

厳密にいえば魚河岸に最初に入荷したカツオのみを初鰹というのだ。歌右衛門が大枚三両で求めたのは正真正銘の初鰹である。それを大部屋役者に振る舞ってしまうのだから、これぞ江戸前の気風という

べきだろうか。川柳に「そこが江戸小判を辛子みそで食い（柳多留一二七）」というのがある。いくら銭を出しても初鰹を食おうとする気概が伝わってくる。それと関係ないが、当時はカツオの刺身を辛子味噌で食べていたこともわかる。

さて、初鰹はいち早く食うことを見栄としたから、羽振りのいい江戸っ子のなかには突飛なことをやらかす者もいた。江戸後期の侍医喜多村香城《きたむらかじょう》の随筆集『五月雨草紙《さみだれぞうし》』に「魚屋の持ってくるのを待てば品が劣るとして、品川沖から舟を出しておく。三浦三崎から鰹を積んでくる押送船を見かけて、金一両を投げ込めば、船頭は合点して、鮮魚一尾をさし出す。それを受け取って、櫓《ろ》を飛《とば》して帰る。これを名付けて真の初鰹喰いという」などと紹介されている。

もっとも真の初鰹でなくても初手（出始め）は高いから、売るほうの鼻息も自然と荒くなる。小石川養生所の医師をつとめた小川顕道《あきみち》が江戸時代後期に書いた随筆集『塵塚談《ちりつかだん》』にカツオ売りの風情が書かれている。「我等一四歳の頃までは、魚売りはいそがしそうに足早に往来した。とりわけカツオ売りなどは俠客の形気《かたぎ》で、魚をさばくことなど後回しで、値切ろうものなら、首だけは売らぬとか、私は売りたいが魚がいやだというのでね、などと悪口を吐いて行ってしまう」。「我等一四歳」とは寛政元年（一七八九）のことで、それが化政期（一八〇四－三〇）になると悪口をいう者はなくなったという。それでも中っ腹（短気）でないとカツオ売りらしくないので、他の商売よりは元気が良かった、ということを三田村鳶魚氏はいっている。

乱暴にみえる商いだが、カツオ売りはとにかく早く売ろうと必死だった。何しろカツオは足が早い。時間がたつと値はぐんと下がってしまうのだ。「肴売り四ツ過ぎまではゑらを見せ（柳多留一三一）」というように、カツオ売りは四ツ（午前一〇時頃）まではカツオのエラをみせて新鮮さを強調したが、午後になるとそんなことはできない。買うほうにしてもケチって売れ残りを安く買ったりすると、中毒を起こすこともあるから、あなどれない。実際に安いカツオを買って腹痛を起こす者は多かった。

また、漁師がカツオを新しくみせるために魚体に鉱石を塗ることがあった。そのように細工することで肉が固くなり腐敗をまぬがれる。一見新鮮だが、味はなく生臭みもない。江戸中期の本草医人見必大《ひとみひつだい》は元禄一〇年（一六九七）に著した食物事典『本朝食鑑』のなかで、「見分けがつきにくく、人を損なう点で恐るべきことである」と批判している。さすがに初鰹にそんな細工はしなかっただろうが、現代の食品偽装と同じようなことが江戸時代にも横行していたのだ。

ところで、上方には初鰹を珍重する風潮はみられない。理由はいろいろあると思うが、栄養学の蟻川トモ子氏は『江戸の魚食文化』（雄山閣・二〇一三）のなかで「カツオは回遊魚で（中略）土佐を経て紀州沖へかかる時期は、脂が少ないためおいしくなく生食には適さなかったためである。ところが小田原や鎌倉沖を通過する初夏の頃には、脂がのり、はじめておいしい時期となった」と述べている。この小田原や鎌倉であがったカツオが、当時の高速船である押送船に乗せられて江戸日本橋をめざす。その様子は「初鰹むかでのような船に乗り（万句合《まんくあわせ》）」と川柳に詠まれた。八人の漕ぎ手が息を合わせて櫓を漕ぐ八丁櫓がまるでムカデのように、忙しく動いて水面を滑っていく情景が浮かぶ。

さて、初鰹に大騒ぎするのも、最初にとれるカツオが希少だからだ。たくさんとれたら、ありがたみも薄れてしまうのである。滝沢馬琴の随筆集『兎園《とえん》小説』によれば、文政八年（一八二五）の夏、カツオの大漁があり、二〇〇隻のカツオ船が出て、それぞれが一五〇〇本から二〇〇〇本を漁獲したという。

移動性魚類は海流などの影響から、突然の大漁をみることはあるものだ。また、江戸後期になると漁法の進歩もあってカツオの流通量は漸次増えていく傾向にあった。それも影響したのだろう。天保の頃（一八三〇 - 四四）には、初鰹の値段は一分から二分くらい。最盛期の一〇分の一にまで下落している。

江戸後期の天明期（一七八一 - 八九）に鼻っ柱の強い江戸っ子の登場とほぼ時を同じくして沸き起こった初鰹の熱狂は、幕末の頃にはすでに冷めてしまい、まるで過去の栄華となってしまった。いかにも江戸っ子らしい風物詩は一〇〇年足らずの狂想曲に終わったようである。

外食文化の発展

外食、いわゆる店屋物《てんやもの》は、江戸時代初期の京都、大坂の辻売りの屋台店に始まる。江戸はやや遅れて買い食いの風情がうまれたが、単身の男性が多い土地柄に外食の需要は高く、多くの屋台店や振り売りがあらわれた。その一方で料理店が高級化し、現代のグルメにも似た食通もうまれる。

外食の始まり

江戸時代以前には外出の際に必ず食料を携行するのが普通で、外食、すなわち他人から食べ物の供給を受ける習慣はなかった。とくに武士ともなれば、みだりに他人に食をゆだねるなど危険きわまりない行為だったわけである。

だが、どうしても食料を買わなければならない場合があった。それが旅先である。旅に出ればどうしても他人から食料を分けてもらわなければならない。三田村鳶魚氏は、物々交換が一般的だった時代に、貨幣が有力な働きをみせたのが、こうした旅先で食事をとる際の、路銭や旅入り用であったと推測している。

そのような事情から、初めてうまれた外食店は街道沿いに点在する茶店のようなものであった。江戸時代初期の寛永の頃（一六二四－四四）には、東海道のような街道筋の限られた場所にそうした茶店が点在する他は、飯を売る店は一軒もなかったという。

それが、江戸市中に食べ物屋ができるようになったのは、災害がきっかけだった。

明暦三年（一六五七）正月一八日から一九日にかけての大火、俗にいう振袖火事は、江戸市中の三分の二を焼きつくし、死者は三万人とも一〇万人とも伝えられる。焦土と化した江戸にまもなく復興の槌音が高く響いた。復旧工事のために全国から職人や人足が集まってくる。そのときあらわれたのが、工事の人々や、家財を失った被災者に食べ物を売る煮売りの商人だ。

かれらが振り売りする簡素な食事によって、江戸の人々は飢えをしのいだわけだが、後からみるとこれが江戸に外食の習慣をもたらすきっかけとなったのである。何しろ普段は絶対に買い食いなどしない武士ですら、事情が事情だから食べるという具合で、人々のあいだに抵抗なく外食が広まったのだろう。

この明暦の大火を契機として、江戸に次々と飲食店がうまれてくるのである。

江戸後期の国学者喜多村筠庭《きたむらいんてい》の天保元年（一八三〇）の随筆集『嬉遊笑覧《きゆうしょうらん》』に次のようにある。

「明暦大火の後、浅草金竜山門前の茶店に、茶飯、豆腐汁、煮染《にしめ》豆等をととのえて奈良茶と名付けて出せしを江戸中はしばしより是を食いにゆかんとて殊のほかめずらしき事に興じたり」

この浅草の奈良茶飯の店が江戸で最初の常設外食店となる。少し手の込んだ料理、めずらしい食材を提供して客を集めたのもこの店が初めてで、災害時にやむなく始まった外食が贅沢な楽しみへと変わる、その先鞭をつけることになった。

江戸の食べ物屋

江戸には大小さまざまな飲食店がうまれたが、商売の形態から「振り売り」、「屋台店」、「常設店」に分けて、その代表的なものをみてみたい。

まず振り売りだが、これは食べ物ばかりでなく生活必需品を担って売り歩くもので、江戸で最も零細な商売である。江戸の町にはこの振り売りが大変に多かった。それは当時の社会事情と深く関係している。大都市江戸の人口は地方からきた人々によって年ごとにふくれあがっていった。そのような状況にあって流入者の誰もが社会的な地位を得られるわけではない。多くの者は日傭取りなどの下層民として糊口をしのぐ境遇となる。そんなかれらがたいした元手もかからず、技術もなしに始められる商売が振り売りだったのだ。この簡素な商いは単身者の食事の不自由を満たすと同時にかれら自身の生業ともなっていたのである。

江戸前期の万治二年（一六五九）の町触れによって振り売りは鑑札制となったが、食べ物屋に関しては煎茶以外のすべてが鑑札不要とされ、誰でも自由に売ることができた。ただし、塩、果物、飴、豆腐、ところてんなどは、老人と子ども、および身体障害者だけがあつかってよい品物とされ、社会的弱者の救済策となっていた。

さて、振り売りの食べ物屋は、最初のうちは食材やあらかじめ調理したものを売り歩いた。それが江戸時代中期の元禄の頃（一六八八－一七〇四）に木炭が普及して、七輪（銭七厘で煮炊きできることからこの名前がついた）が登場すると、小鍋をつかってその場で調理するようになる。おでん屋、熱燗売り、うどん屋、蕎麦屋など、夜の江戸市中を売り歩く者が増えた。だが、火事を警戒した幕府は、享保九年（一七二四）の町触れで「町々荷い売の輩、箱の内に火を貯え、まんじゅう、酒または飴などあたため売之《これうる》者《もの》、火の元のため何によらず売り物のために火を貯えあること厳禁」と、火のあつかいを禁じている。

しかし、これがなかなか守られることはなかった。

次に屋台店についてみてみよう。これは人の多い場所で半固定的に店を広げるもので、江戸の飲食店はこの形態が最も多かった。もとは移動販売の振り売りが場所を定めて商売をしたのが始まりだろう。

屋台店が出るのは、人々が集い遊興する場所である。寺社の境内や門前。花見や月見、潮干狩りなどの行楽地。繁華街や火除地《ひよけち》としてつくられた広小路。そうした場所では、祭りや行事などの特別な日に大いに賑わった。それを目当てに屋台店商人が集まってくる。とくに寺社地などで土地を仕切る実力者と結びつき、ショバ代を上納して、半ば常設のように屋台店を張る者も多かった。たとえば浅草寺裏手の奥山では、寛政の頃（一七八九－一八〇二）に一〇〇軒を超える屋台店で賑わったという。

なかには大名の登城する江戸城門前に店を広げるつわものもいた。江戸中期の正徳二年（一七一二）に「大手桜田両下馬へ、酒、煮売など持出し、登城日に主人を待つ供の者へ売るなど不届きに候。先日召捕候《めしとりそうら》えども、近頃では登城日以外にも売りに来る……」という町触れが出ているほどである。人の集まるところならどこでも——たとえ二本差しのテリトリーでも、すぐに店が立ってしまう。そうした旺盛な商売気質のなかから、今や和食を代表するすし、天ぷら、鰻などの江戸前料理がうまれていったのである。

最後に常設店だが、これは大変に立派な料理屋、料亭からうんと質素な小店《こだな》までさまざまある。そのいずれも原型は茶店のようなものから発展したと考えられる。江戸時代初期には街道筋の茶店が唯一の飲食店だったわけだが、これが形を変えて盛り場にあらわれたのが茶屋というものである。

もっとも江戸ではいろいろな店を茶屋と呼んだのでややこしい。酒や料理を提供するものを煮売茶屋といった。これが後に料理屋、料亭として高級化していく。これについては後で詳しくみていく。それから芝居茶屋、相撲茶屋というものがあって、これは席の確保など観覧の便宜を図ってくれる窓口となっていた。引手茶屋《ひきてぢゃや》といえば、遊郭で遊女を世話してくれるところだ。そうした数ある茶屋のなかで文字通り「茶を飲ませた」のが水茶屋である。

水茶屋は、葭簀《よしず》張りの小屋掛けで床几《しょうぎ》などに腰掛けられるようにしてある。煎茶や麦湯にちょっとした茶菓を出す。今でいう喫茶店のようなものだ。酒もないし、うまい料理も出てこないが、なかなか繁盛をみたというのも、どこの水茶屋でも若い女性を看板娘として置いたからだ。あの水茶屋の娘は綺麗だと評判が立つと、若い連中がわんさと集まってくる。茶代はおよそ八文。それに一〇文程度の心付け(チップ)を払った。なかには見栄を張って一〇〇文も心付けしたり、朝から何十杯も飲んで長居を決め込んだり、と若い者らが大騒ぎした。水茶屋娘は一種のアイドル的存在で、その姿は錦絵にいくつも残されている。高名なところでは、谷中笠森稲荷のおせん、寛政三美人に数えられた浅草の難波屋おきた、薬研堀《やげんぼり》の高島屋おひさがいた。

一方、酒を飲ませる店が居酒屋である。鎌倉河岸(現千代田区内神田二丁目)の酒店「豊島屋」が本業のかたわらに、店前で客に立ち飲みをさせたのが最初といわれる。これが評判となって市中に多くの居酒屋ができた。酒を飲ませるところなので、田楽などのかんたんなツマミは出すが、食事はできない。そこで飯と酒を出す一膳飯屋というものがあらわれてくる。こちらは、青物の煮染め、煮魚や焼魚、つみれ汁などに飯と香の物を添えてくれる。今でいう定食屋に当たるもので、独身者の多い江戸では重宝された。

なお、常設の飲食店では、お客を縁台や上り座敷に座らせて食べさせる形だった。椅子やテーブルなどは、明治時代の終わり頃に普及したもので江戸にはない。ひとつの卓で向かい合って食べる習慣も近代以降のもので、一家が卓袱台《ちゃぶだい》を囲んで食べるなんてことが昭和時代の家族団欒の象徴となった。それ以前は箱膳などの銘々膳《めいめいぜん》が普通で、江戸時代の飲食店では折敷《おしき》という低く縁取りした方盆に料理をのせて出していた。

グルメの発生

浅草金竜山の奈良茶飯に始まる江戸の料理茶屋は、市中各地につくられて評判をとるようになる。江戸前期の貞享四年(一六八七)に藤田利兵衛のまとめた地誌『江戸鹿子《かのこ》』によれば、浅草に奈良茶飯ができた後、品川、目黒、堺町(現中央区日本橋人形町三丁目)、駒形などの寺社門前に料理茶屋ができたという。江戸中期の宝暦・明和の頃(一七五一-七二)には、各地域に一軒は料理茶屋があるというほどになり、江戸後期の文化文政期(一八〇四-三〇)にその数はピークに達した。大田南畝は文化四年(一八〇七)の随筆集『一話一言』で「五歩に一楼、一閣みな飲食の店」と記している。

とりわけ最盛期の文化文政期には、料理茶屋のうちから会席料理を売り物とする高級料理店があらわれた。贅をつくした料理に、食器や調度、座敷は瀟洒《しょうしゃ》にあつらえる。さらに庭園や風光明媚な景色を楽しませた。店内に風呂を設けるとか、舟で送迎するなどの趣向を用意した店もある。

会席料理の内容だが、先述の『守貞漫稿』によれば、まず味噌吸物。次に口取肴《くちとりざかな》が三種、織部焼の皿に盛って出る。それから二ツ物として甘煮と切焼の魚が一体ずつ。次いで茶碗物ひと碗。それから刺身が出てくる。ここまでが酒肴である。膳には飯と一汁一菜に香の物。その後、高級な煎茶と茶菓子がついた。これで一人前が銀一〇匁——現代の感覚で、およそ三万円というところだろうか。これには浴室に客を通してゆったりとさせ、余り物は折に詰め、帰りには流しの提灯を用意するなどのサービスもついてくる。

さて、数ある高級料理店のなかでも突出したのが新島越町（現台東区東浅草一丁目付近）の八百善だろう。主人の栗山善四郎《ぜんしろう》は、料理人として江戸で一番の評判をとったが、そればかりでなく多趣味多才の人で多くの文人らとも交友をもった。八百善の名を高らしめたのも、この文人ネットワークの力も大きかったようである。とくに文政五年（一八二二）に出版された全四編からなる『江戸流行料理通』は、料理人自身の著した料理本として異例のロングセラーとなる。そこに文章や挿画を寄稿したのは、戯作者の大田南畝、画家の酒井抱一《ほういつ》、文人画の谷文晁《ぶんちょう》、南画の渡辺崋山、浮世絵師の葛飾北斎、渓斎英泉《けいさいえいせん》ら。当代を代表する文人の面々であった。

江戸末期の市中風俗を描いた随筆集『寛天見聞記《かんてんけんぶんき》』（著者不詳）には、八百善の料理に対する姿勢を示す有名な逸話が出てくる。

「二、三人の通人が酒にも飽きたと八百善にやってきて極上の茶漬けを、と注文する。しかし、待てど暮らせど茶漬けなど出てこない。酔いも覚めて業を煮やしているところへ、ようやく半日たって所望の品があらわれる。なるほど極上の茶漬けにちがいない。香の物など春にめずらしい瓜と茄子の粕漬を切り交ぜにしたものだ。だが食い終わると、勘定が一両二分といわれて通人たちは仰天する。いかにめずらしき香の物とて、さすがに高すぎるというと、主人が答えていうには、〝香の物の代はともかくも、茶の代が高直なり。極上の茶にしてひと土瓶に半斤は入らず。その茶に合う水は近辺になきゆえ、玉川上水の取水口まで水を汲みに早飛脚を走らせて取り寄せ、此の運賃莫大也〟。それを聞いて通人たちは〝さすが八百善〟と納得した」

『寛天見聞記』の筆者は「香の物に茶漬けならば、己が家にもあるべきを、料理屋に行きて茶漬けなど、無益の金銭を捨てる事戒むるべし」と結んでいる。

　また、文化文政期には有名料理人をもてはやす風潮がうまれ、これが料理屋の高級化に拍車をかけている。歌舞伎狂言作者の三升屋《みますや》二三治《にそうじ》が弘化四年（一八四七）に著した随筆集『貴賤《きせん》上下考《じょうげこう》』に、名高き料理人として、王子海老屋のなべ金蔵、浅草大音寺前田川屋（駐春亭）の田助、木挽町高嶋屋の五郎、薬研堀の大坂喜八などをあげている。通人らが有名料理人のいる料理屋へ出かけるときには、たとえば「田助を食いにいく」などといった。料理屋のほうでも腕のいい料理人を高給で雇い入れ、スター料理人のように売り出して客寄せとする。

　高級料亭が文人客にもてはやされる一方で、料理屋の数がどんどん増えて、大衆化もすすんでいった。うまい店。安い店。量の多い店。そうした情報が評判記、料理屋番付を通じて江戸人の話題を賑わすこととなる。今でいう料理店ガイド、グルメ本のようなものだろう。

　都市農村関係史研究所を主宰する渡辺善次郎氏は著書『巨大都市江戸が和食をつくった』（農文協・一九八八）で、「フランスで刊行されているミシュランの赤本ガイドが、古くから世界的に有名である。しかしその初版は一九〇〇年（星をつけたのは一九二六年版で、一つ星から三つ星のランク付けは一九三一年版からである……筆者注）、江戸の料理案内よりも一〇〇年以上遅れている」と述べている。

そうした江戸の料理案内のひとつに、幕末の嘉永元年（一八四八）に出版された『江戸名物酒飯手引草《しゅはんてびきぐさ》』がある。その序文には「当地不案内の人々物を調《ととの》い酒食なす時は心のまま人に尋ねるも及ばず。思う所に行き、その自由なる事、此の小冊にて」と、江戸見物にきた人の便利をうたっている。現代と同じように、江戸でもガイドブック片手にうまい店を訪ね歩いたのである。同書には総数五九五軒の料理店が記載されていて、有名高級店も網羅されているが、大半が大衆飲食店で占められた。

懐石即席貸座敷御料理　百川（本町三丁目裏河岸）　駐春亭（下谷竜泉寺）　武蔵屋（向島）
会席即席貸座敷御料理　八百膳（新鳥越）　平岩（向島）　平清（深川八幡）　など九軒
会席即席御料理　常盤屋（日本橋本町）　八百半（新鳥越）　松の尾（馬喰町）　など一〇八軒
即席御料理　万清（芝）　梅久（赤坂御門）　など一〇八軒
御料理御茶漬　山徳（通三丁目）　など四八軒
江戸前蒲焼　大全（浮世小路）　など九〇軒

江戸時代後期、江戸の町人は多少の貧富の差にかかわらず、「奢りにいく」と称して、月に一、二度、家族をともなって料理屋へ出かけた。江戸の町は現代に劣らぬほどグルメ都市の様相を呈していたのである。

第八章

江戸前料理の完成

『東京都内湾漁業興亡史』は、浅草海苔、佃煮、にぎり鮨、鰻の蒲焼、天ぷらを「江戸前の五大食品」としている。これに倣って本章では五大江戸前料理をそれぞれのエピソードとともに紹介したい。

これまでの各章で水産業や食文化の発展をみてきたが、それらが食品という形に結実したものが江戸前料理ではないかと思う。江戸前料理にはいずれも江戸前海の新鮮な魚貝がつかわれている。江戸の水を飲んだ魚はうまくなると江戸っ子の自慢する代物だ。だが、その素材の味わいを存分に活かした料理をつくるには、きわめて高度な水産流通体制がどうしても必要となる。また、それを享受する人々の舌の肥えたこと。そこには庶民が食を謳歌する姿がある。外食の即席料理という下々の食べ物でありながら、貴族の宮廷料理、武家の懐石料理を凌駕する勢いで庶民料理が確立されたのだから、革命的なことだろう。

「浅草海苔——真の江戸前——」

江戸前料理と銘打っても、すしも鰻の蒲焼も天ぷらも、その原型は上方にあったものだ。それが江戸でつくりかえられたのである。佃煮は江戸うまれだが、それをつくったのは上方からきた漁師たちだ。そう考えると、浅草海苔だけが江戸にうまれて、成長・発展をみた、純然たる江戸前かもしれない。

浅草海苔の由来

浅草海苔は干し海苔の元祖である。日本人は古くからノリを食べてきたが、それらは生海苔であって、現在広く親しまれている干し海苔は江戸時代の浅草海苔に始まったものだ。

そもそも、なぜ浅草海苔という名前がついたのか。一説に浅草で初めて採取されたからという。中世の頃、江戸の地形は隅田川河口が広く江戸前海に開いていて、浅草辺は海に面していた。きっとノリもとれたにちがいない。しかし、浅草海苔の名前がうまれた江戸時代には、浅草はすでに海から遠ざかっていたし、ノリもとれなくなっていた。それで、一般的には江戸前海でとれたノリを浅草で製したことから浅草海苔と呼ばれたというのが定説になっている。元禄三年（一六九〇）出版の江戸の地誌『増補江戸惣鹿子《そうがのこ》名所大全』に、「元来品川、大森の海辺にて取りたる海苔を浅草にて製し（中略）このところ海苔屋餘多《あまた》ありといえども、雷神門前植木屋四郎左衛門を根元とす」とある。後にこの四郎左衛門の末裔が開いた正木屋、ならびに浅草並木町の永楽屋が幕府海苔御用として幅を利かせるようになる。

図8−1　江戸名所図会「浅草海苔」

国立国会図書館蔵

つまり、産地は品川以南の漁村であり、加工販売を浅草でおこなったということになる。そこに有力商人が介在して、名産品としての浅草海苔がブランド化したのだろう。

この他に大森村の野口六郎左衛門が、浅草紙の漉き方を真似て干し海苔をつくったので、これを浅草海苔と命名したという説がある。ノリの漉き方は紙と酷似しているし、きれいな方形（御膳用の平箱に収めるため）もいっしょだ。同じ浅草つながりとなれば関連がありそうである。信憑性のほどは別にして、話としては大変にうがっている（図8−1）。

さて、浅草海苔が浅草産でないことは当時から知られていたようで、江戸川柳に「品川を浅草で売る海苔の庭（柳多留五〇）」というのがある。寺院のことを法《のり》の庭といったが、ここでは浅草寺の法《のり》と海苔とをかけている。

ところが、江戸時代初期には葛西浦で天然採取されたものが浅草に送られていて、これが本来の浅草海苔と呼ばれた。『続江戸砂子温故名跡志』に「葛西海苔」として「本草に紫菜《しさい》と云《いう》は、此海苔の事也」と書かれている。生のときは青く、干せば紫がかる葛西のノリはとくに良質とされたが、天然物は採取量に限りがあるし、周辺環境の変化による影響も受けやすい。寛延二年（一七四九）に江戸川、中川が氾濫して以降、天然ノリの生育が悪化して、葛西ノリの採取量は漸減した。享保の頃（一七一六－三六）に、品川浦でひび建てによる養殖が始まると、それに押されて葛西ノリは衰退に向かう。もともと磯漁中心で、ノリ摘みは副業だったから、ひびの設置が漁場を狭めるのを嫌い養殖に転じなかったためだ。葛西ノリが盛り返すのは、ノリ養殖が江戸前の主要漁業となっていく明治以降のことで、もちろん、このときには葛西も養殖に転じている。

ひび建て養殖法

ノリ養殖の始まりであるが、これは延宝の頃（一六七三－八一）に品川浦の漁師が、魚生簀《いけす》の波除けに立てた木柵にノリが群生しているのをみて、海中に粗朶《そだ》ひびを建てる養殖法を思いついたことによる。この発明が浅草海苔の生産性を格段に向上させた。ここでその具体的な方法についてみてみよう。

ノリ漁は佃のシラウオ漁と並んで冬の風物詩だった。しかし、風光明媚な情景と裏腹に、当時のノリ養殖は、大変な苦労をともなう作業だったのである。

漁師は夏のあいだ、せっせと粗朶ひびをこしらえておく。それを秋の彼岸頃に建て込むのだが、無数のひびを一本ずつ海中に埋め建てる作業は、水中で自由と安定を奪われ、相当の体力と熟練を要する重労働だった（図8－2）。

図8-2　浅草海苔ひび建ての光景

「日本製品図説」

ノリが育ってくる一二月初旬から翌三月までは極寒のなかでの採摘作業となる。ベカ舟と呼ばれる幅の狭いノリ採り舟を操って、ひびのあいだをめぐるのだが、安定に欠けるベカ舟は、少しの油断でも風や波にさらわれてしまう。非常に危険な仕事で、つねに天候を気にしなければならない。そして、凍るような海中に素手を入れてのノリ摘みは、ひどい苦痛をともなう。ノリ漁師は皆、手をやられてしまった。掌がひび割れてザラザラになり、朝、顔を洗うと顔が傷だらけになったという。

さらに、苦心して採摘した生海苔は急いで処理しなければならない。ゴミとり、刻み、漉き上げ、裏干し、表干しとやることは山ほどある。夜明け前から真夜中過ぎまで、気の抜けない時間が続き、ゆっくり寝ることもならない。漁期が終われば、すぐにひび抜きにかかる。これも建て込み同様に重労働だった。

このように江戸前漁業のなかでもノリ養殖はとりわけ苦労の多い仕事だった。しかし、それに見合う収入も格段に大きい。だからノリ場には多くの人手が集まった。江戸後期から明治期にかけて、冬の農閑期に出稼ぎにやってくる者が増加している。とくに若者が多かったという。何しろ五年ほどノリ場へ出稼ぎすれば、貯めた給金を故郷に持ち帰って独立農家が開けるほど金になったからだ。

ところで、ノリの生育にいかに適した漁場であっても、ノリの胞子の付着状態は年々減少してしまう。そこで誰が考えたものか、胞子の移植ということがおこなわれた。これは房総方面などに出かけていき、ひびを建てて胞子を付着させ、晩夏から初秋にかけて成長するのを待って、これを品川の漁場へ持ち帰って建て込むのである。このような移植ものを胞子ひびという。それに対して品川の地先で育った胞子を地っ子《ぢこ》と呼んだ。我が子のように大事に育てたという漁師の思いが伝わってくる名前である。

養殖技術が各地に伝わる

文化の頃（一八〇四－一八）になると、浅草でおこなわれたノリ漉き作業が産地である品川、大森に移る。さらに、生産量を増大させた両漁場が日本橋の商人と結びつくようになると、浅草の海苔問屋は衰微に向かった。明和元年（一七六四）に山形屋が、嘉永三年（一八五〇）には山本海苔店がそれぞれ日本橋に開業している。次第に水をあけられた浅草の海苔問屋は不振をかこつこととなり、後には海苔流通から脱落していった。新たに実権を握った日本橋の海苔商たちは、それまで江戸市中にとどまっていた商圏の拡大に努め、とくに上方を中心に市場を開拓していく。ただし、ノリ養殖法は秘中の秘とされ、技術が外部に伝わることを恐れた。そのため浅草海苔の製法は、創始から一〇〇年以上ものあいだ、江戸前から外に出ることはなかったのである。

さて、江戸市中では海苔消費は年ごとに大きくなり、とくに年末年始の贈答品、節句の海苔巻、年越し蕎麦などの需要が高まっていく。冬になると江戸の町を担い売りする海苔売りが風物詩となる。これを商ったのが、信州諏訪地方からの出稼ぎ人だった。そういえば魚河岸の平田役を担ったのも、やはり諏訪人であり、よくよく江戸前と関係の深い地方である。

海苔売りは厳冬の頃、毎朝大森まで出かけて海苔を仕入れ、江戸の町を売り歩くのだから大変な仕事だが、諏訪の人たちは泣き言ひとつこぼさずに黙々と働いた。そして出稼ぎ期間が終わると、もらった給金で背負えるだけの海苔を仕入れ、これを背負って地方に売り歩きながら帰郷する。このため地方では海苔の旅師などと呼ばれていた。

文政二年（一八一九）のことである。諏訪の出稼ぎ人である森田屋彦之丞は浜名湖で旅商をおこなっていた。そのとき、たまたま宿屋で食べた生海苔の味が大森のものとまったく変わらないのに気づく。彦之丞は思い立って土地の人々にノリ養殖を勧めた。というのもかれは長年大森のノリ場へ出入りし、おおよその製法を知っていたからである。彦之丞の助言を受けて、すぐに舞阪《まいさか》今切口《いまぎれぐち》の河口にひびが入れられ、翌年には早くも生産に漕ぎつけることができた。浅草海苔の秘密はついに江戸前から外に出てしまったのである。

これを知った大森漁師たちの驚きと怒りは尋常でなかった。彦之丞が出入り止めになったのはもちろんだが、かれの手伝いをしたと疑われた大森漁師の三次郎は、ノリ養殖の秘法を洩らしたかどで村八分となっている。

しかし、いかに漁師たちが養殖技法を内緒にしても、閉鎖的漁業の時代は終わりを告げる時期だったのだろう。舞阪に引き続き駿州三保でもノリ養殖が始まっている。こちらは製法を洩らしたのが幕府役人ということだが、やはり旅宿で生海苔を食べ、大森と同じ味に気づき、土地の者に養殖を勧めた、という舞阪の件と判で押したような逸話が語られる。さらに幕末にかけて三河の前芝、尾州木曽川尻、陸中気仙沼、芸州広島など各地方へとノリ養殖はまたたくまに広がっていった。

一方、諏訪の出稼ぎ人たちは、明治になると海苔の旅師から仲買人へと転身していった。その頃はまだ東京周辺は旧来の閉鎖的取引が続いていたために、地方に活躍の場を求める。かれらは東北の仙台ノリに目をつけ、これを大阪の乾物問屋に届けるために、不便な舟を乗り継ぎ、あるいは徒歩で東北へ出向いては産地開拓をおこなった。かれらの活動によって地方産の海苔の販路がつくられ、ときに応じて養殖技術が伝えられていったのである。

それから約一〇〇年後、本家である東京湾のノリ漁が衰退し、浅草海苔のブランドも消えて、もはやノリの品種にアサクサノリの名を残すのみとなった。だが、養殖技術が全国へ伝えられたことによって、江戸前のうみ出した干し海苔は、日本の伝統文化として引き継がれることになったのである。

佃煮——漁師のつくった保存食——

小魚や貝類を甘辛く煮付けた佃煮は、日本固有の保存食である。もとは佃島の漁師が販売に適さない小魚を煮て、漁の携行食などにしたものだが、後に調理法も改良されて、江戸前を代表する風味として全国に広がった。

佃煮とする材料に決まりはない。もともと小魚貝をうまいこと食べるための知恵である。そのために地方性に富んだ佃煮がうまれ、浅草海苔と同じく普遍的な日本の味となった。

漁民の副食物

徳川家康につき従うように江戸に移住した摂州佃村の漁民が、江戸前海でのシラウオ漁の特権を得て、これを献上したのが佃島漁業の始まりである。かれらは隅田川河口の干潟を拝領し、これを造成して佃島と名づけて定住した。しかし、シラウオは漁期が短く、それだけでは生計が立たないので、佃の漁民たちは江戸前海および隅田川上流域まで広く漁業をおこなうようになった。その漁獲物により城中への納魚を果たし、余った分を日本橋で手売りした。

さて、かれらが毎日網を入れていると、御用や販売の用をなさない小魚貝がたくさん入ってくる。漁師たるもの漁獲物を捨てるなどもっての他だ。だが、魚はみるみる傷んでしまう。仕方なしにこれを塩で煮てみた。すると保存も利くし、漁をおこなう際の食料として携行に便利だ、ということで、佃島で

図8-3　富嶽三十六景「武揚佃島」(葛飾北斎)

は雑魚や売れ残りの魚を塩煮するという保存法が代々伝えられる。

これが佃煮の起こりだ。そこに銚子や野田の地廻り醬油が普及してきたので、塩の代わりに醬油で煮たところ、とてもうまかったので、醬油味に変わったという逸話が加わる。だが、いつから醬油味になったかは定かではない。ずっと後になってからかもしれない。佃島では味をとやかくいう以前に日常食の心配が先に立っていた。

それというのも離島である佃島には耕す田畑もないため、米などを江戸から舟で運ばなくてはならないからだ。米も不自由だが、おかずの調達にも苦労した。その際に佃煮は大変に重宝するのである。とくに漁にもっていく弁当のおかずとして、これほどうってつけなものはない。佃煮は漁民の食生活をささえる副食物として欠かせないものだった(図8-3)。

漁民食から江戸名産へ

佃島には故郷佃村から勧請《かんじょう》した住吉神社がある。住吉三神を奉じる海の守りとして、今でも水産関係者の尊敬を集めている。江戸時代には住吉神社へ参詣に訪れる多くの海産問屋などに、御神酒をすすめ、それに醤油で味つけした佃煮を添えるのをつねとしていた。

あるとき、問屋のお供でやってきた伊勢屋太兵衛という者が、この佃煮に目をつける。太兵衛はこれにひと工夫を加え、味つけを甘辛に変えてみた。そして佃煮の名で売り出したところ（実はそれまで佃煮という名称もなかったのだ）、大変な評判をとって太兵衛の店は大繁盛する。それ以来あちこちに佃煮を売る店ができて、ほどなく江戸名物となった。さらに参勤交代で江戸に詰めていた勤番侍たちが江戸土産として国元へ持ち帰り、全国的に広まったという。

これには別の話があって、安政五年（一八五八）に稲荷新道《じんみち》（現中央区日本橋堀留町）に住む棒手振《ぼてい》の青柳才助が、銭瓶橋《ぜにがめばし》（現千代田区大手町二丁目）のたもとで売ったのが最初であるという。また、文久二年（一八六二）に鮒屋佐吉が浅草橋で売り出したのだという説もある。これは佐吉が隅田川河口に釣りに出かけると、突然の暴風雨に見舞われて佃島に漂着する。そのとき島の漁民からもらった雑魚の塩煮が美味だったので、これに改良を加えて佃煮として商品化したというものだ。老舗佃煮店「鮒佐」の由来となっている。いずれにしても江戸名産の佃煮は、佃島で売り出したものではなく、江戸商人の手で全国に広まったことがわかる。

ところで佃煮の材料だが、漁民たちは主にコハゼやアミなどを煮たが、元来どんなものでもかまわない。江戸名物として商品化されたときにエビ、シラウオ、アサリ、ハマグリなどが定番として加えられた。さらに全国に広まると、各地の名産をつかった地方色豊かな佃煮がうまれていく。

元祖と本家が仲良く並ぶ

佃島は江戸からわずか一町（約一〇九メートル）ほど隔てるばかりだが、江戸市中とまるでちがう島の風情に、江戸の人々は異郷を感じた。ひなびた漁村のたたずまい。遠く房州から相州まで見渡す絶景。そこに暮らす漁民の日焼けした顔は他国人を思わせる。

『佃に渡しがあった』（岩波書店・一九九四）の著者の一人ジョルダン・サンド氏は、「佃島は、江戸人が簡単に行き、〝都〟のコスモポリタニズムを再確認できる〝鄙〟の場」であるとしている。佃島の名所と名高い藤棚や住吉様を拝むために「渡しに乗って出かけ、川のすぐ向こうに広がる都会とは驚くほど対照的なのどかで鄙びた場所を発見」する。このような情景は多くの江戸地誌に書き記されたが、とりわけ小日向《こひなた》に住む、お坊さんの十方庵敬順《じっぽうあんけいじゅん》が著した『十方庵遊歴雑記《ゆうれきざっき》』の佃島紀行は興味深い。

文政一二年（一八二九）八月、築地本願寺行事に参加した敬順は、土地の漁師権太郎から神君入国以来という有名な佃島由来とともに、島民の生活信条を聞かされる。

「……いよいよ夫婦兄弟睦じく朋友に信ありて、家業を麁抹《そまつ》（粗末……引用者注）にせざれば、境界は漁者の不骨《ぶこつ》に言語も起居もあらあらしけれども、むかしより盗賊なく訴事なきは此島の美談といふべし。殊更火災の煩いなく地代も下直《したね》なれば、好《このみ》て江戸の人、今五七輩此島に隠宅せるもありとぞ」

佃島は、漁師の土地なので言葉づかいも家屋も荒っぽいが、昔から盗人や争いごとはなく、火災もめったに起こらないというのだ。これと同じことを、平成の世に佃の人たちから聞いたことがある。およそう二〇〇年を経てくりかえされる言葉。美談を額面通りに受けとれなくなった現代人でも、江戸以来ずっと、佃に引き継がれてきた共同体の絆を、強く感じずにはいられない。

佃島は名所でありながら観光地とはならなかった。佃名物のシラウオ漁も、住吉神社の祭礼も、佃島の生活のなかにあって、生業と精神性を形づくる。くる者を拒まないが、それで地域活性化をしようとか、商売に乗り出そうという気持ちはない。規律正しい生活がどこまでものどかに続くように思われる。江戸人が好んで佃島に住んだとあるが、それは当然かもしれない。うまく世間から隠遁するのに、これほどの適地はなかっただろう。

佃煮は、結局のところ佃島の特産品といえない。江戸で売り出され、全国に広まり、各地のもの、となった。それを佃の人たちが文句をいったという話は聞かない。おそらくそんなことに興味もなかっただろう。

現在、佃には「丸久」、「佃源田中屋」、「天安《てんやす》」という三軒の老舗佃煮店がある。とくに元祖をうたう「天安」と本家を掲げる「田中屋」が並んでいるのが目を引く。さぞや店の格式を競っているのかと思うとそうではない。こういう都々逸がある。「佃煮の本家と元祖が仲よく軒を並べて栄えている佃（石井きんざ）」——佃島にうまれ、築地市場でエビ仲卸を営んだ文人石井金三郎氏のうたったものである。

そこには佃島の人たちの共同意識とともに、佃煮に対する誇りが伝わってくる。魚を無駄にせず、長く食べつなげる知恵ある食品をつくり出した祖先を誇り、それを今も商うことを誇るのだ。

時代を越えて引き継がれる知恵は尊い。和食を代表する調理法となり、全国の名産品に形を変えても、今なお「佃」の文字がこの食品に冠せられるのは、そういうことだろう。

鰻——外食文化のルーツ——

田舎の人「江戸前とやらいふ幟《のぼり》のあるとこへ、こりゃあにを売るとこだと、わしゃよくよく覗いて見たら、おなぎのことを、お江戸じゃァ江戸前といふのかへ」

うなぎや「そふさ、うなぎは江戸の前でとつたのがいいから、それで江戸前といひやす」

（三田村鳶魚氏「天麩羅と鰻の話」より）

「江戸前」は上方に始まる

「江戸前」という輝かしい称号をいただいた鰻の蒲焼なのだが、実のところ江戸で始まったものではない。室町時代に山城国宇治でウナギをあぶって食べたのが、いわゆる蒲焼の始まりとされている。ただし、これは焼いたウナギを酒と塩にひと晩漬けて、鰻のすしのようなものにして食べたらしい。今のようにウナギを割いて串に刺し、タレで付け焼きしてあつらえる蒲焼となると、江戸時代にならなければ登場しない。

三田村鳶魚氏の「天麩羅と鰻の話」（一九三九）には、正徳五年（一七一五）に大坂で初演された近松門左衛門の人形浄瑠璃「国性爺合戦《こくせんやかっせん》」の台詞に「鰻を割《さく》より易い事」とあり、山椒醤油蒲焼で食べる場面もあるから、この頃上方では焼き方もタレもできていて、京都四条河原の夕涼みに鰻の蒲焼（おそらく屋台売りだろう）の香りがしたということが書かれている。江戸ではやや遅れて、享保の頃（一七一六一二六）に上方から調理法が伝わったという。ただし、その後いずれかの時代に鰻の蒲焼は上方流と江戸前とに調理法を異にした。

上方流の調理法はウナギを腹から割き、頭と尾をつけたまま鉄串を三〜五本横に刺す。醬油にもろみ酒を加えたもので付け焼きし、最後に頭と尾を落として串を抜き、切ってから山椒を添えて客に出す。脂がのり、パリッと香ばしさが楽しめるのが上方流だ。

一方、江戸前流はウナギの背を手前にしてまな板に置く。目打ちで固定して、背のほうから一気に割く。江戸も初めは腹開きだったが、なにぶん武都であるから「切腹」を嫌って背開きとなったとか、そうではなく背開きはウナギが立派にみえるからだとかいろいろいわれる。その真偽を調べるヒマなく、背骨・はらわた・頭と尾をとり、洗ってヌメリを落として、ひと切れに竹串を四本打つ。これを備長《びんちょう》炭《たん》の霜がかった頃合いの火加減で、団扇であおぎ、直火を避けて白焼きにする。それから蒸しにかけるのは上方にない工夫だ。最後に秘伝のタレに浸しながら仕上げの焼き上げをおこなえば、ふっくらと柔らかな本寸法（本来のもの）ができあがる。

江戸前の焼き方がいつ頃できたのかは定かでない。しかし、『十方庵遊歴雑記』に越谷で鰻を食う話が出てくる。

お坊さんの敬順が、文政七年（一八二四）の夏、越谷へ出かけたときに、土地の油屋吉兵衛からご馳走にあずかる。そのとき鰻が出てくるのだが、これがたいそうな代物なのだ。

「実に古今に独歩せし風味かようの魚、かゝる焼加減は江戸にも沢山はあらじ、名だゝる大和屋、深川屋、大和田、福本、鈴木などよく魚遣ふ評判あれど、これに勝らん」

敬順は鰻が大和屋、深川屋など江戸の有名店にも勝る味なのに驚き、さっそく主人にこれは江戸前か、それともこの辺の川筋のものかと尋ねると、主人が申すには、

「此川筋にて取候《とりそうろう》。江戸前すじなど申す類にあらず。江戸の方が言うに旅鰻と申すは是ならん」。ウナギは近所でとれたいわゆる旅ウナギで、決してよいものでないという。だが、焼き方に工夫があるのだといって、その方法を教えてくれる。

初め白焼きにし、魚が少し太ってきたときに重箱のようなものに入れて重しをかけ、蓋をしてよく蒸す。それからたまり三合に味醂一合、白砂糖二〇匁ばかりを合わせてよく煮立て、冷ましたタレにウナギを浸し、弱火で焼き上げるようにすれば、場ちがいのウナギも江戸前と同じようになる、と。これを聞いて敬順はなるほどと思う。

この話をそのまま受けとれば、江戸よりも先に地方で「蒸し」の技術ができていたことになる。もしかしたら当時高調子であった鰻料理に「こんなものは焼き方でどうとでもなる」と敬順入道が皮肉ったのかもしれない。ただ、ここでわかるのは、地方では醤油ではなく「たまり味噌」をつかい、そこに大量の砂糖を用いる食べ方をしていたことだ。なかなかおもしろい記録だと思う。

鰻屋の風格

江戸に鰻の蒲焼が伝えられたばかりの頃は、担ぎ売りや屋台で売られていた。下魚あつかいだから値段も安くて、ひと串が蕎麦と同じく一六文という、まるで庶民の食べ物だった。それが天明期（一七八一－八九）に鰻の専門店ができてくると、『守貞漫稿』にあるように一皿二〇〇文もする高級料理に化け

てしまうのである。

鰻の高級化については、江戸ではなく京都に、こんな伝聞が残されている。

天保の頃（一八三〇‐四四）、大坂中之島の御大尽《おだいじん》が取り巻きの幇間《たいこもち》を連れて宇治の料理茶屋菊屋へやってきた。そこで名代の「宇治の丸」を注文する。さっそく座敷に通されると、主人がわざわざ裃《かみしも》を着けて丁重な挨拶を述べる。それから酒が運ばれ、いろいろと酒肴の鉢物は出るが、肝心の鰻がやってこない。不審に思っているところへ、やっと出されたのは貧弱なものがたった二本。せっかくきたのだから、もっと出せと催促すると、またも長時間待たされた末に追加が三本。仕方なくそれで茶漬けをすすり、さて勘定を聞くと「貴方様のお心次第でようございます」という。再三尋ねるが同じ答えなので、あつかいかねた幇間が亭主を片隅に呼んで、内々にこれまでの振合《ふりあい》をきけば、二、三〇両のこともあり、五〇両頂戴したこともあるという。

びっくりして目を丸くしていると、そのわけをお見せしましょう、と裏の小屋へ招かれた。そこには巨大な半切桶に何杯ものウナギがうようよしている。「宇治中のウナギを全部買い取りました――宇治丸とは最も優秀なものを選びますゆえ――このうちから五本吟味して出したが、残りはすべて宇治川へ放生《ほうじょう》します。このようなご注文は、祖父の代に二度、親の代に一度あったきり。私の代では初めてで、もとより利欲の心はなく、私どもの名聞でございますから、お心次第と申し上げました」

大尽もこれには二の句も継げず、亭主を自分の宿まで連れていって数十金を渡したという。

これは、どちらかというと下賤の食い物とされる鰻を高級料理屋で売るために、それらしい挿話として語られたものかもしれない。

さて、天明期の江戸に数多くあらわれた鰻屋だが、いわゆる名店といわれるところほど、融通の利かない商いをした。注文の仕方から食べ方まで、何かとうるさいのが鰻屋の風情だったのである。

ここで、江戸後期の鰻屋の名店を『守貞漫稿』から抜き出してみる。

・深川屋（神田）　・岡本（茅場町）　・大黒屋（霊岸島）　・大金（浮世小路）
・大和田（親父橋）　・和田平（田所町）　・椎木（神田明神前）　・尾張屋（尾張町）
・狐うなぎ（広尾）　・すざき屋（向両国）　・奴《やっこ》（田原町）　・喜多川（尾張町）

神田の深川屋（現在の「神田川」）は、得意客でないと、いくら現金を積み上げても売らないと断った。また、思ったようなウナギが入らなければ、何日も休業してしまう。雇い人を置かず、すべて主人が焼くので、小店ながら評判をとって、大名、旗本からの注文も多かった。

深川屋に限らず、これら名店では、土用丑の日となれば、書き入れどきにもかかわらず店を休む。注文が多すぎて、焼き方が粗雑になるのを避けたのだ。

一方、上方の鰻屋では大坂井池《どぶいけ》の鳥久が名高い。この店では表掛行灯《おもてかけあんどん》に「万川魚《よろずかわうお》」と書き、鰻の他、コイ、フナなどの活けを提供し、ときには海魚までも調理したという。それと対照的に江戸の鰻屋はもっぱら鰻一本でいく。他の料理は一切出さない。鰻だけ売るのがよい鰻屋なのだと誇った。

また、最初の頃は御飯も出さなかったという。天保四年（一八三三）に百拙老人の名で書かれた随筆集『世のすがた』に「うなぎの蒲焼は、天明のはじめ上野山下仏店にて大和屋といへるもの初て売出す。

其頃は飯を此方《こちら》より持参せしと聞く。近頃はいづ方も飯をそへて売り、又茶碗もりなどといふもあり」とある。鰻屋で食事をしようとすれば、こちらから御飯持参で出かけなければならなかったのだ。それが天保の頃（一八三〇－四四）は、どこでも御飯を置くようになったのだという。

それでも鰻めし（鰻丼）は中以下の店でしかあつかわなかった。気取った鰻屋では鰻めしを食う客をよろこばない。丼物はまず下司の食い物だという認識である。明治時代になると老舗鰻屋の品書きにも鰻めしが加わるが、これを注文する客は二階に上げないしきたりがあったという。調理場の横で食わせるなど大変にぞんざいなあつかいをされるのだ。しかも鰻めしには一段落ちる鰻がつかわれたという。

江戸前鰻は何しろ手間がかかるので、注文してから待たされるのは仕方ない。これは昔も今もいっしょだ。江戸の頃だと小半刻《こはんとき》（約三〇分）ほど辛抱する。そのあいだ酒を飲んで待つが、これといった肴もない。明治時代以降は新香を出す店が増えた。それで一杯飲《や》って鰻のできあがりを待つ。店も新香の味には気をつかうから、新香のうまい店が鰻の名店だ、と半可通をいう人がいた。

文化文政期（一八〇四－三〇）は料理屋が最も華やいだ時代だが、その頃の鰻屋には必ず風呂があった。新香などかじらなくても、ひと風呂浴びて浴衣に着替え、涼んでいるところに鰻があつらえられてくる。これが一番いい食べ方だろう。

外食文化事始め

江戸前鰻はこしらえる手間がかかる上に、客は何かとやかましいことをいわれる。たいそう面倒な食べ物だった。こんなうまいものを、もっと手軽に食う方法はないか、ということでいろいろな工夫をする人がいたものである。江戸時代に鰻を食べやすくするために考えられた小技なのだが、それが現代の外食文化のさまざまな事物のルーツになった。

まず、テイクアウトの始まりは鰻である。

鰻は食べたいが、どうしても店に行けないことがある。ときに身分をはばかって行けない人もいた。江戸後期の儒学者海保青陵《かいほせいりょう》もその一人だった。この人は「おから鰻」というものを考案する。文化三年（一八〇六）の随筆集『東贐《あずまのはなむけ》』にこう記している。「重箱へ豆腐のからを煎りて、醤油薄あんばいにて入る也。殊の外あつきを尊む也。この重箱を持たせてやりて、鰻のかばやきを此れへ入れ、からにて包ませて取寄れば、甚《はなはだ》宜しき也」。おからを煎って、薄く醤油で味つけし、熱くしたやつを重箱に詰める。それに蒲焼を入れてもってくると熱々が食べられるという寸法だ。今でいうテイクアウトの最初だろう。

次に商品券。これもまた鰻に始まる。

先述の『世のすがた』に、進物用の「うなぎ切手」なるものが出てくる。「先へ価《あたい》を遣《つかわ》し請取《うけとり》の書付を取《とり》、其切手を進物にする事あり、その商人も兼て請取書付を板行して代を書入《かきいれ》て出す、其切手を進物に用ゆ」。つまり先に代価を支払い、受取書付に代を書き入れてとっておき、これを贈答としてつかうというものだ。手数はかかるが、相手の好きなときに蒲焼をご馳走できる寸法である。まさに商品券と同じ仕組みで、大変に便利だが、どこか味気ないところがある。同書は「至極心入の仕方なれども、いかゞなる贈物なり、初は町家計り用ひしが、此程は武家にても用ゆる人もありと聞《きく》、物薄情厚といへるとはうらはらなり」と軽く嘆いている。

丼物も実は鰻からうまれた。

慶応元年（一八六五）の宮川政運《みやがわまさやす》『俗事百工起源』に、「うなぎ飯の始は文化年中、堺町芝居金主大久保今助より始る」と出てくる。この大久保今助という人は後に水戸藩の金庫番となり、かの河内山宗春《こうちやまそうしゅん》に美人局《つつもたせ》をやられて、二〇〇両脅し取られた人として有名になった。もとは農家にうまれ、若い頃江戸に出て商人となり、芝居小屋の金主《きんぬし》というから、支配人のようなものに納まる。

今助は大変な鰻好きなのだが、何しろ金主は忙しいので食べに出られない。取り寄せたのでは焼き冷ましになってしまう。そこで一計を案じて「大きなる丼に飯とうなぎをいっしょに入交ぜ、蓋をなして餁《じん》にて用ひしが、至て風味よろし」。熱い丼飯に鰻をのせて蓋をしたら、よい具合に蒸されてとてもうまかった。周囲の者もみな真似をするようになり、芝居町を中心に大変に流行する。ほどなくして市中の鰻屋の看板に「丼うなぎ飯」が掲げられるようになったという。すなわち丼物の元祖となる。

外食には欠かせない割箸。これもまた鰻料理から考案されている。

鰻丼とセットもので広まった割箸は、最初「引き裂き箸」と呼ばれた。『守貞漫稿』に次のように出てくる。「必ず引き裂き箸を添ふるなり。この箸、文政以来此より、三都ともに始め用ふ。杉の角箸半を割りたり。食するに臨んで裂き分けて、これを用ふ。これ再用せず。浄きを証すなり。しかれどもこの箸、また箸工に返し、丸箸に削ると云ふなり。鰻飯のみにあらず、三都諸食店往々これを用ふ。かへつて名ある貸食店《りょうり》には用ひず。これ元より浄きが故なり」

鰻の脂とタレの染みた飯をいっしょに食べる鰻丼では、箸にべっとりとついた汚れが容易に洗い流せない。そこで使い捨ての箸など綺麗事で良いとよろこばれた。後には各種飲食店に広まったという。ただし、食器に贅をつくす高級料理店ではつかわない。もっともそうした店では鰻丼も出さないのだが。

割箸をつかうのは大衆的な飲食店という棲み分けも当時からあったわけである。

最後に鰻といえば誰でも知っている「土用丑の日」の由来について触れておこう。

夏場は売れ口が悪いと鰻屋から相談を受けた平賀源内は、「本日土用丑の日」と紙に書き、これを店先に貼るようにいう。これが宣伝文句となり鰻屋は大繁盛し、他の店もこれを真似るようになって、土用丑の日に鰻を食べる習慣がうまれた。これとは別に、神田の深川屋からの依頼で大田南畝が「土用丑の日に鰻を食うのは身体に良いぞ」と書いて広めたという説もある。いずれも俗信なのだが、現代人にはキャッチコピーのお手本のように受けとられている。それでまあ、これは宣伝文句の元祖というわけだ。

「土用丑の日」の由来には、この他に神田の鰻屋「春木屋」を元祖とする説がある。これは文政七年（一八二四）に大坂で出版された『江戸買物独案内《かいものひとりあんない》』に出てくるもので、蒲焼の保存法を尋ねられた春木屋善兵衛が、土用子の日・丑の日・寅の日に焼いた鰻を土蔵に密閉して試したところ、丑の日のものだけが色も香りも変わらなかった。暑気にあたらぬものとしてこれを売り出してみたら大いに当たったという。

昭和初期に深川八幡前の鰻屋「宮川」の主人で、文人でもあった宮川曼魚《みやがわまんぎょ》が、春木屋の話を新聞に書いた。すると後日になって春木屋善兵衛の孫という老婦人が訪ねてきて、元祖というのは本当であると語る。

「あるときお出入りの藤堂様お屋敷から、旅に出るときにお持ちになりたいと、大量の蒲焼の注文をいただきました。祖父は子の日、丑の日、寅の日の三日に分けて鰻を焼き、土蔵に貯蔵しておいたところ、丑の日に焼いた鰻だけが、どうしたわけか、色合い、風味とも変わっていなかったそうです。それで丑の日に焼いた鰻を藤堂様にお納めし、お褒めをいただいたと、祖父から聞いております」

以来、春木屋は「土用丑の元祖」の看板を掲げていたという。

天ぷら——南蛮渡来の江戸前料理——

日本古来より油で揚げた料理はあったが、植物性の材料をつかったものは精進揚げとか衣揚げと呼ばれていた。それに対し動物性の材料をつかったもの、とくに江戸前の魚貝をつかったものが天ぷらと呼びならわされる。元来は異国料理として渡来し、それが江戸前と結びついて独自の魚貝料理として完成をみたわけだ。かつて喜劇王チャップリンは「天ぷらは世界的料理である。味も栄養もこれに勝る料理はどこにもない」といって、御座敷天ぷらに舌鼓を打ったと伝えられる。

天ぷらは外国から伝わり、それを吸収して、逆に日本の代表的料理として世界に広められたのである。

天竺からふらりと

天ぷらの由来を考えると、どうしても山東京伝が名づけたという有名な話を避けられない。これは京伝の弟山東京山《きょうざん》が弘化三年(一八四六)に書いた『蜘蛛の糸巻』に、「てんぷらのはじまり」として出てくるものだ。

それによると、天明(一七八一―八九)の初めに大坂の商人利助《りすけ》が馴染みの芸妓と江戸へ駆け落ちしてきた。この利助が江戸で何か商売しようと考えるが、そのときに、大坂では「つけあげ」というものがあり、江戸では胡麻揚げとして辻売りされるが、いまだ魚肉の揚げ物はないことに気づく。これはうまいにちがいないから夜店の辻売りで出したらどうだろうと、山東京伝に相談をもちかけた。京伝先生も

「そいつはいい考えだ。さっそく売んなよ」と勧める。けれども行灯に「魚の胡麻揚」ではどうも語呂が悪い。何かうまい名前をつけてくれませぬかと頼むと、京伝先生、少し考えて後、「天麩羅」と書いてみせる。天麩羅？　はて、これはどういう意味なのか。すると先生は、「足下は今、天竺浪人なり。ぶらりと江戸へ来りて売りはじむる者ゆえ、てんぷらなり。てんは天竺のてん。即揚《あぐ》るなり。ふらに麩羅の二字を用ひたるは、小麦の粉のうすもの（羅）をかくるといふ義なり」

利助はたいそうおもしろがり、行灯をもってきて、京山に天麩羅の文字を書いてもらった。以来、天麩羅の名前も文字も広く世間に行き渡ったというのである。

実はこの話、山東兄弟のちょっとした付会だったのだが、このつくり話に一杯担がれた江戸人は多かった。『江戸名所図会』の著者で江戸町名主の斎藤月岑《げっしん》などはわざわざ調べて、天ぷらの語は安永一〇年（一七八一）の豊竹肥前掾座《とよたけひぜんのじょうざ》の浄瑠璃「むかし唄今物語」に出てくると指摘している。「この辺でも人の知った生揚の権といふ男じゃ、こりゃ天麩羅よ……」というように渾名《あだな》につかわれるほどだから、もっと古くから天ぷらの語があったわけである。

天ぷらの起源

古今の料理研究家たちが天ぷらの起源を調べてみると、それがずいぶん古いもので、どうも外国から伝わったものらしいことがわかっている。

油で揚げる料理ということであれば、ヨーロッパのものか、大陸のものかはわからないが、ともかく奈良時代から平安時代にかけて中国経由で日本に入ってきていた。それも一般料理ではなく、寺方へと伝えられたものだった。生臭物を忌む寺院では、栄養面からも味覚的にも油脂が必要とされる。これが豆腐、野菜、乾物などを材料とする油揚げとして寺方料理に定着していった。それが後に世間に流布して一般料理となったようだ。ただし、これは天ぷらとは別系統の揚げ物の話である。

衣をつけて揚げるものは、いつ頃登場したのかというと、古いところでは、寛政期（一七八九－一八〇一）の写本で伝わる『南蛮料理書』に「てんふらりの仕様」というものがある。

「なにうをなりともせぎり、むぎのこつけ　あぶらにてあげ　そののち　ちやうしのこ　にんにくすりかけ　しるよきやうにして　にしめ申《もうす》なり」

麦の粉をつけて揚げる「てんふらり」はまごうことなき天ぷらだ。この本がいつ書かれたか不詳だが、何しろ江戸時代以前ではあるらしい。

語源についても諸説あるが、ポルトガル語の「テンペラート」（卵を溶くという意。テンペラ画に同じ語源である）、同じくポルトガル語の「テンペロ」（料理するという意味）、スペイン語の「テンプロ」（寺院という意味）などが転訛《てんか》したものといわれる。

どうやら天ぷらは、安土桃山時代に伝わった南蛮料理から派生したらしい。当時日本では、油は灯《とう》明《みょう》用であり、食用とする習慣はなかった。長崎に伝わったとされる天ぷらがどんなものかはっきりとわからないが、大変にハイカラな食べ物だったにちがいない。その頃は主に胡麻油、榧《かや》油などがつかわれたが、ときに南京油（オリーブ油）なども用いたという。

ただ、その頃の天ぷらはコチコチに硬く揚げたフライのようなものだった。今でいえば蕎麦屋の天ぷらがやや硬いが、それよりはるかに硬かったようだ。

家康の命を奪う

コチコチの天ぷらを食べてまいってしまったのが徳川家康だ。家康公は実に慎重で、生活も質素実直を心がけた人として有名だが、全国制覇を成し遂げ、老境にいたったとき、つい油断して食い気に走ってしまったのかもしれない。

『慶長日記』の元和二年（一六一六）正月二十一日、堺の貿易商茶屋《ちゃや》四郎次郎《しろうじろう》は、駿府の家康公を訪れ、京坂のことなど話すなかに、近頃京都ではめずらしい料理が流行っていて、魚を胡麻油で揚げて韮《にら》を擂《す》りかけて食べるのだが、これがなかなかに美味だという。

普段ならば、そんなことに耳を傾けない家康公も、大好物の魚料理であるから、「余は長年贅沢などしてこなかった。そろそろうまいものを食いたいものよ」という気になったか、部下に命じて大鯛、甘鯛を揚げさせて、腹一杯に召された。普段から大食漢ならどうということもないが、平生は質素な食事ばかりしているところへ大量の揚げ物が胃に収まったから、身体のほうで吃驚《びっくり》した。何といっても高齢である。四時間後、突然苦しみ出し、そのまま落命とあいなった。

もっとも家康の死因には異説があって、最近では胃がん説が有力となっている。ただ、家康の時代に食していたのは、江戸前天ぷらとは別物のコチコチの胡麻揚げだったことを、この有名な逸話は伝えてくれる。

江戸前の天ぷら

家康公がふわりと柔らかい天ぷらを口にできたら、まったく将軍冥利につきるものだろうし、あるいは命も落とさなかったかもしれないが、それには一六〇年ほど待たなければならなかった。

江戸前の新鮮な小魚貝をつかった大ぷらが街頭にあらわれるのは、安永の頃（一七七二－八一）とされる。これまた屋台店から始まった。その頃の天ぷらダネというと、アナゴ、ギンポウ、貝柱、ハゼ、キスなどが本寸法だろう。これを竹串に刺してその場で揚げる。ひと串四文だから手軽に何本でも食べられた。当時は天つゆなんて気の利いたものはないから、醬油をつけて食べる。

江戸時代の天ぷら屋はたいてい橋のたもとに出た。それというのも、橋詰は火の用心の意味から、ちょっとした空き地になっているからだ。客は食べた後、汚れた手を橋の欄干になすりつけていったという。

天ぷらは一年を通じて食べられるが、どちらかというと春から秋にかけて旬とするものが多い。アナゴは夏から秋にかけてうまく、とくに羽田沖が良い。ギンポウは三月中旬から四月一杯。船橋の四、五寸（約一二～一五センチ）ものがタネには絶好である。貝柱は船橋、浦安、羽田沖のバカガイが一一月から翌年二月まで楽しめた。高級なタネでは、クルマエビは羽田、船橋を本場とする。春先から夏までを旬としたが、天ぷらにはほぼ一年中つかわれ、とくにマキと呼ばれる大きさ三寸五分から四寸くらいのまだ若いものが最上だ。

これは江戸の話なのだ。今でもそんなふうに天ぷらを食べることができたら、どんなに幸せだろう。

洒落から出た御座敷天ぷら

天ぷらが江戸人の嗜好にうまいこと合って流行をみると、さらに新手を考え出す者が出てくる。両国柳橋の深川亭文吉が始めたといわれる「金ぷら」がそのひとつだ。これは小麦粉の代わりに蕎麦粉をつかう。普通の天ぷらにくらべて衣の色が黒っぽい。変わった風味が楽しめるというので一時的流行をみた。その後、廃って消えてしまった調理法なのだが、現代になって「金」にとらわれて、衣に卵黄のみをつかった「金ぷら」や卵白のみの「銀ぷら」などが登場している。しかし、本来は全然ちがうものなのだ。

狂笑連という趣味人の会を催した福井扇夫《せんぷ》という人は、出揚《であげ》つまり出張天ぷらを始めた。文久三年(一八六三)の『江戸小咄』に「せんぷら」の名で出てくる。「そのわざ一時に行はれて、世の通俗せんぷらを味はざるものなく、こゝに於て扇夫の名ほとんど高し。世俗称《たた》へて大名てんぷらと呼ぶ」。そこに黒塗りの箱の上に油鍋と衣用の小麦粉碗をのせ、かたわらに天ぷらダネを置いて、職人が鎮座している挿図が加えられている(図8-4)。

扇夫が本当に出揚をおこなっていたのか、それともお笑い仲間への洒落として「大名天ぷら」なるものを図入りで出版したのかはわからない。あるいはやってはみたけれど、うまくいかなかったのかもしれない。だが、ともかくこの洒落めいた扇夫のアイデアが明治時代以降に御座敷天ぷらとして大流行をみる。そういう意味で先覚者といえるかもしれない。

明治の天ぷら専門店では銀座の「天金」と新橋の「橋善」がしのぎを削った。天金は毎朝魚河岸に入荷するクルマエビの実に七割を優先的に選択する権利をもったという。一方の橋善はアナゴの優先権を獲得した。両店はまだしも大衆店ではあったが、かれらに倣った天ぷら専門店が「御座敷天ぷら」と称して、高級なしつらえをほどこした店が乱立してくると、天ぷらは次第に高級化していく。もはや庶民が手軽に食べるものでなくなった頃には、江戸前のタネも減って、遠海物をつかうようになり、天ぷらの人気も一時的に下火となった。

図8-4　出張天ぷらの職人

本山荻舟『飲食事典』（平凡社）

「すし──伝統食のコペルニクス的転回──」

すしには「鮓」、「鮨」、「寿司」の字が当てられる。読みは同じすしであっても意味合いはそれぞれちがう。

「鮓」というのは米飯を発酵材料として、そこにフナやアユなどを漬けた発酵保存食をいう。すしはもともと時間と手間をかけてつくった魚の漬物のようなもの。酸っぱいから「鮓」なのだ。その発想を逆手にとり、とれたての江戸前を酢で洗い、飯にも酢を加えて、新鮮な魚を綺麗事で生食するにぎり鮨がうまれる。これが「鮨」だ。江戸っ子は何事にも縁起を担ぐ。すし屋は屋号に「寿司」と当て字して客をよろこばせた。

保存食から生食へ──江戸前ずしは伝統食のコペルニクス的転回によってうまれた料理である。

日本最古のすし

瀬戸内海に「みさご」という伝説がある。

そのむかし淡路島に住んでいた老夫婦が、巣をつくっている鶚《みさご》を見つけた。こりゃかわいいナと思い、心優しい老夫婦は巣のなかに余った飯を入れてやったのである。「ほうら、お食べ」。ところが鶚は飯には見向きもしない。その代わり、なぜか海から魚をせっせととってきては、巣に置いていく。いったい何をしているのだろう。

「そうだ。これは餌をもらったお礼に置いていってくれたにちがいない」と、ずいぶんと勝手な見当をつけたものだが、この夫婦はあろうことか巣のなかの魚を持ち帰って食べてみたのだ。すると、これが実にうまい。何とも独特の風味がする。どうやら飯の上に魚を置くと何かの原因でうまくなるらしい――つまり米の発酵力というわけだ――ということから、真似して食べるようになった。これがすしの始まりという。

つまり、鶚は巣のなかでせっせとすしをこしらえていたのである。日本最初のすし職人というわけだ。まあ、実際にこんな話はありえないのだが、明治時代には「みさご」といえばすしの代名詞で、全国各地に「みさご寿司」がつくられたことからも、この伝説はけっこう浸透していたようだ。

すしの始め

最初にすしをつくったのが鳥だとして、では、人間のつくったすしはいつから始まったかというと、これが中国の後漢時代というから、ざっと二〇〇〇年前のことになる。その頃、米の醸造によってたんぱく質を変質させる技術が中国であみだされた。これは魚の腹を切って飯を詰め、上から重しをして長期間おく。やがて飯の発酵によって、魚の味が良くなる、においも相当なものだが、濃厚な味わいとなるのだ。中国ではこれを鮓《サ》といい、保存食として用いた。つまりすしのことである。何も大昔の中国にすし屋があって「へい、らっしゃい」といったわけではないが、一五世紀頃の明代になると、握った飯に鮓をのせて食べるのが祝祭食だったというから、日本のすしにかなり近いものはあったようだ。

いずれにしろ、最初のすしは米の発酵によって魚を保存させる技術だったのだ。そのとき魚は酸味を帯びる。だから、鮓と書いてすしと読むのが、どうやら正しい。酸っぱいから鮓。したがって熟れずしが、最もすしの原型に近いといえる。

早ずしの登場

熟れずしは貴重な米を食べずに魚だけ食べるという贅沢なものであり、つくるにもとても手間がかかる。数ヶ月から数年も熟成させるのだから大変だ。もう少し早くつくれないものだろうか。そこで生熟《なまなれ》れというものが工夫される。魚の腹を開いて、飯を詰めて重しをかける。やり方はいっしょだが、一ヶ月足らずの熟成にとどめておく。これなら飯もいっしょに食べられる。江戸時代半ばまで、すしといえばこの生熟れが主流だった。

ところが、江戸では外食が盛んになるにつれて、手っ取り早く食べられるものが、とにかくもてはやされるようになる。短気な江戸っ子には生熟れなんてじれったい。もっと手軽にすしが食えないものか、ということで登場するのが早ずしである。これは飯に酢を加えて、つまり酢飯をつくってこれに魚を一夜漬けする。別名、「一夜鮓」とも呼ばれた。こうなるともはや保存食ではなく、魚と米をなじませた味を楽しむ代物である。

早ずしの考案者は、宝暦年間（一七五一－六四）に京都から江戸にきた幕医松本善甫《まつもとよしいち》とされる。この一夜漬けの手法をあみだして、一〇〇石の禄を賜ったというが本当だろうか。貞享年間（一六八四－八八）には、四谷に近江屋と駿河屋という二軒の早ずしの店ができる。これが江戸におけるすし屋の最初で、両店ともに繁盛してから後、江戸市中にすし屋が続々と登場するようになった。

手品のすし

すしはいかにも江戸前を代表する食べ物と考えがちだが、にぎり鮨の登場となると江戸時代も四分の三ほど過ぎた文政年間（一八一八－三〇）のこととなる。これは一般的に華屋与兵衛の創始となっている（深川の「松がずし」という説もある）。与兵衛は数々の変わりずしを創案した人と伝えられるが、そのひとつである「にぎり鮨」が大変な評判を呼んだ。何でもその場ですしができるらしい。それも変な手つきでさっとつくるそうだ。その手際をみようと見物客が押し寄せ、客のほうがすし詰めとなる。

その頃の川柳に「鮓のめし妖術という身でにぎり（柳多留一〇八）」というのがある。すしを握る与兵衛の仕草が妖術使いのようにみえたという。また、手品のすしだと噂された。与兵衛はあらかじめ魚に下ごしらえをしておき、これを酢飯にのせる。醤油につけなくても、そのまま食べられる工夫だ。山葵をタネと酢飯のあいだにはさむのも与兵衛の考案である。また、すしは二貫で提供されることが多いが、これも与兵衛の工夫だ。江戸時代にはすし一貫がとても大きかった（デカネタではない）。これを食べやすいように二つに分けて出したのだといわれる。

後に与兵衛は本所に店を構えるが、そこのすしは高いことで有名だった。一貫が三匁とか五匁もする（銀一匁＝約一〇〇〇円）。そのため天保の改革で奢侈禁止に引っかかり（一説にアナゴずしの考案がいけなかったという）、他の二〇〇人以上のすし職人とともに手鎖《てぐさり》に処されている。

江戸前ずしの食べ方

江戸前のにぎり鮨は、江戸前の海からとれたての魚貝をつかって、その場でつくってくれる。待たずに食べられるのがうれしい。すし屋は各町内に一、二軒は必ずあって、ちょいと小腹を満たせるので、江戸っ子は毎日のように足を運んだ。多くが屋台店であり、今のすし屋とちょっと風情もちがう。ひとつ江戸人になったつもりでのぞいてみよう。

すし屋の屋台には必ず暖簾がかかっている。暖簾の端の部分はちょっと汚れていて、これがそのすし屋の評判を知るポイントとなっていた。暖簾が汚れているほど人気店なのである。これをくぐって店の前に立つと、その日のすしダネが目の前の箱に並べられている。さっそく目を泳がせて何を食べるか考えていると、そこに店主が大きめの湯呑茶碗に茶を注いで差し出してくれた。

すしダネはコハダ、シラウオ、マキエビ、ハマグリ、玉子巻など。シラウオは五、六樗蒲《ちょぼ》をすし飯にのせて干瓢《かんぴょう》で巻いてある。玉子巻のシャリは海苔などを刻んで混ぜた。一貫が四文から八文。玉子巻は一六文だ。一個の大きさは今のすしダネの二倍ほどだろうか。にぎり飯に魚をのせたような重量級である（図8－5）。

コハダを注文すると、店主はさっさと握る。最後に醤油をひと刷毛ぬってつけ台に。これをおもむろに口に運ぶのだが、大きいから飯粒を落とさないように気をつけよう。江戸っ子のたしなみだ。何もひと口で食べなくてもいい。というよりもひと口なんて無理だ。魚をうまく嚙み切れないで口からこぼすなどは、まったく無様なので、気をひきしめてかかる。それにしても無愛想な店主だ。江戸中のすし屋は皆しかめっ面をしているのではないか。まあ、店主を食いにきたわけじゃないから、気にせずに次の注文をしよう。

おや、アナゴを頼んだら店主の目が動いた。これは自信があるとみた。そのツメに子細あり……か。

これは「んまいっ」。今日の当たり狂言だ。

さて、三つ目を頼むような野暮はしない。さっさと食って長居しないのが江戸前だ。お代の一二文をそこに置いて、残ったお茶で指をすすぐ。それを暖簾の端で拭く。それがすし屋への礼儀だ。「うまかったよ」という江戸っ子流の挨拶なのである。

もしも文化文政期（一八〇一－三〇）の魚食文化の花開いた江戸に住むことができたなら、毎日こんなふうに食事を楽しむことができたのだ。

図8-5　江戸前のにぎり鮨

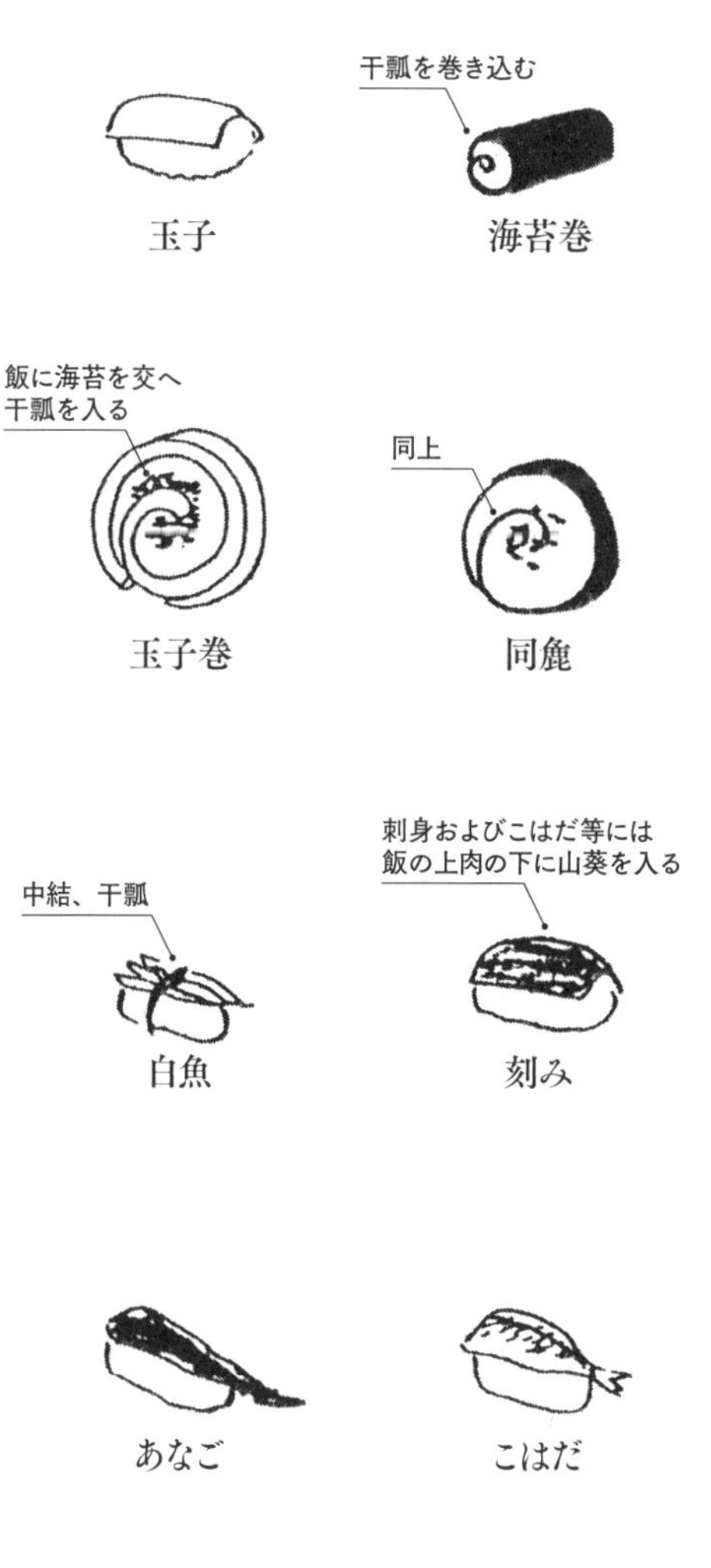

『近世風俗志（五）』（岩波文庫）

第九章

楽しみと畏怖、江戸人の水辺空間

この章は水辺の行楽や水難事故、魚の怪異、海の信仰や祭事など、魚食文化とは関係なさそうでいて、実は魚と縁の深い江戸ならではの習俗をひとまとめにした。

ここまで海や川での生業を中心にみてきたが、江戸の水辺はまた人々が憩い楽しむ場所でもあったのだ。人々は釣りに興じ、潮干狩りにうかれ、舟遊びに時を忘れる。海や川は四季おりおりの身近な行楽地となった。しかし、一見のどかな水面が突然牙をむくことがある。江戸の人々を襲った水難は数知れない。だから江戸沿岸に伝わる海難除けの祭事もより切実なものだったのかもしれない。江戸の人々は海神の存在を信じ、水の底に得体の知れないものを感じた。ときには普段食べ慣れた魚ですら異界からの使者となった。殺生に対する報いは怪異譚となって巷をめぐる。因果話がまことしやかに語られた時代、江戸人は水辺に我々とはまったくちがったものをみていたのだろう。

水辺に遊ぶ

江戸時代には釣り、潮干狩り、舟遊びなど水辺の遊びが流行している。これらはいずれも古来よりあったもので、釣りは縄文時代から食料採取の手段だし、潮干狩りは桃の節句の磯遊びとして奈良時代に始まるといわれ、舟遊びも平安貴族の雅《みやび》な遊びだった。しかし、一般庶民が広く興じるようになるのは江戸時代のことである。江戸の日常が海や川にいたるまで、いかに平和だったのかを物語っている。

釣り

江戸人が貴賤を問わず趣味としたものに釣りがある。初めは武士の余暇の楽しみであったのが、次第に町人層にも広がっていった。とくに幕末にかけて大変に盛んにおこなわれている。

江戸では磯釣りと陸《おか》釣りのいずれも楽しめた。江戸前海から隅田川河口、市中に入り込む河川などで、場所に応じた釣りができる。獲物はキス、ハゼ、カイズ、カレイ、イカ、ウナギ、フナなど。縦横に堀割をめぐらす本所、深川では秋の彼岸からのハゼ釣り、寒中にはタナゴ釣りというように、季節ごとに釣り人の興じる姿がみられた。本所、深川、築地、鉄砲洲などの河岸には船宿が並び、船頭付きの釣り舟に二人、三人と乗り組んで沖釣りにも出かけていく。

江戸中期以降、多くの釣り書が出版されている。なかでも吉良上野介の女婿《むすめむこ》である津軽采女正《つがるうねめのしょう》が享保期(一七一六―三六)に著した『何羨録《かせんろく》』はその最初のものだろう。釣り場、竿、針、釣り糸、錘《おもり》、餌について詳細に記されている。その後の釣り書は少なからずこの『何羨録』を下敷きにしていた。津軽釆女正は五代将軍徳川綱吉の御小姓をつとめた人だが、足の怪我で辞職してから四〇年余りを閑居に過ごす。そのあいだに悠々逍遥と糸を垂れつつ、大著をまとめたのだろう。

さて、三田村鳶魚氏の随筆「釣」のなかに「諸釣時釣場按内」というのが載っている。江戸時代中期の釣りの様子がわかるので引用してみよう。

鮒《ふな》——春の彼岸より。尤《もっと》も彼岸に限らず水暖まり水垢浮かむ節、鮒、たなご、くひ（食い）はじむる也。

鱚《きす》——八十八夜より。東中川出洲辺は五月末。通りさゝ澪《みよ》辺は六月中、とも釣、流し釣、立込釣をする也。但し、とも釣といふは舟のおもてを繋ぎ、ともの方へ出、手棹いっぱいに抛《な》げ出し釣る也。二人ならでは釣り難し。但し、一人は尚よし。物音のせぬやう静に釣るべし。

鰻《うなぎ》——鰻釣は鮒同様。鯰《なまず》は少し遅し。鮒くひ出し、二〇日ほど過ぎ釣れるなり。

おぼこ——五月中よりおぼこ釣れる也。はじめ餌につかざるもの也。其節はごかいにて釣る也。くひ出し、岡餌と替えべし。別に捨竿といふて、大きなる針にごかいを沢山かけて、うけおくべし。其まわりにて岡餌にて釣りだす也。あやまりて釣落したる時、出し竿あれば「いな（鯔）」ちらず。

鯊魚《はぜ》——前釣りは六月の中よりよし。出来はぜは今だ細く、八月、九月、沖釣尤よし。西風強く吹たる後、はぜ沖へかたまる也。其節手釣にて深みを釣る也。前川、三枚洲おもにくひよし。本所、深川の仁は、沖にても棹にて釣るなり。

根釣《ねづり》――江戸前は九ヶ所。大師川原新根、神奈川の根、いずれも昔石船の沈みたる所。年月たて海草はへ候。それにきす、あいなめ、かれい、もうお、ふぐ、色々の魚つく也。是を釣るには三月中より八九月迄よし。春は神奈川まで日返りになる也。冬は一晩泊りならでは参り難し。

かいづ――五月中より。鉄砲洲石垣。七月高輪、秋は品川ひゞにて。

せいご――中川は七月節くひ出す。永代八月頃まで。又水垢付たるもと船の掛りよろしく、中川は棹釣、永代に手釣也。

鯖《さば》、鰺《あぢ》――浮き魚にて、中針にて釣れる也。雨降らず、水かれ、水に垢満つきたる時、とも餌にて釣れるもの也。

かれい、ごさいかれい――七月より十月迄。永代橋、佃島渡場近所にて。手釣にくふ也。

穴子《あなご》――八九月頃闇の夜よし。月ある度はくひ悪しく候。

烏賊《いか》――三、四月の頃よし。是は二才を釣る也。八九月尤もよし。

河豚《ふぐ》――餌はこのしろ。四月中の頃よし。

手長海老《てながえび》――五月の節よし。

縄釣《なわづり》――春縄は三月也。五月おぼこ縄。五月夜縄、赤えびを釣る也。かれいは六月の節にいりて、夜入り込む也。鰻縄は本所川、中川、高輪、築地の川、尤もよし。春の彼岸より霜月頃まで也。夏の内は別してよろしく。せいご縄は中川、佃島辺、永代橋迄の内よろしく。はぜ縄は八月より十二月初迄也。

突き――春彼岸よりかれいすに上ル也。六月の節まで、殊の外よし。九月迄よろし。

鯰《なまず》――たゝき釣、本所木場辺也。夜にいり、蛙を糸にしばり、竹にゆひ付け、川の縁通りを叩き、蛙のおのれと飛ぶやうに打ちていく也。鯰下より出て喰ひつくを釣上げる也。節五月より八

潮干狩り

潮干狩りは古くから親しまれた水遊びで、万葉集に「難波潟潮干《なにわがたしおひ》に出でて玉藻《たまも》刈る海未通女《あまおとめ》ども汝《な》が名告《なの》らさね（巻九　一七二六）」の歌をみることができる。もとは雛祭りに磯遊びをして穢《けが》れをきよめる祓《はら》いの行事が後に行楽に変じたという。

三月三日の雛祭りは旧暦でいう大潮で、日中に潮が引く。江戸の海も眼前に干潟が広がり、日頃海中にある場所にも歩いていけて、長い時間とどまることができた。江戸の人々がこぞって出かけ、着物の裾をまくり、潮干狩りを楽しむ風情は、錦絵などにも多く描かれている。

斎藤月岑《げっしん》が天保九年（一八三八）に著した『東都歳時記』の三月三日に、「芝浦・高輪・品川沖・佃島沖・深川洲崎・中川の沖、早旦より船に乗りてはるかの沖に至る。卯の刻過（午前六時頃）より引始《ひきはじめ》て、午の半刻（午後一時頃）には海底陸地と変す。ここにおりたちて蠣蛤《かきはまぐり》を拾ひ、砂中のひらめをふみ、引残りたる浅汐に小魚を得て宴を催せり」とある（図9－1）。

年に一度の行楽となれば、町内の衆が集って舟を仕立てて出かける。近所なら徒歩で行くこともできた。深川洲崎は土手伝いに行けば、遠浅の辺まで干潟があらわとなる。佃の潮干狩りには臨時の渡し船

図9-1　江戸名所図会「品川汐干」

国立国会図書館蔵

も出た。獲物はアサリ、ハマグリ、シオフキなどの貝類。他にヒラメやカレイなど思わぬ収穫にあずかることもある。

俳人宝井其角《きかく》の句に「親にらむ平目を踏まん汐干かな」というのがある。たまたま砂中にかくれているヒラメを踏んづけて、それを捕まえることがあった。たいてい稚魚なので大きくはない。干潟の砂中にはヒラメのような底魚が多く潜んでいる。葛西に伝わるイサリ漁はそうした砂中の獲物をねらって刺突具で突き流すものだ。

ところで、潮干狩りは由緒正しき行楽であるから、一般庶民のみならず良家のお嬢様、お屋敷のお姫様もお供連れで訪れる。普段お目にかかれないお嬢様、お姫様の綺麗な姿を拝めるというので、それを目当てに江戸っ子らは足を運んだ。そこで恋が芽生え、運命に翻弄される男女の情愛を描くのが歌舞伎「与《よ》話《わ》情《なさけ》浮名《うきなの》横《よこ》櫛《ぐし》」である。死んだはずのお富さんと切られ与三《よさ》との馴れ初めが木更津の潮干狩りという筋書きだ。劇中ではお富の美しさに見惚《みと》れた与三郎が手にした羽織をはらりと落とす。この羽織落としの所作にわくわくする江戸の人々にとって、潮干狩りは少しだけ心弾む行事でもあった。

舟遊び

金持ちの贅沢に舟遊びがある。もとは大名が屋形船を仕立て、遊女と酒を酌み、納涼したのものだが、元禄の頃には羽振りを利かせる町人らも、盛んに舟遊びに興じるようになった。武家の乗る屋形船は屋根付きの大型船で、障子をしつらえた豪奢なつくりのもの。一方、町人らはずっと小型の屋根舟に乗る。これは舟に小部屋をのせたもので、障子ではなく簾《すだれ》や蔀《しとみ》を下げたしつらえだ。

さて、夏ともなれば隅田川には数多くの涼舟《すずみぶね》が浮かぶ。舟は御蔵前から隅田川の分かれる三股《みつまた》までを上り下りした。水上の御座敷よろしく鳴り物も賑やかに、夕景の水面にいくつもの灯影が映える。その横を吉原目指す猪牙舟《ちょきぶね》が過ぎていく。水上のタクシーのようなものである。柳橋あたりから芸者、幇間《たいこもち》をあげて遊郭《なか》にくり出すなどは、まことに贅をきわめた遊びだった（図9－2）。

涼舟のあいだを縫うように、酒や餅、西瓜や玉蜀黍《とうもろこし》などをひさぐ売船《ばいせん》が漕ぎ回る。大坂の淀川名物に「くらわんか舟」というのがあるが、江戸ではこの売船を「うろうろ舟（売ろう舟）」と呼んだ。

「花火舟」も通る。花火の売船で、客の求めに応じて、どーんと夜空に打ち上げた。其角に「一両が花火間もなき光かな」の句があるが、景気よく上げれば一両が三両、五両でも済まない。花火はもともと舟遊びの大尽気分で打ち上げた自前花火に始まる。宝暦の頃（一七五一－六四）には船宿や料理屋が人寄

図9-2　江戸名所図会「新大橋三派（みつまた）」

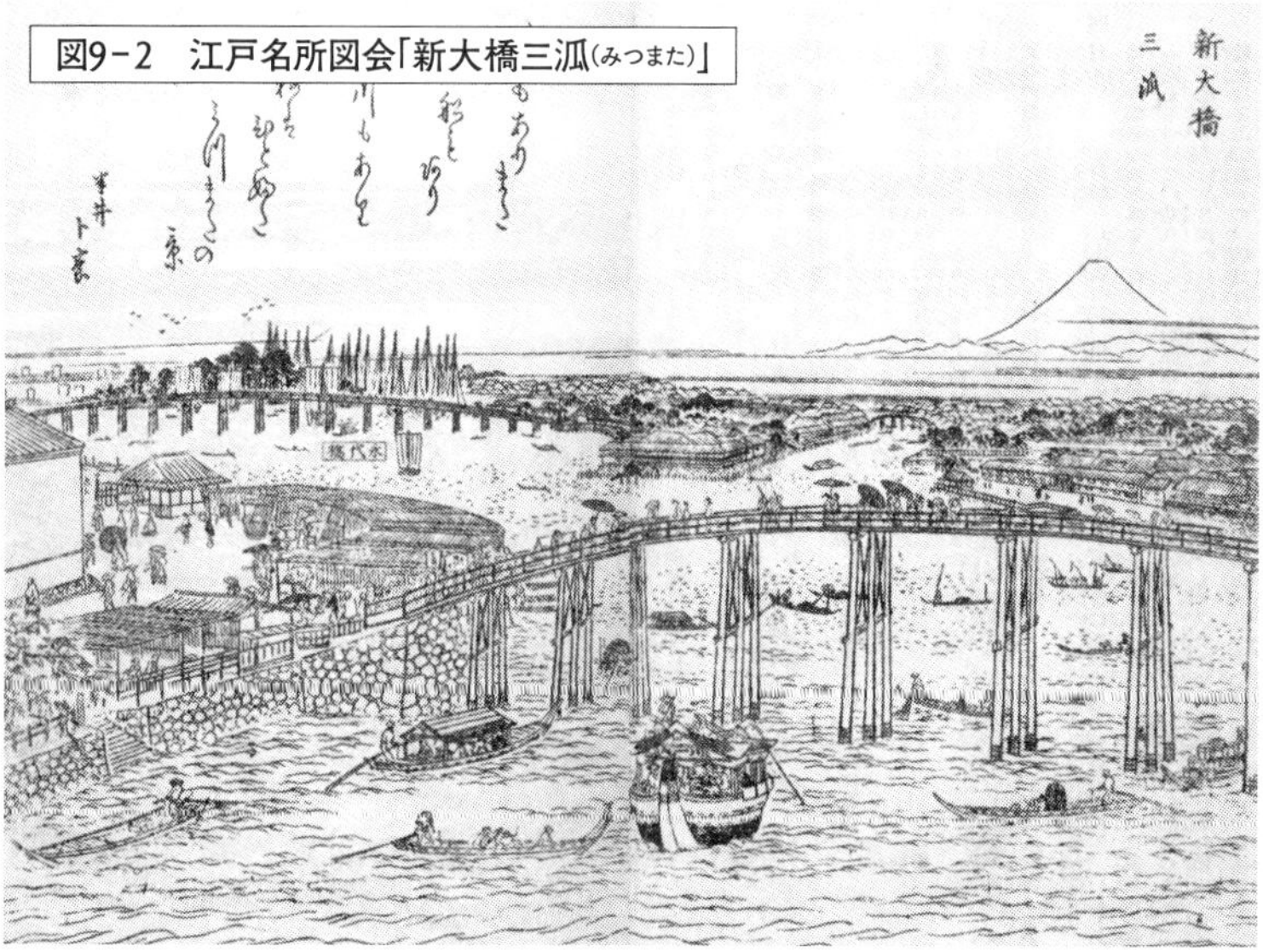

中央に屋形船、その左側に猪牙舟、屋根舟がみえる。　国立国会図書館蔵

せの出し合い花火（有志が資金を出し合って催す花火）をおこなうようになった。江戸で両国の川開きが恒例化したが、これは享保一七年（一七三二）に、西日本に大飢饉があり、江戸ではコロリ（コレラ）が流行して、多数の死者を出したため、その慰霊と悪病祓いの意を込めて、花火を打ち上げたのが最初であるという。

ガヤガヤと騒がしい舟遊びは、江戸中期を盛りとして、その後は幕府のたびたびの禁令によって下火となっていく。江戸の末から明治にかけて、のんびりと水に漂う風雅を楽しむ向きが増えていった。噺家の三代目桂三木助師の十八番《おはこ》に「芝浜」があるが、その唯一残された録音には、舟遊びののどかな様子がマクラで振られている。

「……舟のほうときますとのんびりとしまして、一杯召し上がる方が二、三人で舟へお乗りンなりまして、差し向かいでこう、盃をやったりとったりしながら、亀戸の梅の噂でもしたりしているうちに、だんだん舟がこう、上手へのぼっていくなんてぇのは、何かのどかな風景ですな。

船頭さんのほうもよく心得ております。あっ、この人ぁ筋の通ったお客だなっと思うと、舟の艫《とも》のところぃ小さな四つ手網をかけて、それでこのぉ漕いでいるうちにいつかこの四つ手の中にシラウオが入ります。頃合いをみて『お客様、魚がとれましたよ』と、こう声をかけてくれます……『あいよっ』てんでこう、盃洗《はいせん》（杯をすすぐ器……引用者注）を出してやりますと、その活きているシラウオを盃洗のなかへ泳がしてくれます。これを箸でつまんで、ちょいとお下地のなかへ入れますと、シラウオはまあ、水と下地の区別がよくつかないらしいんですな。ですからこれをパクと飲んじまう。うー、シラウオの中にず～っと下地が入っていくのが透き通って見えるんだそうですな。きれいなもんですね。これを箸でつまんで口ンなかへ入れまして、ちょいとこう前歯で嚙みますと、いい具合にお下地が口ンなかへ広がりましてね、おいしいんだそうですな……」

かつての隅田川の情景をたたえて、きれいな画を眺めるようではないか。

遭難する江戸っ子

賑やかな遊びも風雅に親しむにも、水辺は江戸人の憩いの空間であった。ところが、それが突然の異変によって打ち破られることがある。とくに急な天候の変化は危ない。

江戸の釣り師黒田五柳《ごりゅう》が天保一三年（一八四二）頃に著した『釣客《ちょうかく》伝』に「江戸前内海の風の名」として江戸前に吹く風の種類が挙げられている。

「北——北風なり。魚に吉」、「ならい——北西より吹出し。魚に吉」、「南——船頭は下の風という也。魚に吉」、「さが——富士南間より吹出し。魚に悪」、「下総東風《こち》——東北間より吹出し。風雨をもたらし魚に悪」、「こち——東風。せいご釣には吉。ほかは悪」、「西——西風。魚に悪」、「筑波ならい——東風の類にて魚に悪し。下総東風と少し違ふ」、「いなさ——南東の間より吹出し。素人は辰巳といふ。魚に先ず悪」、「そのほか霾切の風、または山々晴れたるは多分風」

風の具合から釣りの良し悪しを計るのだが、なお注意しなければならないものに早手風《はやて》というのがあった。舟を転覆させかねない、突然の嵐である。

「亦《また》、早手風といへども、急に吹出すことあらず。空に風印あり。ふん出し雲、亦蝶々雲の類なり。雨の上り風多し」——船頭はよく知っていて、空模様が怪しければ舟を出さない。だが、「空に風なくして吹くことなし」と心得て、安心して出航すると、急な災難に見舞われることもあった。

落語に「佃島」というのがある。

天気が良いので友と連れだって、お台場沖へ海釣りに出かける。あまり釣れるので夢中になっていると、にわかに空が曇って、嵐になってしまった。激しい風雨に昼となく夜となくさらされて、舟はどこかの浜辺に打ち上げられる。周囲を見回すと、赤黒い肌をして目が光り、筒っぽうを着た人間が歩いている。もしかしたら南の島に流されたのかもしれない。人を呼びとめ、「私たちは、日本人。わかりますか？　ここはいったい何という国ですか？」と聞くと、相手はけげんな顔をして、「何だ、べらぼうめ。ここは佃島だ」。

佃島が江戸人に異郷を思わせる土地であることが噺を際立たせている。一気に落《さ》げるところなど落語らしい。ところが、これと似た話が本当にあった。科学ジャーナリストの長辻象平氏の労作『江戸釣魚大全』(平凡社・一九九六)に、江戸前海で屋根舟が遭難する話が紹介されている。出典は松浦静山《まつらせいざん》の『甲子夜話《かっしやわ》』である。

上野輪王子の近習をつとめる二人の者が深川の妓楼に遊ぶ。ちょうど雪が降り積もったので隅田の雪見でもしようと、芸妓二、三人を乗せて舟を出した。横渠《よこぼり》を過ぎて大川に入り、流れをさかのぼっていくと、雪はますます降ってくる。しばらく屋根の蔀《しとみ》を下ろして、絃歌、藤八拳《とうはちけん》などの御座敷遊びに興じていたが、いっこうに目的地に着かない。不審に思って蔀を上げてみると、いつのまにか舟は渺茫《びょうぼう》たる大海原にいる。そこがどこかもわからない。一同慌てて顔色をなくし、芸妓たちは泣きじゃくった。船頭は雪に凍えて水に落ちたのだろうか。姿がみえない。もうどうしてよいかわからず、かといって何もせずにおられないので、皆で必死に櫓を漕いだ。すると長時間苦労を重ねた末に、何とか舟を陸地に着けることができた。これは船頭が溺死して漕ぎ手の失われた舟が、北風に吹かれ、引き潮に引かれるままに、品川の海上に漂流したのである。後でよくみれば、着岸したのは、深川からほど近い行徳の海岸であった――というものだ。

水難をもたらすのは荒天ばかりではない。遊山が盛んになると、行楽地にどっとくり出す人波が思わぬ災厄を招くことがある。明和六年(一七六九)三月四日、佃島で潮干狩り客を満載した渡し船が大風にあおられて転覆し、乗り合わせた三〇余名は水中へ投げ出され、残らず溺死した。普段はすいた渡し船が行楽シーズンに客を満載して、とんだ事故を引き起こしたのである。佃の渡し船は、佃祭りのときにも神輿が隅田川にくり込んでいくクライマックスをみようと、見物客が船に群がった。しかも下りずに何回も往復したために、転覆こそまぬがれたが、つねに危険な状態だったという。

さて、佃祭りに限らず江戸っ子は祭りに熱狂的だ。その三度の飯よりも好きな祭礼が自粛の憂き目に遭ったことがある。松平定信の寛政の改革が断行され、奢侈禁止によって祭礼に金がかけられなくなって、江戸の町から賑やかな祭りがすっかり姿を消してしまったのだ。江戸っ子のフラストレーションはいかばかりだったろう。だから定信の老中失脚によって規制が解かれ、祭りが復活したときに、長いあいだ抑えつけられていた反動から、かれらのよろこびが爆発した。しかし、その感情の発露が永代橋落橋という大惨事を呼んでしまったのである。

江戸三大祭りに数えられた深川富岡八幡の祭礼は、文化四年（一八〇七）八月一九日、一二年ぶりの執行となり、再開をよろこぶ江戸っ子がどっとくり出した。江戸から深川へ向かう永代橋の上は押しかけた群衆で真っ黒になったという。おりしもその日は一一代将軍家斉《いえなり》の弟である一橋斉敦卿《ひとつばしなりあつ》の船が御通航というので、警護の者が「片寄れ」と見物人を制していた。それが無事御通過となり、規制が解かれたために、足止めされていた群衆が隅田川の両岸から一斉に永代橋になだれ込む。これが橋の真ん中で揉み合った。その拍子にメリメリと橋脚が折れて、永代橋は中央から崩落を始める。壊れた欄干から人々が次々と落下していく。踏みとどまろうにも橋の両側から群衆が押し寄せてくるので、誰もがなすすべもなく折り重なりながら落ち続けた。その刹那、橋から上空へ向かって霞が立ち昇るのが上流の両国橋からもみられたという。群衆の断末魔が形となってあらわれたのだろうと滝沢馬琴は随筆集『兎園小説余録』に記した。

死者一五〇〇人にのぼる歴史上最悪の落橋事故を、大田南畝は次のような狂歌にあらわしている。

「永代と　かけたる橋は　落ちにけり　きょうは祭礼　あすは葬礼」

橋の老朽化が事故を招いたともいわれるが、やはりこれは群衆の熱狂によって引き起こされた惨劇だろう。

異界の水際

江戸人は水辺に遊び、うまい魚に舌鼓を打ちながら、一方で水辺に得体の知れないものの存在を感じ、魚食に殺生の報いを信じた。不思議なこと、奇妙な噂が、普通に信じられた江戸時代、水辺や魚が、ときに人々を異界へと誘う入口となった。

たぶらかされて

正岡子規の俳句に「朧月《おぼろづき》狐に魚を取られけり」というのがある。狐に魚をとられるとはどういうことか。現代人にはピンとこないが、明治の人ならこの句で、ははあと了解をしたのだ。難に遭うのは釣り人である。夜釣りに出かけて狐にたぶらかされ、魚をとられることがよくあったのだ。江戸後期の国学者津村淙庵《そうあん》の見聞集『譚海《たんかい》』にこんな話が出てくる。ときは寛政の頃（一七八九－一八〇一）、場所は深川十万坪である。

……江戸の十万坪は潮入りの川が多く、秋になると海から多くの魚がのぼってくるので、良い釣り場となっていた。ある人が同僚と一日遊び、たくさん魚をとった帰り道。舟が橋の下にかかると、橋の上に奴《やっこ》がいて、こちらに小便をかけようとする。何と無礼な。舟を岸に着けて追いかけようとするが、もう姿はみえない。また舟を進ませると、次の橋にもその奴が立っている。今度こそ逃さぬと追うが、やはり捕まらない。舟に戻ったら籠のなかの魚が残らずなくなっていた……。

埋立地の十万坪は一面が潮入りの草原で、人家もなく寂しい土地である。狐が化かすのにうってつけの場所で、釣り人はよく魚をとられたという。そこで釣った魚に唾を吐きかけると、狐につまれないという言い伝えもあった。

江戸の夜は暗く、いかなる不可思議も起こり得た。狐につままれるなど日常茶飯事のこととして語られたのであろう。

すっぽんと鰻

江戸後期の歌人伴蒿蹊《ばんこうけい》の随筆集『閑田耕筆《かんでんこうひつ》』（一八〇一）にこんな話が出てくる。

すっぽん屋に三人連れが料理を食いにいった。門口へ入るなり、そのうちの一人が「おれは食わない」と踵《きびす》を返してしまう。他の二人もそれに応じて引き返した。三人ともすっかり顔色が変わっている。しばらく黙って歩いていたが、そのうちの一人が最初に帰ろうといった者に、先刻はなぜ急に気が変わったのだと問うた。すると男は身震いしながらいう。

「おれがあの家に入ると、帳場のわきに大きなすっぽんが炬燵《こたつ》に寄りかかっていた。おやと思って、よくみると、それはすっぽんではなくて店の亭主だ。思わずぞっとして、すっぽんなど食う気になれなかったのだ」

それを聞いた二人とも頷《うなず》いて、実は我々も同じものをみた。お前がよそうといったのを幸いとすぐにいっしょに出たのだ、といった。

三人はその後ずっとすっぽんを食わなかったという。

魚を食べることは殺生と結びつく。生臭物《なまぐさ》は仏事で敬遠されるばかりでなく、日常においても口にすることを戒めた時代がある。江戸時代には魚食への抵抗はすっかり薄らいだが、ときとして後ろめたい何かが頭をもたげてくるのだ。

自分の生命を養うために、他の命を「いただきます」と感謝を述べて食べるのが日本人の美徳のようにいわれる。だが、「いただきます」も「ごちそうさま」も明治時代以降の道徳教育で推奨されたものだ。卓袱台《ちゃぶだい》の登場で家族が卓を囲んで食事をする団欒スタイルの定着とともに普遍化した食事作法である。少なくとも江戸人は「いただきます」とはいわなかった。感謝の気持ちはあっただろうが、それよりも殺生をして食べることに対する畏怖や憐れみを身に染みて感じたのである。そして、その報いを受けねばならないのは、残酷な調理をおこなう料理人である。すっぽん料理は首を落とす残酷さから怪談話の種になったが、生きたまま割く鰻料理にも恐ろしげな逸話がついて回った。

江戸後期の本草学者佐藤中陵《ちゅうりょう》の随筆集『中陵漫録《まんろく》』（一八二六）に「鰻鱺《うなぎ》の奇話」というのがある。江戸の麻布で古くから鰻屋を営む男が、ある日、気がふれた。まな板の上に横たわり、包丁を自分の喉に突き立て、「我はウナギなり」と絶叫し続けて、ついに死んだ。周囲の者は「長年のあいだウナギを割いてきた報いだろう」とささやいた。

ウナギに呪われた職人は、決まって頭がおかしくなり、ウナギのしぐさを真似しながら死んでいく。そうした因縁話はいくらもあって、噂までも含めれば鰻屋の数ほど伝わったのではないかとすら思う。ウナギを割くたびに祟られていたら、この世から鰻屋が絶えてしまうが、江戸っ子はこういう話が好きなのである。

なかでも滝沢馬琴が編纂した随筆集『兎園小説余録』に出てくるウナギの因縁話は有名だ。

……叔父の某は左官の棟梁だが、左官になる以前ある鰻屋の養子になっていた。

某は鰻職人の養父にともない、ウナギの買い出しに千住へ行き、日本橋の河岸へも行った。ある日、養父と買い出しに出かけ、ウナギを仕入れてきたなかに、驚くほどの大ウナギが二匹まじっている。

「こんな大きな奴は、今朝買ったときにはいなかったはずだが。どういうわけだろう」

「確かにこんな奴はいませんでしたね。しかしこれは珍品ですね。お得意様に鰻の荒いのがお好きな方がいらっしゃいます。囲っておいて、あの方にお出しすればよろこばれましょう」

某がそういうと養父も了解した。

翌日、そのお得意が友人をともなって店に現れた。養父がたいそうな大ウナギが手に入ったというと、

「それなら、すぐに焼いてもらおう」と注文して、上機嫌で二階に上がった。

そこで、養父が大ウナギの一匹を生簀からつかみ出して割こうとすると、どうしたことかウナギ錐《きり》で自分の左手を突き通してしまった。痛みがひどいので、やむをえず某を呼び、代わりに割いてくれるよう頼んで血のしたたる手をかかえて引き下がった。

代わって割こうとした某だが、ウナギは手にきりきりとからみついて、尋常でない力で締めつける。ひどく痺《しび》れて痛むので手を引くと、ウナギは尾を反らして某の脾腹《ひばら》を強く打った。息が詰まるほどの強さである。どうにも難儀してしまった某はしっかりとウナギをつかむとそれに向かい小声でいい聞かせた。

「よく聞け。どんなに暴れても、お前の命は助からないのだ。頼むから素直に割かせてくれ。その代わ

りおれはこの家を立ち去って、きっとこの商売はやめる」

それが通じたのか、ウナギはからみついた体をほどくと、某の手で静かに割かれた。ところが、苦心して割いたウナギを焼いて出すと、お得意もその連れも気持ちの悪いにおいがする、といって箸をつけようとしなかった。

さて、その日の夜中のことである。生簀から騒がしい音が聞こえてくるので、家の者は驚き気味悪がった。某が手燭《てしょく》をとって蓋を開いてみると、夥《おびただ》しいウナギが頭をもたげてこちらを睨《にら》んでいる。そして、もう一匹残っていた大ウナギはどこかへいなくなっていた。某は恐ろしくなってしまい、夜明けを待って養家を出奔した。

それから某は上総の実父の元で一年ばかり過ごしたが、ある日養家から「養父は昨年より病を患い、まるで頼みにならないから、急いで帰ってきてほしい」という手紙が届く。養家と離縁したわけでもないので、某は養父の看病をかねて戻ることにした。ところが帰ってみると、養母は情夫を家に引き入れ、商売に身を入れず、寝たきりの養父を納戸に押し込めて看病する者もつけないありさまだ。某はそれをたしなめ、病人を座敷に運んで自らが看病するが、養父は薬も食事もまったく受けつけない。ただ水だけは飲む。ものをいうこともできず、ウナギのように顎をふくらませて息をつく。なんとも情けない姿のまま、ほどなく息を引き取った。

某は後始末をねんごろにして養家と離縁した。それから左官の技術を習って、それで渡世をするようになった……。

この話は、江戸で一番怖い怪談といわれた。だが、現代のより刺激の強いホラーに慣れた向きには、その恐ろしさは、さほど伝わらないのではないだろうか。なぜなら、江戸人がこのような怪異譚を怖がったのは、すっぽんやウナギのたたりを信じたからなのだ。といって、生臭物を食べるときに、いつも恐怖心を抱いていたわけではないのだが。ただ、時折心に去来する殺生に対する恐れ。それが怪談話の形を借りて、口の端にのぼり、人々の耳目に触れるとき、真の恐ろしさが伝わったのだろう。

水辺の信仰

ここでは江戸でおこなわれた魚と関係の深い信仰についてみる。それらは民間習俗として広まったものから、江戸っ子の熱狂する華やかな祭礼までさまざまだが、いずれも災いから逃れるために神仏にすがる人々の願いがあらわれている。

放生会

魚や鳥などを捕まえても食べずにもとに帰してやることを放生《ほうじょう》するという。江戸時代にはそのようにして生き物の命を助けることで功徳《くどく》が重ねられると信じられていた。

先述の『譚海』にコイを放生する話がふたつ出てくる。そのひとつが安永元年（一七七二）の冬、下総国松戸の漁夫が川を堰き止めたとき、六尺（約一・八メートル）余りの巨ゴイを得たというものだ。漁夫はこれを市で売ろうと思ったが、大きすぎて入るものがないので酒屋が酒をつくる桶を借りて、そのなかに活けておいた。しばらくするとそこに寺の住持がきて、「これは私が買い受けよう」といい、相応の銭を出して引き取る。住持は「これから先、もしもこのコイをとる者があっても、決して殺してはならぬ」と周囲の人々に戒め、もとの川へ放してやった。

もうひとつの話が安永五年（一七七七）に利根川でとれたコイで、こちらは七尺（約二・一メートル）余りというから、さらに大物である。ある人が夢でこのコイをみた。妙な不思議さを覚えて、何とはなしに千住の活魚場へと足を運んでみると、果たしてそこに夢でみたのと同じ巨ゴイがいた。その人はすぐにこれを買い取り、不忍池に放したという。

とくに齢《よわい》を経た大魚であるほど、これを助けることで功徳が積めると信じられていたようだ。

さて、こうした放生の考えは、もとは仏教の戒律からきたといわれる。古くは奈良時代に行事化して、皆して殺生を戒め、生き物を山河に帰そうという放生会《ほうじょうえ》が全国の八幡宮を中心におこなわれるようになった。とくに京都の石清水八幡宮では朝廷の勅祭《ちょくさい》としておこなわれたというから、由緒正しい儀式だったのである。

江戸では旧暦八月一五日に八幡宮諸社で放生会がおこなわれた。とくに深川富岡八幡が盛んだったという。放生会のときには境内近くに放生するためのウナギ、鳥、カメを売る店が出た。「放生鰻」はウナギの稚魚を、「放生鳥」はスズメの子をそれぞれ桶や籠に入れて売り、「放生亀」は子ガメを盤台の柄などに吊るして商う。値段は亀が一匹四文というから、今の金額で一〇〇円ほどだろうか。ずいぶん安いが、客が亀を水に放した後、客の立ち去るのを待って、また拾ってきて吊るして売るというからくりだったようだ（図9-3）。

そうした露店では放生会のありがたさ、功徳の尊さを説く口上で道行く人にウナギやカメを売りつけるのだが、普段から魚を食って殺生を感じている江戸人にとって、わずかの銭で罪悪感を払拭できるのはうれしい。それどころか善いおこないをするのだから、幸せがやってくるとすら信じたのである。それでこの日は、昼に八幡様の放生会に出かけ、夜は十五夜のお月見をするというのが、江戸人の楽しい年中行事となった。

図9-3　名所江戸百景「深川万年橋」(歌川広重)

橋のたもとで盤台に吊られた放生亀の視線の先には富士が。西方浄土の見立てだろうか。万年橋と「亀は万年」をかけた広重の洒落である。　国立国会図書館蔵

仏教の戒律からきた放生会の儀式が、江戸では一種の娯楽として浸透したわけで、いかにも江戸っ子らしいのだが、やはり当時は殺生の報いを身近なこととして感じていたのだろう。年に一度、放生をして良い心もちになることは、江戸の人々にとって大切なことだったのである。

江戸前の祭礼

命がけで漁をする人々がよりどころとするのは海神の存在である。豊漁や海難除けを願って海の神を奉ってきた。江戸前海の沿岸には漁業とその商売にかかわる祭礼が多くおこなわれている。

なかでも魚河岸に伝わる水神祭は由緒といい、規模といい、江戸で随一の祭礼となった。

これは慶長の頃（一五九六‐一六一五）、日本橋に魚市場が開かれたときに、森孫右衛門が大漁と海上安全、将軍家安泰を祈願して道三河岸に市場の守護神として「大市場交易神」を祀ったことに始まる。その後、社殿は柴崎村（現千代田区大手町付近）にあった元神田明神社境内に遷座した。そのときに「水神社」と改称されている。さらに元和二年（一六一六）に神田明神社の神田台への移転にともなって現在地へと移った。

明治時代になると一時的に魚市場内の常盤稲荷に合祀《ごうし》されたが、明治三三年（一九〇〇）に市場関係者の組織する「魚河岸会」によって神田明神社内に新社殿を祀り、翌三四年に「魚河岸水神社」と改称する。

さて、水神社は海難除けを願って海の神である龍神を祀るものだが、龍神といえば雨を降らせることが知られる。水神社の大祭がおこなわれるときは、たとえ晴天であっても、突然、空がかき曇って雨が降ってくるといわれた。その雨に打たれながら、勇み肌の連中が神輿を練りながらすすむ。巨大な山車がくり出される。派手さと威勢の良さから、江戸三大祭りである神田祭り、山王祭り、深川八幡祭りと並び称された。

水神社の大祭は江戸時代には毎年のようにおこなわれたが、明治以降は間遠となり、明治三四年（一九〇一）に改称を記念した際の大祭を含め、大正九年（一九二〇）、昭和三〇年（一九五五）、四六年（一九七一）、平成二年（一九九〇）の五回を数えるのみの滅多に催されない祭りとなった。

「水神様」は今も魚河岸の守り神として市場の人々の信仰も厚い。築地市場内には築山につくられた遥拝所があり、毎月五日には社殿が開かれて、多くの参拝者が訪れている。

さて、水神祭とともに魚河岸と由縁の深いものに佃祭りがある。

佃島の住吉神社は、摂津からきた漁民により摂津住吉神社の分霊を祀ったものである。底筒男命《そこつつのおのみこと》、中筒男命《なかつつのおのみこと》、表筒男命《うわつつのおのみこと》の住吉三神、および息長足姫命《おきながたらしひめのみこと》（神功皇后）、東照御親命《あずまてるみおやのみこと》（徳川家康）を奉じる五社大明神とされる。江戸前海の入口となる佃島に鎮座し、海上交通の守護神として漁業者、廻船業者、魚問屋らの信仰を集めた。

毎年八月六日におこなわれる例祭は、幕府公認の由緒正しきもので、江戸っ子らも渡し船でどっと詰めかけた。とくに四年に一度の本祭では、川底に埋められた六基の大幟の掘り起こしに始まり、正保年間（一六四四－四八）につくられたといわれる八角神輿が勇ましく海に練り込んでいく海中渡御《とぎょ》で大団円を迎えるまで、祭り好きの江戸っ子には見どころ満載の一大行事であった。

水神祭も佃祭りも魚河岸に関係する祭事だが、その一方で江戸前海の漁師たちの祭事として「ぼんでん祭」というものが知られている。これは葛西の漁民がノリ漁のときに始めたといわれ、ノリ場への航路を示す澪標《みおつくし》の棒杭を、毎年立て替える際におこなった日祭りのことである。

葛西村では、四月の吉日を選んでノリ摘みをおこなった後、仕事を一日休みとし、漁夫たちが船に乗り組んでノリ場へ向かう。そのときには、賑やかな囃子《はやし》を鳴らして、御幣《ぼんでん》を捧げながら新しい棒杭を立てていく。そうして海上安全を龍神様に祈願したのである。

この御幣というのは、切った竹の先に割れ目を入れて二本の紙を垂らしたもので、お祓いのときに巫女が振っているのがそうである。古代では神霊の宿る依代《よりしろ》として神に供えられていたが、江戸時代には悪鬼を祓う魔除けとして用いられた。江戸ではこれを「ぼんてん」といった。魚の行商を「ぼてい」というのは、天秤棒から下げた縄が御幣の形と似ているからだという説がある。

白髭神社（現墨田区東向島）でも隅田川畔に御幣を立てて水辺の安全を祈願するぼんでん祭りがあり、また向両国《むこうりょうごく》にあった垢離場《こりば》では、富士詣でや大山詣でなどの参詣人が、出かける前に身を清める水垢離《みずごり》がおこなわれたが、そこにも御幣が立てられた。

以上みたように、水産関係の祭事はすべからく人々の水難除けを祈念するものである。

船下ろし

祭りとは性格が異なるが、漁村では新造船を出帆させるときに「船下《ふなお》ろし（船卸し／船降ろしとも）」といわれるものが広くおこなわれていた。これは船の守護神である御船霊《おふなだま》を新しい船に宿らせる儀式である。

それは船下ろし前夜の丑の刻（午前二時頃）に始まる。満潮時をねらって船に御神体を入れるのだ。これをおこなう船大工の棟梁は、七日七晩のあいだ生臭物を断ち、女を寄せないで精進をして事にあたる。御船霊の御神体は伊勢神宮の御札と十二単《じゅうにひとえ》の人形。その他に一文銭が一二枚。これは一年一二ヶ月を意味するもので、閏月のある年には一三とした。双六と賽《さい》が二個。それに五穀である。これを帆柱の立つところに埋めて魂を封じ込める。

そして、船下ろし当日には船内に餅やみかんを飾りつけ、船大工が船霊を呼び込む祭文《さいもん》を朗々と唱える。その内容は船の主要な一二の部位に神仏を一体ずつ寄せて、一二船霊を讃えるというものだ。民俗学者川島秀一《かわしましゅういち》氏の『漁撈伝承』（法政大学出版局・二〇〇三）には、次のような祭文の例が紹介されている。

「……一の間は天照大神宮。二の間は矢取の八幡大菩薩。三の間は春日大明神。敷は伊喜須大明神。帆柱は大杉大明神。帆は法華経の八の巻。桁は鞍馬の八天狗。帆車は天道大日如来。帆の千取は三千九ツ九本じやうどを兵《ひょう》されたり。帆足は二五の大菩薩。帆綱は網引天満宮。女綱男綱扣の綱栗から不動明王……」と続けられる。

それから一人が船に乗って船板をたたき、外にいる者たちは、それに合わせて掛け声とともに船を海に下ろすのである。『漁撈伝承』によれば、船は浦のなかで三回左回りに回ると、船下ろしをした場所に戻ってくる。その後、「船まつり」と呼ばれる祝宴を挙げて、めでたく新造船は船主の所有となるという。

このような「船下ろし」の習俗は、江戸前海では羽田浦でみられたという。

以上、この章では水辺にまつわる習俗について触れてみた。

現代人にとっての魚食は、栄養面などから志向されるもので、あくまでも食品として認識される。ところが、江戸人は魚食に殺生の報いを感じた。魚をとることも、今よりずっと命がけの行為であったし、何より海や川に、人智を超えたものの存在を感じていたのである。

いわば自然に対する畏怖の念であるが、そうしたものが江戸人に強くあったことを抜きにしては、江戸前魚食を語れないのではないだろうか。

第一〇章

江戸から東京へ、江戸前の終焉

終章として幕末期から昭和の高度成長期にかけて、変貌していく江戸前漁業をみていく。

　黒船来航を機に日本が開国に向かうなかで、漁業もまた大きな転機を迎えた。それまでの沿岸固着型の漁業から、外洋へと向かう漁業が考えられるようになる。日本の近代化の象徴のように企業資本による大型船団が世界の海に出ていく。昭和期には世界一の水産量を誇った水産大国日本の姿は、幕末から開化期にすでにその萌芽がみられるのである。だが、遠洋漁業の躍進とは裏腹に、旧来の沿岸漁業は衰退の一途をたどった。

　江戸前漁業は海況の変化および東京の都市化によって、伝統的漁法が次々に消えていった。工場排水による水質汚濁が漁場を荒廃させていく。漁業者はノリ養殖に活路を求め、一時は生産額で全国のトップにまで立つが、経済成長を優先する社会状況に押され、ついに江戸前漁業はその継続を断念するにいたるのである。

海からやってきたえびす

古くから漁民のあいだでは海の拾い物を寄《よ》り物と尊び、幸運のえびすと信じられていた。「恵美須」、「夷」、「恵比寿」と書く、ふくよかな表情をたたえる七福神のえびす様である。一般には商人の神様とされるが、釣り竿をもってタイを抱える姿からもわかるように、海の幸をもたらしてくれる神様でもあったのだ。

海からやってくる幸せを待つ。日本の漁業にはそうしたえびすの心が息づいていたのである。とりわけクジラは最大の幸をもたらしてくれる寄り物だった。そのためにクジラのことをえびすと呼ぶ地方も多い。

幕末から開化期の日本に、えびす＝クジラがもたらした象徴的な出来事をみていこう。

クジラとえびす

寛政一〇年（一七九八）五月、風雨にもまれるようにして巨大クジラが品川沖に姿をあらわした。近隣の漁師たちが舟で遠巻きにしながら、天王洲に追い込んでこれを捕獲する。この噂がたちまち江戸中に広まると、物見高い連中がわんさとやってきた。漁師たちは浜御殿（今の浜離宮）の沖までクジラを引っ張り、一一代将軍家斉公に御覧に入れたという。九間（約一六メートル）もの大クジラ来訪は、後々まで江戸っ子の語り草となり、このときに品川につくられた鯨塚が現存している。

江戸前海にクジラがあらわれるのはめずらしいことではない。何らかの原因で座礁したクジラが内海深くまで入り込むことはしばしばあり、死んで流れ着くのも多かった。今でこそ座礁クジラは救出するし、打ち上がったものは、その処分に四苦八苦する。だが、かつて寄りクジラは海からやってきたえびすとして、大変にありがたいものであった。

「一頭で七浦が賑わう」といわれ、巨体は捨てるところなく利用される。肉と軟骨が食用に供される他、髭《ひげ》や歯は櫛《くし》や笄《こうがい》に、皮は膠《にかわ》に、筋は弓の弦に、脂肪は灯油に、内臓は虫害駆除の肥料に、血液は薬品に、糞《ふん》は香料に、とさまざまに加工された。この他江戸では見世物にしてひと稼ぎもできるおまけつきだ。まさに海からやってきた幸せ——えびすそのものだったのである。

鯨組——近世最大の漁業システム

古く「いさなとり」といわれた捕鯨は、沖をいくクジラを浜に追い込んでとっていた。古代のクジラ漁は弓や鉾《ほこ》をつかって、鎌倉時代以降は銛《もり》によって突いてとっている。それは格闘を挑むような漁法だから、小型のゴンドウクジラやイルカをとることはできても、大型のものは難しい。ザトウクジラのように、たとえ仕留めても死骸がすぐに海に沈んでしまうものもある。捕獲しやすいクジラの到来を待つ他なかったから、運頼みの面が強かった。それゆえに寄り物とありがたがったのかもしれない。

水軍の流れを汲む紀州太地《たいじ》の漁民は、持ち前の勇敢さと創意工夫によって大型クジラの捕獲技術をあみだした。巨大な網をからめて、クジラの動きを止めるとともに、海中に没するのも防ぐ。そこを銛で突いてとった。網捕式《あみとりしき》捕鯨と呼ばれる方式は、延宝三年（一六七五）に太地の和田惣右衛門が考案したものでクモの巣にセミがかかったのをヒントにしたと伝えられる。

網捕式捕鯨は大人数の協力のもとにおこなう必要があった。このため太地に初めての専門捕鯨組織「鯨組《くじらぐみ》」が組織される。舟数は四〇隻以上。これに乗り組む漁夫は五〇〇人以上。さらに加工に従事する者、大工や道具の修理工まで含めれば八〇〇人以上が従事する、江戸時代最大規模の漁業基地となった。

網捕式捕鯨では、二〇隻内外からなる捕鯨船団に、二〇〇名以上もの漁夫が乗り組んで出動する。その構成は時代により多少するが、クジラを網に追い込む勢子舟《せこぶね》が一〇から二〇隻。これは大変に機敏な小型舟で、羽刺《はざし》と呼ばれる銛手《もりて》がこれに乗り組む。海上に網を運んでクジラにかける網舟《あみぶね》が六隻。獲物を浜まで運搬する持双舟《もっそうぶね》が四隻。両舟とも舟板を厚くして頑丈につくられた。

実際の捕鯨は、まず海を見渡せる山見《やまみ》（かつての海賊の海城を流用したものだ）という見張り場に人が立つ。クジラの姿を認めるとのろしを上げ、信号旗を振り、クジラの頭数や位置、おおよその速度などを知らせた。この情報によって網を張る場所が決まると、まず舟足の遅い網舟と持双舟が先に出て所定の位置へ向かう。その後から勢子舟が出動してクジラの背後へと回り込む。勢子舟の漁夫たちは舟べりをバンバンとたたいてクジラを網へと追い込んでいった。網舟の張り出した網には、数多くの浮樽《うきだる》がついているために、いったん網にかかるとクジラは身動きがとれない。これを囲むように勢子舟の羽刺たちが次々と銛を投げつける。クジラに刺さった銛には縄がついていて、勢子舟と結ばれている。クジラは逃げようにも、周囲の勢子舟を引きずるような形となるから、さらに自由を奪われて、次第に力が衰えていく。

ここでリーダー格の「一番羽刺」がやおら海に飛び込み、手にした鋭い剣でクジラの鼻を切りつけて穴を開ける。「鼻切り」というものだ。この穴にぐいっと綱を通すと、今度はクジラの下を泳いで綱を巨体に回しかけ、これを持双舟に渡す。最後に一番羽刺がとどめを刺すときは、他の者たちは避難する。クジラの最後のひと暴れがあるからだ。

海岸では大勢の人々が待っていて、木遣《きやり》などを歌いながら協力の元に引き揚げる。これから解体し、加工し、運搬する作業――これが「鯨組」による伝統的な網捕式捕鯨のシステムである。大変にすさまじい漁業で、一頭のクジラを手に入れるまでには、当然、凄惨な場面も避けられない。まさに命がけの格闘の末に捕まえたからこそ、クジラを肉も脂も皮も髭も、何から何までまったく無駄にすることなく、ありがたく頂戴したのだ。

失われたえびす

時代は下って幕末である。四隻の軍艦を率いて浦賀に来航したペリー提督は、武力によって日本に開国を求めてきた。黒船を連れてきたのはクジラである。なぜなら、ペリー来航の目的は太平洋で操業する米国捕鯨船団のために、水と食料の補給基地を確保することにあったからだ。

当時、米国は世界の漁場を股にかける捕鯨大国であった。乱獲の限りをつくし、世界の海を荒らし回ったのである。捕鯨といっても肉には目もくれない。ほぼ鯨油のみが目的だ。良質の鯨油は米国の主要な輸出品となっていた。かつて国際捕鯨委員会（ＩＷＣ）で日本代表理事をつとめた農学博士小松正之氏の『クジラと日本人』（青春出版社・二〇〇二）によれば、一八世紀から一九世紀のロンドン、パリの街を明るく照らしたのは鯨油による街灯だという。明るい夜が都会の犯罪率を減らして安心をもたらしたのである。

米国は船上でクジラから油を抜きとるという技術を開発して、どんどんとって、どんどん捨てた。すでに大西洋のクジラ資源は枯渇に近かったため、一八三〇年代以降、太平洋に漁場を求め、ハワイを拠点に西へとすすみ、ついに日本周辺に迫ってきたのである。

そのために日本沿岸でクジラが激減してしまった。日本の漁業は沿岸に魚がくるのを待ってとる。それは徳川の鎖国的政策で、外洋での操業が禁じられたことも関係しているのだが、もともと日本人は魚を追いかけてとる習慣がなかった。だから、漁民たちはクジラがあらわれるのをひたすら待つが、海の幸はいつまでもやってこなかった。そして、本来ならクジラを追うことなどなかった日本人が、ついに外洋にクジラを追わざるを得ない事態が生じるのである。

それは明治一一年（一八七八）一二月二四日、捕鯨で栄えた紀州太地で起こった。その頃、捕鯨がまったく立ちゆかなくなり、このままでは年も越せそうにない、と不安に暮れる太地の人々の前に、巨大なセミクジラの親子があらわれたのである。しかし、すでに冬の夕暮れどき。しかも雨まじりの天候である。到底漁に適した状況ではなかった。何より太地には、「クジラの子連れは夢にも見るな」という古くからの言い伝えがあった。子どもを守る母クジラは凶暴だから、大暴れするぞ、という教訓である。

しかし、ここでとらなければ、家は潰れ、娘も売らなければならない。漁師たちは「この大クジラは海神が与えてくれたのだ」といいきかせ、悪条件を押してセミクジラに挑んでいった。

案の定、巨大セミクジラは大暴れする。果敢に立ち向かう羽刺たちは、次々に海中に撥《は》ね飛ばされた。

暴風雨のなか、一昼夜におよぶ死闘の末に、ようやくクジラを仕留めたときには、船団ははるか沖合に流されてしまう。何とか村に帰らなければ……しかし、逆巻く波はかれらをさらに沖へ沖へと追いやる。あたかもクジラの亡骸《なきがら》が船団を死の世界へと導くかのように。ついに潮流は凶暴な牙をむき、無情にも人々を海底へと呑み込んでしまったのだ。

大背美流れ《おおせみながれ》と呼ばれる最悪の海難事故によって、一〇〇名を超える漁師が帰らぬ人となった。そうして歴史ある鯨組が終わりを告げたのである。よくよく考えてみれば、日本人のえびすはこのとき失われたのかもしれない。なぜならこれから先は、魚を追って世界の海へと漕ぎ出さねばならない。近代漁業の多難な前途を象徴する出来事ともなった。

去りゆく江戸前

黒船来航によって幕藩体制は揺らぎ、ほどなく徳川政権が崩壊にいたった。世の中が大きく動いた幕末に、江戸前漁業もまた転換期を迎える。

黒船から数えて約一〇〇年間、江戸前漁業は命脈を保つのだが、本来の江戸前は、江戸の価値観とともに失われていく運命にあった。

お台場建設

嘉永六年（一八五三）六月、黒船の浦賀来航をきっかけに幕府内に海防論が広がる。翌七月、かねてより海防の必要性を唱えていた伊豆韮山《にらやま》代官江川英龍《ひでたつ》の設計で、品川沖の内海へ一一基の台場建設が決まり、早くも八月に着工している。幕閣内部には激しく反対する者もいたが、幕府はこれを決行する。まさに非常事であったためだ。

総工費は七五万両といわれたが、幕府にはその金がない。そこで嘉永二朱銀、俗にお台場銀と呼ばれる質の悪い銀を吹いて急場をしのいだ。それがために江戸では物価がはね上がる。

埋め立てには品川御殿山、高輪八ツ山、泉岳寺境内などを切り崩した土砂が海に運ばれた。東海道の高輪筋は日中通行止めとなったから、周辺の交通は大混乱をきたす。品川浦では漁がほとんど不能となった。その他に石材は伊豆、相模、駿河の三国から切り出され、木材は下総国から利根川ルートで運ば

図10-1　名所江戸百景「品川御殿やま」(歌川広重)

かつての花見の名所御殿山は台場建設のために山肌が痛々しく削られた。

れている（図10－1）。

海面埋め立てによる築造は大変な難工事の上、まさに突貫工事だったから、多くの犠牲者が出た。初めは石川島の寄場から人足を徴用するが、それでも足りずに日傭取りを募集する。手間賃はよく、日に一朱がお台場銀で支払われたので、日傭取りにはよい金になったが、うっかりすれば海に沈んでしまうので命がけだ。その頃流行した都々逸に、「〽死んでしまおうか　お台場行こか　死ぬにゃましだよ土かつぎ」というのがある。

台場砲台は、翌年四月に第一から第三台場までが完成し、その後第五、第六台場も完成をみたが、第四、第七台場は未完成、第八台場以降は未着手のまま、幕府の資金不足から建造中止となった。ペリー提督が二度目に来航したときには、一部の砲台は完成していて、江戸内湾の品川沖まで入り込んだものの、砲台をみて横浜まで戻ったというから、一応の役目は果たしたのかもしれない。その後日本は開国したために、台場の砲台はついに火を吹くことはなかった。戦火にまみえることがなかったのは、江戸の人々にも日本にとっても幸せなことだ。だが、ほどなくして徳川幕府は崩壊してしまい、台場砲台は江戸の形見として、波打つ海面に取り残されることになった。

悲痛の江戸前漁業

台場建設が無駄であったかはわからない。しかし、為政者は江戸を守るために多大の犠牲を払ってでも築造したのである。黒船騒動に恐怖する江戸の市民が台場砲台によって、どれほどの安心を得たかは、推して知るべしだろう。だが、台場築造によって大打撃を被った者たちもいた。江戸前の漁業者、ことに品川浦の漁民たちである。

台場がつくられて海流が変わり、海底の地形にも変化が生じた。このため魚貝が従来よりも遠く、深いところに移動してしまったのである。そうなると既存の漁法では魚貝をとることができない。

品川浦の地先は広く干潟が横たわり、沖は遠浅の地形で、カレイやコチの他、さまざまの貝類が豊富に揚がった。それが目と鼻の先に台場築造となり、一年間の工事によって漁が思うようにできなかった。工事が完了してみると、ほとんどの漁が不可能となっていたのだ。壊滅的打撃を受けた品川浦では、その生活は窮乏の極みにおちいってしまう。これがいわば日本の公害第一号というべきものだろう。

さて、そんな折に一人の漁師が従来の桁網を改良し、沖合深部の漁獲に適したエビ桁網というものを考案した。これをつかえば芝エビをはじめ、沖合に移動した江戸前の名産がふたたびとれる。魚貝が戻ってきた、と品川浦では漁業再生に沸いた。

だが、よろこびはつかの間だった。品川浦が新漁具をつかって豊漁をみているのに対し、芝・金杉、御林浦、築地、佃、大森の漁民が一斉に反対の声を上げたのだ。かれらは示し合わせて、品川の代官所に恐れながらと訴え出る。品川浦のエビ桁網は、文化一三年（一八一六）の盟約である三八職に含まれていないものでございますから、即刻禁止の措置を出していただきたい。

台場築造の影響を最も強く受けたのは品川浦だったにしろ、内海沿岸の各浦も少なからず影響はあった。各浦の漁獲物が減少するなかで、品川浦が勝手に漁具を工夫して漁獲を上げているのは許せない、という周辺漁民の言い分はもっともである。一方で五〇年前の協定に制限されて漁業ができないのは不当だ。漁具の改良こそ漁業の進歩なのだから、許されるべきではないかという品川浦の主張も理にかなっていた。何といっても江戸防衛の砲台のために、古くからの漁村が存亡の危機に立たされていることを考慮しないわけにはいかない。

代官所は処断に迷ったが、原告側漁村の根強い反対運動が続いたために、とうとう品川浦に対してエビ桁網の禁令を下す。驚いたのは品川浦である。ようやくみつけた生活の頼みの綱をよもや切られることはないと思っていた。あまりに無慈悲なお裁きではないか。漁民たちは落胆と失望に打ちのめされ、一揆を起こしかねないほどに追い込まれたのである。

これが次項に述べる女たちの門訴事件という前代未聞の騒動を引き起こすことになった。

品川浦漁師女房の門訴事件

幕末に品川浦から起こった門訴事件のことは、関係者の口承によって伝えられたものと思われる。『東京都内湾漁業興亡史』で藤森三郎氏は「内湾漁業が生んだ精神的遺産」として品川浦漁師女房の門訴事件を詳細に記している。それをもとに歴史上希有な漁業事件をみてみたい。

エビ桁網が封じられたために、品川浦は困窮した。漁民のうちには、一揆を起こそうとする者すらいた。しかし、一揆となれば遠島はまぬがれず、悪くすれば打ち首となる。それでも何人かの犠牲でエビ桁網が再許可となればよいが、その保証もないのだ。軽はずみな行動はできない。

そこで世話役たちが品川町名主に内々の相談をもちかける。この名主が思慮分別のある人で、漁村の窮乏には胸を痛めていた。名主は漁民らに密かに策をさずける。

「罪を覚悟で直訴するなら方法がある。これは門訴がよい。嘆願書を携えて集団で奉行所の門前に座り込み、窮状を訴えればお取り上げになるだろう」

　教えを受けた世話役が同志になる者を内々にあたったところ、固く盟約した者は総数四八軒のうち二四、五人だった。他の者は直訴によって罪を受けたとき、残された家族の生活を思って躊躇したのである。

　さて、これらの相談は極秘のうちにすすめられたが、そこは漁師連中のことだから赤穂浪士のようにはいかない。いつしかこれが女房らの耳に入った。女房たちは井戸端でひそひそ話を始めたのである。

　ここに小池やをという男まさりの女房がいた。やをの考えでは、「とるべき手は門訴より他にはない。しかし、それで男衆がお仕置きとなったら村はどうなるか。残された家族の生活を続けるためには、男衆を残すことが肝心だ。そのために門訴は女房たちだけでやろう」というものだった。

　これを女房衆に相談すると、四八軒の女房が残らず賛成する。そこでその旨を男たちに申し出る。男たちは女房らの悲壮な決意に打たれるが、もちろんそんなことを許すはずはない。だが、女房たちの意志は固かった。何日も重ねての申し出に、その信念の強さを知り、また、残された者たちの漁業存続を考えて、ついにその申し出を受け入れる。ここに女だけの門訴が決行されることとなった。

　さっそく女房たちは、門訴後に残された家族に迷惑がかからないように知恵を絞る。

「牢につながれた場合、乳飲み児や幼児は夫の足手まといだから、乳飲み児は背負い、幼児はすべて連れていく。入牢に備え、できる限りのおしめをもっていく。着物は皆ぼろ着を着ていく。門内に入ると首謀者として捕まるおそれがあるので、一歩も入らず訴状を役人に差し出すこと」などが周到に決められた。

北町奉行所は銭瓶橋《ぜにがめばし》（現千代田区大手町二）にある。そこまで大勢の子ども連れで歩けば、途中で必ず捕まってしまう。そこで密かに水路をとることにし、その輸送を男衆の漁船が受け持った。

元治元年（一八六四）五月一日未明、女房や子ども合わせて百二、三十人が二隻の漁船に分乗して出発。隅田川をさかのぼり、日本橋川を経て、朝八時頃鎌倉河岸に上陸する。一同はやゝを先頭に奉行所に向かった。奉行所の門前に着くと、乳飲み児を下ろして土下座し、出勤する役人に訴状を渡そうと待ちかまえた。心労と緊張から乳が出なくなり、乳児らは火がついたように泣き出す。門につらなる枳殻《からたち》の垣根には、濡れたおしめがずらりとかけられた。奉行所の門前に、ぼろをまとった女と子どもの座り込みにおしめの陳列という珍風景に野次馬が集まってくる。そこを立ち退けという役人たちの怒声と泣きわめく子どもたちの声が交錯する。役人たちは誰かを門内に引き入れて、首謀者として捕らえようと一人を捕まえるが、渡してなるものかと女房たちが一斉に立ち上がって、これを引き戻す。女のぼろ着の袖が裂けて役人がもんどりを打ち、その隙に救出するということがくりかえされた。

この事件が品川町の総代に伝わり、寺の住職とともに現場に駆けつけて女房たちの助命嘆願におよんだ。寺方のいうことは公儀も尊重しなければならない。それに女房たちの勢いには奉行所もてあましていた。これを渡りに船と、午後一時頃になって、一同を日本橋馬喰町の宿屋預けとした。

あらためて事件を町奉行が調べてみると、砲台建設によって受けた漁民の苦しみもわかるし、三八職の漁具に対する品川浦の申し出にも一理があることもわかる。黒船で騒然となっているときでもあり、穏便に解決するのがよいだろうということになった。訴状は寺の住職に下げ渡しとなり、女房たちには何のお咎めもなく、帰宅が許された。

そして、まもなくエビ桁網の御法度は解かれる。歓声が浦にこだました。品川浦では、良い漁具は皆でつかうのがよいと、争った他の浦にも教えることにした。それが内海漁民の結束をより強めることになったといわれる。

江戸の幕末期に示された、たくましい江戸前の意気。しかもそれが女性たちのけなげな行動から起こったことを『東京都内湾漁業興亡史』は「わが国婦人社会運動の先駆と見るべきもの」と讃えている。

江戸前漁業の終焉

日本の食文化に多大な遺産をうみ出した江戸前漁業は、昭和三七年（一九六二）、内湾奥部漁業者の漁業権一斉放棄によって事実上の終焉を迎えることとなった。その原因は東京内湾沿岸の都市化・工業化である。首都の目前に豊かな漁場を維持することはできなかったのだ。

だが、江戸前漁業は直ちに終わったのではない。明治・大正・昭和を通じて、漁業技術の進歩を利用して生き延びる道が模索された。昭和三五年（一九六〇）には一八万七〇〇〇トン余りの水揚げ量を記録し、生産額において全国のトップに立っている。これは漁業権全面放棄のわずか二年前のことだ。

ではなぜ、十分な生産能力を残しながらも漁業の継続を断念したのだろうか。明治時代から昭和の高度成長期にいたるまで、変貌していった江戸前漁業をみる。

明治維新の漁業混乱

明治新政府は、明治四年（一八七一）の廃藩置県を機に旧幕藩体制の一掃を計るが、そのなかには当然漁業慣行も含まれていた。江戸時代には「沿岸は地付き、沖は入会」の原則から、沿岸の漁業権は地先漁村のものとされてきた。ところが新政権は「海面官有」、つまり漁場はすべて国のものという考えを打ち出して、長く続いた慣行を御破算とする。さらに「営業自由の原則」によって金さえ出せば、誰でも権利を得られるとした。正式には明治八年（一八七五）二月の太政官布告によって旧幕時代の漁業権は消滅するのだが、まもなく全国の漁場で新旧漁業者が権利を奪い合う事態が生じることとなる。これは当然のことだろう。既存権利者よりも金を多く払った者が強いから、漁場を失う者、あらたに取得する者、さらに拡張を計る者などが入り乱れ、紛争にまで発展する地域が後を絶たなかった。

これに驚いた明治政府は、翌九年七月の太政官達《たっし》で出願制度を見直し、上納金を廃止して府県税とした上で、結局旧幕時代の慣行を復活させている。とんだ迷走ぶりだったわけだが、ともあれ各漁村の騒ぎはひとまず終息をみた。しかし、旧来の漁業制度を踏襲しつつ、営業自由の原則も掲げる政府の見解には大きな矛盾があったから、これが水産の現場では都合よく解釈されて、漁業秩序はすっかり乱れてしまった。ある地方では乱獲が横行し、また別の地方では旧来漁業が衰退のままに捨て置かれる。進歩的な地方ほど漁業の新規参加が目立つようになり、それが後の水産起業家のうまれる土壌となった。

流通面でも大きな変化が起こる。魚河岸では長く続いた問屋と浦方の関係も、もはや旧幕時代のようにはいかない。かつての仕入金による産地支配は消滅して、金がものをいう自由取引へと移行する。そのため魚河岸は明治一〇年代にはひどく衰えてしまい、老舗大問屋ですら廃業を余儀なくされる事態となった。かつて徳川政権の傘の下で威勢を張った業者たちは、一斉に冷や飯を食うような形となったのである。

江戸前を救ったノリ養殖

江戸時代の秩序が崩壊したことで「文化一三年の議定書」（三八職の取り決め）も自然消滅となった。東京内湾も他の地方と同じく漁業紛争が多発する。三八職以外の漁具を使用する者や、既存漁具であっても漁期などの規定を無視して使用する者が増えて、たびたび問題化していたのである。これを憂慮した漁業者の有志たちが、議定書の復活を求めて大同団結を起こし、明治一九年（一八八六）に東京内湾漁業組合の結成にいたった。あらためて漁具三八職を定める他、近代的な組合規約が作成される。

組合設立という近代的なめざめはあっても、漁業のやり方は江戸時代とまるで変わらなかった。むしろ漁業状況は大きく後退している。浮魚を中心に江戸内海への魚群来遊が急減してしまったのだ。台場建設による海況変化は、明治になっても尾を引いたのである。

それに加えて、明治中頃より東京湾奥部の京浜地帯の都市化、工業化がすすんで、魚群はさらに減少した。隅田川にシラウオの姿がみえなくなり、江戸前の代名詞であったウナギの生産量も激減した。かつて江戸前産で賄えたすしダネも、地方産に頼まなくてはならない。日本橋魚河岸の入荷物も船舶、自動車、鉄道貨物によって、遠隔地から送られるものが増加していった。

沿海部では、漁業に代わり商工業施設の誕生で繁栄をみた。漁師たちのなかにも実入りの少ない漁業から勤め人へと転業する者が目立つようになる。漁業戸数は年々減少の一途をたどった。これが明治中頃の状況であり、江戸前漁業はこのまま衰退していくかに思われた。

ところが内湾西部の大森、羽田、大井、品川などの各浦では、江戸時代に始まるノリ養殖がいよいよ盛んとなってくる。明治以降、漁場はさらなる拡大をみせるにともなって需要もどんどん増えていった。ノリ養殖は幕末期に全国に広がったが、地方産のものは芳しい評判が得られず、品質は江戸前に遠くおよばないとされた。ノリ養殖の全国的伝播は、まずは江戸前ブランドの向上に大きく役立ったわけである。

ノリ養殖拡大で生産量の増加を需要がささえる好循環によって、明治中期以降はノリ養殖が内湾一円に広がった。各浦は従来漁業から養殖業へと次々に転換を計る。こうして漁場面積当たりの生産額がついに全国一位となり、衰亡の危機に瀕していた江戸前漁業は、一転して黄金時代ともいうべき盛況をみるのである。

漁民の心配事といえばノリ養殖が低調に転じることだったが、それも杞憂と思えるほど生産量は伸長し続けた。しかも、わずかな面積でおこなわれるのだから、これほど高度な海面利用はない。だが、好調なノリ養殖をもたらした原因が、海の富栄養化によるものであることを漁民たちは知らなかった。下水や工業排水などの汚水が海に入り込んで、一時的に植物プランクトンの増大をもたらし、これが海藻類を育てるのである。

急激にノリが繁殖し始めた東京湾は、少しずつ死の海に近づこうとしていた。

京浜運河計画

首都東京の人口は激増して、物資の供給をさらに円滑にする必要が出てきた。東京港を修築して、横浜港と結ぶ計画が明治の頃よりすすめられた。だが、その開港工事がノリ養殖を壊滅させるとして、明治三三年（一九〇〇）には内湾漁業者の反対も起こり、その実現にはいたらなかった。

ところが、大正一二年（一九二三）の関東大震災で、横浜港が破損して救援物資回送に困難をきたす。これをきっかけに、東京湾内の海路整備の必要性が一気に高まった。東京と横浜を結ぶ大運河の開削が企画される。一万トン級船舶の航行を可能とし、掘削した土砂で沿岸を埋め立て、臨海工業地帯の造成を助けるもので、京浜運河計画と呼ばれた。これが実現すれば川崎から羽田、大森、品川にいたる漁場の大部分は失われてしまう。内湾漁業者は一斉に蜂起して反対運動を展開した。東京府や内務省、貴族衆議両院へと陳情、請願をくりかえし、明治神宮への祈願までした。そのさなかの昭和三年（一九二八）六月、漁師による天皇直訴事件が起こる。

大森のノリ漁業者であった二六歳の鳴島音松《なるしまおとまつ》氏は、漁業者の再三にわたる陳情にも運河計画に変更のないことを悟り、もはや自分が犠牲となり非常の手段をとろうと決意する。かれは妻や親兄弟、友人にも打ち明けず、幾夜を徹してつくった上奏文をしたため、その頃天皇陛下の住まわれていた赤坂離宮を目指した。朝九時過ぎ、最敬礼をして門内に突入したかれは、玄関近くで捕らえられる。事件は新聞のトップ記事となり、運河計画の是非が広く世間の口にのぼるようになった。

鳴島氏は皇居侵入罪で起訴され、減刑嘆願の声が高まるなか六ヶ月の刑が下される。しかし、同年一一月の即位大礼の恩赦令で特赦された。義賊と賞賛されたかれの行動がどれほど功を奏したかはわからないが、運河計画に慎重論も広がるといった影響はあったようだ。工事が思うように進捗しないまま、戦時体制に突入して、運河計画はついに実現しなかった。

漁業権全面放棄

第二次大戦中には全国的に漁業活動は低下して生産量も激減している。それは内湾漁業も同じだが、東京が焼け野原となり、臨海部の工業地帯も閉鎖状態となったから、一時的に海面は清浄化した。戦後は食料増産が急務となるなかで、江戸前漁業もいち早く復活をみている。昭和二五年（一九五〇）の漁獲量は、戦前の最盛期である一万八〇〇〇トンを超えて、さらに伸び続けた。

しかし、東京の復興計画は急速にすすみ、人口の都市集中によって東京湾沿岸の漁業地域が次々にベッドタウン化していく。その一方で京浜地区ではめざましい工業発展をみせた。そうして昭和二〇年代半ば（一九五〇頃）からふたたび水質悪化が著しくなっていく。昭和三〇年（一九五五）には内湾奥部でおこなわれていた打瀬網、桁網漁業が姿を消した。品川湾周辺でノリの生育が悪くなり、毎年不作が続くようになる。このためノリ場は次第に沖合へと移動を余儀なくされた。内湾沿岸はアサリ、ハマグリなど貝類の全国有数の生産地と知られたが、大森地先はほぼ全滅し、羽田洲や三枚洲も打撃を受ける。急激な水質汚濁が要因となって、昭和二八年（一九五三）頃からヒトデの大量発生、大規模な赤潮という海洋異変も引き起こされた。

昭和三一年（一九五六）、首都圏整備法が公布される。東京港および港湾施設の大幅な拡充の決定がなされた。そのために昭和四五年（一九七〇）をめどとして内湾沿岸部四四・四平方キロメートルの埋め立てが計画される。それは内湾から漁業を完全に消し去ることを意味した。漁民たちは、国の都市整備計画事業と正面から対立することになる。

怒りが爆発したのは、昭和三三年（一九五八）五月、浦安・行徳の浜でのことだ。現在の東京ディズニーランドのある一帯は、かつて広大な干潟であった。ここに本州製紙江戸川工場から排出された「黒い水」が流れ込み、多くの魚貝が死滅したのである。漁業者は排水停止を工場側に要求するが、なかなか改善されない。これに怒った漁民七〇〇人が工場内に乱入し、排水口を塞いでしまった。本州製紙の黒い水事件は大きな社会問題となり、これを機に（欠陥が多いながらも）水質保全法、工業排水規制法という水質二法がつくられている。

おりしも熊本県水俣市では、水俣病をめぐり漁民一揆というべき暴動が起こった。汚染された魚を食べたネコが踊り死にする。ネズミまでが狂死したなどのニュースが全国をかけめぐった。昭和三五年(一九六〇)、築地中央市場が伊勢湾の魚は臭いので厳重調査すると告知したことから伊勢湾異臭魚問題が公に知られるところとなる。昭和三〇年代後半(一九六〇〜)、水質汚染は東京湾にとどまらず全国規模で起こっていたし、公害問題が世間の耳目を集める状況に、内湾漁業者たちのあいだにもう漁業は駄目ではないかという不安が広がっていく。かれらの多くがすでに転業を考え始めていたのだ。

このような状況のなかで、昭和三四年(一九五九)四月に漁業対策審議会が設けられ、東京都と内湾漁業者との調整が始まる。漁業者側は絶対反対の意向を唱えるが、都側も一挙に漁場放棄させる気はなく、まず陸側の半分を放棄し、五年後に沖側半分を放棄してもらいたいと主張した。その補償をめぐって交渉は難航をきわめたが、ついに漁民側は漁場放棄を決意する。このとき漁民たちは中途半端に漁場を保つよりも、全面放棄によって転業をすすめるのが得策だろうと考えた。

こうして昭和三七年(一九六二)一二月、東京内湾奥部の漁業四〇〇〇世帯が一斉に漁場を全面放棄し、廃業する前代未聞の決着をみる。放棄した漁場の面積は八三平方キロにおよんだ。これほど大規模の漁業放棄はそれまでにも、またそれ以後もなかった。

江戸前の未来

昭和三七年(一九六二)の漁業権全面放棄によって江戸前は消えてしまったのだろうか。

確かに東京内湾最奥部では、漁をする姿など見られなくなり、漁業の廃業はその周辺にもおよんだから、今や江戸前漁業の面影を想像することも難しくなった。往時を知る人は口々に「江戸前は消えた」と嘆いてきたのも当然だろう。

だが、内湾に限っても採貝、ノリ養殖を中心に漁業は継続されてきたのである。東京湾全体でみれば生産量こそ二万トン足らずと、昭和三五年（一九六〇）のピーク時に記録した一八万七〇〇〇トン余りの一〇分の一程度に減少したものの、東京湾が水産上重要な海域であることに変わりないのだ。中央卸売市場には数は多くないにしろ、東京湾の魚貝が入荷してくる。つまり、その気になれば「本物の江戸前」を味わうこともできるのだ。そういう意味では、江戸前は生きているのである。

とはいえ、心からよろこべるような状況ではないようだ。かつて江戸前の名品と知られた魚貝の過半数が絶滅の危機に瀕しているのが現状なのである。原因は環境の悪化といわれる。東京湾の水質は一九七〇年代の公害たけなわの最悪の状態から八〇年代半ばまでに大きく改善された。しかし、九〇年代に入る頃から再び悪化へと転じ、二〇〇〇年代以降はいっこうに良化の兆しを見せていないという。内湾沿岸の広大な干潟が消えたために、自然の浄化能力を失って、わずかな環境変化にもダメージを受けやすくなったのかもしれない。

くりかえしになるが、東京湾は水産上重要な海なのだ。東京湾再生の取り組みがすすめられ、その一方では江戸前を守ろうとする漁師の方もいる。何よりも人々が心から望む限り、東京湾にはうまい魚貝を与えてくれる潜在力が残されていることを忘れたくない。

未来は定められた一本道ではなく、いくつもの選択の上に到達するものなら、再び誰もが江戸前の魚貝に親しめる、そんな近未来の訪れることを願ってやまない。

魚河岸の魚図鑑

江戸の魚河岸は現代の魚市場にくらべ、規模もずっと小さく、とりあつかう水産物の種類も限られた。それでも江戸前海沿岸を中心に関東一円の河海、さらに東北地方や西日本からも毎日続々と水産物が入荷した。ここでは江戸の魚河岸であつかった魚貝について、当時の文献からみていくことで、魚好きの江戸人の魚食を想像してみたい。

凡例

なまえ【魚名】

江戸で一般的につかわれていた魚名、および魚市場や産地で呼ばれた別称を記す。

魚図

近代捕鯨の父といわれる水産業の先駆者藤川三渓《さんけい》（一八一七‐八九）が明治二二年（一八八九）に著した『水産図解』より、三渓自身の筆になる魚図を付した（提供：国立研究開発法人水産研究・教育機構）。

説明文

江戸時代に出版された魚貝事典『魚鑑』（武井周作・天保二年刊）、および百科事典『和漢三才図会《さんさいずえ》』（寺島良安・正徳二年刊）、食物事典『本朝食鑑《しょっかん》』（人見必大《ひつだい》・元禄一〇年刊）をもとにして、読みやすいように適宜、現代語に対応させた。

【気味】と【主治】

本草書に必ず示される項目に【気味】と【主治】がある。『魚鑑』（八坂書房・一九七八）の解説によると、

【気味】は中国の陰陽五行説に基づいて、五味と五性によって味わいと身体への効能をあらわすもの。

◆五味（辛・甘・酸・苦・鹹）の作用

辛《しん》（からいもの）……身体を温めて、血液循環を良くする。

魚図

なまえ

くろだい【黒鯛】一名 ちぬ［知沼］

説明文

形はたい［鯛］に似て、色は黒くふな［鮒］にも似る。たいは夏に味は劣るが、この魚は夏に味がすぐれる。下賤な魚だが味わいは良い。

気味と主治

【気味】甘温。毒なし。

【主治】妊婦が食べると堕胎する。蕨《わらび》といっしょに食べてはいけない。

川柳・俳句

中条《ちゅうじょう》で下女黒鯛の事もいひ（柳多留）

鼻、肺、毛髪、大腸に作用する。

甘《かん》（あまいもの）……身体の栄養となる。緊張をほぐす。
唇、肌、胃、脾臓《ひぞう》に作用する。

酸《さん》（すっぱいもの）……血液の流れをうながし、代謝促進する。
眼、筋肉、心臓、胆嚢《たんのう》に作用する。

苦《く》（にがいもの）……熱をとり体内の湿を出して心臓を良くする。
舌、血脈、小腸、心臓に作用する。

鹹《かん》（しょっぱいもの）…排尿作用により解毒する。
耳、腎臓、膀胱、骨髄に作用する。

◆五性（熱・温・平・涼・寒）の効果

熱・温の食物は、身体を温めて機能亢進《こうしん》をうながす。一方寒・涼の食物は、身体を冷やし炎症を止める。熱と温、寒と涼はそれぞれ程度の差を示している。

また、熱温と寒涼の中間が平の食物で、身体を温めすぎず、冷やさず、病後や老人、子どもも安心して食べられる。

【主治】は五味・五性をもとに示される薬効である。ときに荒唐無稽な説もみられるが、現代の代替医療にも通じる考え方は興味深いものがある。

川柳・俳句

魚好きの江戸人だから、魚貝を詠んだ川柳や俳句がたくさん残っている。江戸人の魚食をよくあらわしているものを紹介する。

江戸の沿岸・河川でとれる魚貝

いわゆる江戸前の魚

くろだい【黒鯛】

一名 ちぬ［知沼］

形はたい［鯛］に似て、色は黒くふな［鮒］にも似る。たいは夏に味は劣るが、この魚は夏に味がすぐれる。下賤な魚だが味わいは良い。

【気味】甘温。毒なし。

【主治】妊婦が食べると堕胎する。蕨《わらび》といっしょに食べてはいけない。

中条《ちゅうじょう》で下女黒鯛の事もいひ（柳多留）

※「中条流」の略で、堕胎専門医のこと。

かれい【鰈】

女性の履物の底のような形をしている。二尾が相重なって、初めて前方にすすむことができる。種類が大変に多い。

▽むしがれい［虫鰈］ 白皮に黒点あり、五、六寸から一尺余で北陸産を最上とする／いしがれい［石鰈］ 黒皮と両鰭《ひれ》に黒い石つぶ状があって、大きさ一尺程。味にすぐれる／へいしがれい［瓶子鰈］（※マコガレイか？） 円大で背鰭に九つの文がある。とくに明石産の大きさ一尺半程度のものが味わい最上とされる／しろみずがれい［白水鰈］ 一名しもつき［霜月鰈］ 真冬にとれる大きさ六、七寸程のもので、形は狭小で肉薄く軟らか。子持ちもいるが、子の味は良くない／めいたがれい［目痛鰈］ 表裏ともに鱗がなく、やや狭長／このはがれい［木の葉鰈］

大きさ一寸ばかり。泉州産の干魚がよく出回る。

【気味】甘平。毒なし。骨が刺さると抜けない。子に小毒あり。

【主治】虚弱を補い気力を増す。ただし多食すると嘔吐する。小児は食すべからず。

煮こごりに箸ぽっきりと石かれい（柳多留）

こち【鯒】

身体は丸く、頭が大きくて平たい。口は大きく唇が重なり合い大変に醜い。骨が堅く肉のなかにもあり、刺さると抜けにくい。大きいものは

一、二尺。白く肉厚で美味。

【気味】甘平。毒なし。

【主治】食欲増進をうながし、肌をきれいにして、筋骨を健やかにする。下痢に効果がある。ただし眼病の者は食べてはいけない。

鯒の子は酒乞ひ蟹は月を見て（芭蕉）

すずき【鱸】

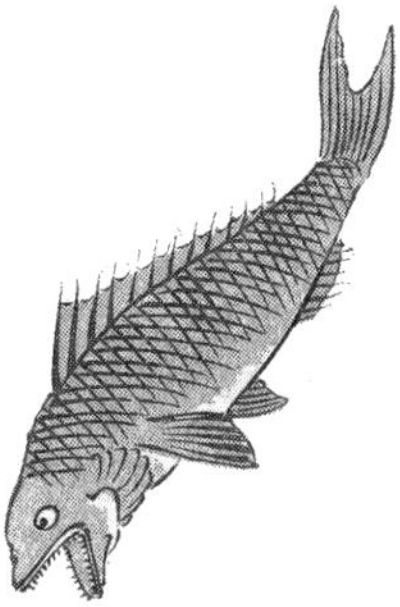

小さいものをせいご、少し大きくなるとふっこ、さらに成長してすずき［鱸］となる。出世魚である。河川でとれるものは美味で脂が多いが、海産は味が浅く脂も少ない。京の淀川・宇治川の産を上品とする。関東では下総銚子産が佳品である。隅田川産は清き水と潮が交じり合う最上の風味である。夏期に鱠《なます》にして、これに勝る魚はない。

【気味】甘微温。小毒あり。

【主治】肌をうるおし筋骨をつくるが、多食すると瘡腫《できもの》を発する。とくに肝を食べると面皮が剝《む》けるので注意。

白くして出すは鱸の洗い張り（柳多留）

ぼら【鯔】一名　なよし［奈与之］

脂があって味が良い。うまれたてをおぼこ、二歳をいな、三歳をすばしり、四歳以上をぼら［鯔］という。一〇歳をへてとどとなる出世魚。三、四月にぼらの子を胞《えな》のまま干したものを唐墨《からすみ》という。

【気味】甘平。毒なし。よく泥を食べる魚なので泥味がする。

【主治】胃を開いて五臓を良くするが、妊婦は多食を慎むべし。

御祭礼魚《うお》もその頃出世する（柳多留）

きす【鱚】一名　きすご［幾須子魚］

海でとれるものと河川近くでとれるものの二種類がある。海のしらぎす［白鱚］は、肉白く最上の美味である。川寄りのあおぎす［青鱚］は、味は良いが小毒がある。江戸の秋月には品川、芝辺で貴賤を問

わず誰もがこれを釣って楽しむ。

【気味】甘平。毒なし。

【主治】胃を開き、食をすすめる。病人によろしい。

八十九日にきすをもう釣りに出る　（柳多留）

あいなめ【鮎魚女】〔＝阿比奈女〕

形があゆ［鮎］に似ている。女と書くがあゆの雌ではない。味もあゆに比べてきわめて劣る。江戸の品川、芝の海浜に多く、夏秋に釣ってとる。関西人は食べない。

【気味】甘平。毒なし。

【主治】魚河岸の翁によれば、赤魚《あかうお》、眼張《めばる》、藻魚《もうお》に比べ脂多く生臭いために、多食すると発熱する。

さより【細魚】

和名　はりを〔波利乎〕
一名　よろづ〔与呂豆〕

身は七、八寸で嘴《くちばし》が三寸ばかり。鉄針のように細く尖った頭は赤色を帯びる。鱠で食べるのが最も良いが、焼いても蒲鉾《かまぼこ》にしても良い。江戸前の他にも関西はじめ各地の海にたくさんいる。

【気味】甘寒。毒なし。

【主治】毒を去り、胃腸の熱を消し、肝腎を補い、筋骨を強くする。しかし、多食すると腹が張って下痢を催す。

結び細魚は御守殿の帯のよう　（柳多留）

はぜ-いお【波世魚】（＝鯊）

干潟の泥砂に多くいる。江戸では芝および中川の産が上品とされる。三年を過ぎるものは殊に味が良い。肉白く、味は淡白だが、きす［鱚］に比べてやや脂が強い。

【気味】甘微温。小毒あり。

【主治】脾臓および胃を調えて気を増す。老人や病人が食べても妨げはないが、多食すると疥癬《かいせん》を発することがある。

ひらひらと釣られて淋し今年鯊　（高浜虚子）

このしろ【鮗】一名　つなし［鰶］

初年《いちねん》をこはだ［小鰭］、二年をこのしろ［鮗］という。大は六、七寸。炙《あぶ》ると大変臭く屍《かばね》の臭いがする。昔一人の美女があり。ひそかに相思の男がいて、両親も結婚を許していた。そこに国司があらわれて、強《し》いてこの女を嫁にと欲したが、女はこれを拒絶する。そのため、両親は国司の怒りを恐れて、女は疫死したと偽り、棺をつくって、そこに数百のつなし［鰶］を入れて荼毘《だび》に付して、その臭いによってごまかしたという。これにより子代《このしろ》と呼ばれるようになった。

▽こはだずし　たい［鯛］とともに上《こ》饌《ぜん》に供す。このしろと天地の差なり。

【気味】甘温。小毒あり。

【主治】多食すると疥癬を発する。

このしろが鯛になるのも御縁日（柳多留）

あなご【穴子】

形はうなぎ［鰻］に似て黄赤色に淡黒を帯び、脇に小さな白斑が一条につらなっている。腹が白く、長さ六、七寸から二尺程。三、四尺のものはだいなんといって味は劣る。焼くとうなぎに劣らないので、漁人はこれを炙り鰻と偽ったりする。

【気味】甘平。脂はうなぎよりも少ない。

初午の狸丑の日のあなご（新編柳多留）

ぎんぽーう【銀宝】一名　うみどぜう［海泥鰌］

形はどぜう［泥鰌］に似て、平たく全身黄色、背に黒斑あり。ぬらつきもどぜうに同じ。

昔は食う者はなかったが、近ごろは民間《しもさま》の食用となっている。味は良いが下品なり。

しらうお【白魚】

身は丸箸のように円《まる》く、銀のように潔白で、鱗《うろこ》はなく、すでに鱠にしたような形で、ただ目に両黒点があるのみ。

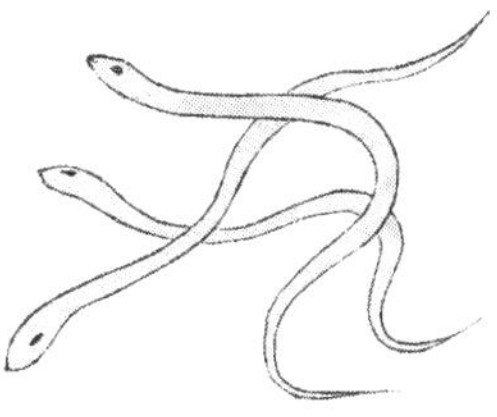

三月頃に子をもち大変良い。隅田川および中川は、水が美であれば魚もまた美なり。

【気味】甘温。小毒あり。

【主治】胃を開き、食をすすめる。多食すれば熱を動かし血をやぶる。したがって妊婦は食べないほうが良い。

白魚も一寸八分宮戸川　（柳多留）

たこ【蛸（＝章魚）】

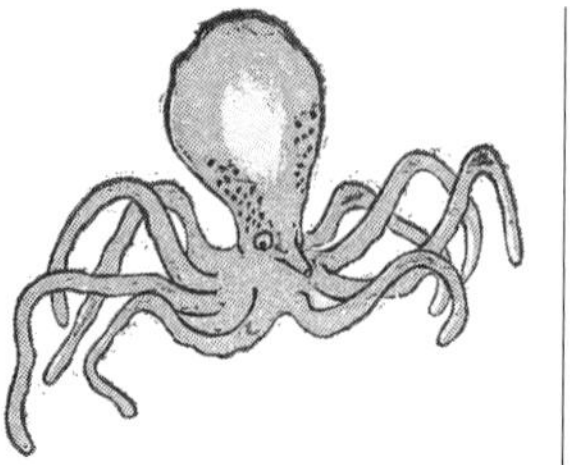

形はいか［烏賊］に似て大きく、八足で疣《いぼ》が多い。色は白く微赤を帯びる。頭は嚢《ふくろ》に似て肉薄。ただし足の肉は厚く味も良い。しかし、あわび［鮑］よりも堅く、老人の歯では嚙めない。酒と水を半々にしてとろ火で半日ばかり煮て醤油を加え、ふたたび煮ると、軟らかで甘美さは倍加する。これを関東煮という。芋を好み田圃《たんぼ》に入って芋を掘って食べる。眼を怒らし、八足を踏んで立ち歩く。その頭は僧侶のようで、俗に蛸坊主という。飢えると自分の足を食べるので、たまに五足、六足のものもある。▽いいだこ［飯蛸］形が蛸に類似するが小さい。頭は鳥の卵のようで、なかに白肉が満ちている。これも煮て食べると良い。

【気味】甘鹹寒。毒なし。

【主治】血を益し、気を養い、筋骨を強くし、痔を治し、産後を助ける。

蛸壺やはかなき夢の夏の月　（芭蕉）

いか【烏賊】

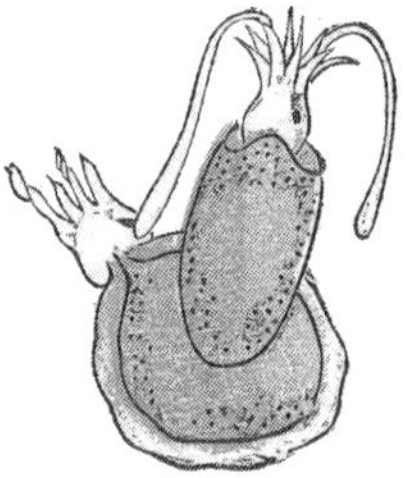

形は皮《かわ》嚢《ふくろ》のようで鱗はなく髭がある。黒皮で白肉。口は腹の下にあり、八つの足は口のそばに集っている。江戸の海では、いたるところで季節を問わずとれる。▽まいか［真烏賊］は最も上品。大きいものをあをりいか［障泥烏賊］、細小のものを尺八いかという。紫色で肉骨薄いものをするめいか［鰑烏賊］といい、平安時代の『延喜式』にみられる貢献品は、みなこれである。烏を好み自ら水上に浮く。烏がこれをみて死んでいると思い、舞い降りてついばみにきたところを、逆に巻きとり海中に沈めて食う。それで烏賊という字がついた。腹中の血と肝は墨によく似て、これで字も書けるが、年を経れば消えて白紙に戻る。

【気味】甘鹹平。毒なし。

【主治】志を強くし、婦人《おんな》の月経を通し、小児の鳥目を治す。また、ふぐ［河豚］にあたったときに効果があると知られる。そのため、ふぐの振る舞いには、毒消しである茄子《なす》の塩漬けとともに必ずするめ鱠を添える。

さあ事だ親父寿留女《するめ》をつまみ食い　（柳多留）

えび【蝦（＝海老）】

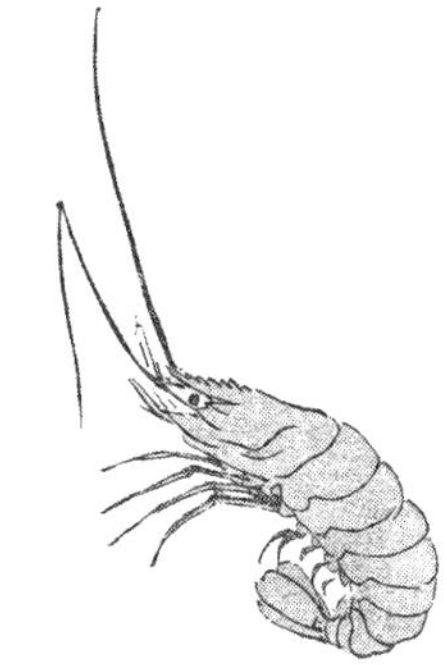

河海湖沼のいたるところにいて、種類もすこぶる多い。河海のものは大きく色白で、渓池のものは小さくて色青。どれも礫髭《はりひげ》に鉞鼻《おのばな》で背に節があり、尾に堅い鱗がある。多足で踊りが好き。腸は脳に属していて、子は腹のなかにいる。

▽くるまえび［車蝦］　大きさ四、五寸。皮厚く節高で褐白色の横文がある。煮ると紅色に変じて車輪のように曲がることから名がついた。夏から秋冬にかけてとれる。大変に甘美な上級品である／てながえび［手長蝦］　大きさ二、三寸。両手は肥えて長く、雄は鋏《はさみ》をもつ。雌は手が小ぶりで鋏はなく、腹の下に多くの子を抱いている／しばえび［芝蝦］　大きさ三、四寸。皮は薄く白く、煮ると淡赤になる。江戸の芝辺でよくとれるので名がついた。いたって小さいが美味である。

【気味】甘温。小毒あり（尾が屈《かが》まぬものには毒あり）。

【主治】気を増し、腎臓を盛んにする。榧《かや》の実といっしょに食べてはいけない。

敵味方鎌倉海老と平家蟹　（柳多留）

なまこ【海鼠】

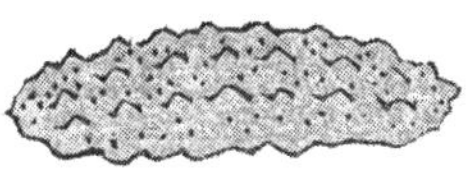

あちこちの海にいるが関東に最も多い。形は鼠に似て、頭・尾・手足はなく、前後に両口があるだけ。

『古事記』に「天宇受売《あめのうずめの》命《みこと》は大小すべての魚をあつめていった〝お前たちは天《あま》つ神の御子のために御膳にお仕えするか〟諸魚が仕え奉ると申し上げるなか、なまこ［海鼠］だけが黙っていた。天宇受売命は〝この口は答えぬ口か〟と紐小刀《ひもかたな》で切り裂いた。それで今もなまこの口は裂けているのだ」とある。

肉はあわび［鮑］のような香気がある。黄色を帯びているものが最も良い。鱠にして生姜酢で食べるか、煮るのも良い。また、砂で何度もかきまぜてから砂をふるうと、肉が軟らかになり老人でも食べやすくなる。
▽いりこ［海参］は、海鼠の腸《はらわた》を抜き、数百枚を重ねて空鍋に煎《い》る。六、七寸以上のものが適当で、小さいものは良くない。
▽このわた［海鼠腸］は、海鼠の生鮮な腸をきれいな水で数十回洗浄して砂と汁をすすいで白塩を和えて漬ける。三河佐久島産を最上とする。
【気味】鹹平。毒なし。

【主治】胸を開き、小便を通し、ふぐ毒を消す。いりこ、きんこ［光参］は元気を補い、五臓六腑をうるおす。あひる［家鴨］といっしょに煮て食えば疲労回復し、髪を黒くし、骨を堅くする。凍瘡《しもやけ》には色の赤いあかなまこ［赤海鼠］を摺りつけると効く。


なまこ売りつまんで見せていやがらせ （武玉川）

かに【蟹】

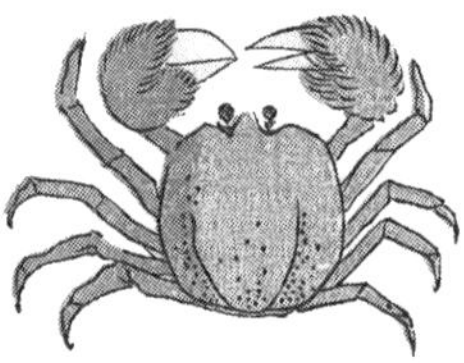

かに［蟹］類はあちこちの河海や沢にいて種類も多いが、その形はいずれもほぼ同じ。外側は堅く、内は軟らかく、骨眼・蟬《せみのような》腹《はら》・二つの鋏・八本の足・尖った爪をもっている。雄は腹が長く、雌は短い。雌の腹の黄色（子を宿すところ）は、月に応じて満ち欠けする。身肉は月夜に少なく、闇夜に充満する。騒がしい性質で、生涯ぶつぶつ喋り続けて死ぬとやむ。霜月前は有毒だが、それ以後は無毒で味は良い。
▽海にすむようけん［擁剣］は、片方の大きい鋏で闘い、もう一方の小さい鋏でものを食べる。美味で塩水で煮ると全体が赤色に変わる。
▽渓流の谷間などにすむいしがに［石蟹］は、小さくて殻が堅い。塩蔵にすれば佳品の酒魚《さかな》となる。
【気味】鹹甘寒。毒なし。

【主治】酒毒を解し、筋骨を強くする。生のまま搗《つ》いて塗れば、漆かぶれ、疥癬に効果がある。

しゃこ【蝦蛄】一名　石楠花蝦《しゃくなげえび》

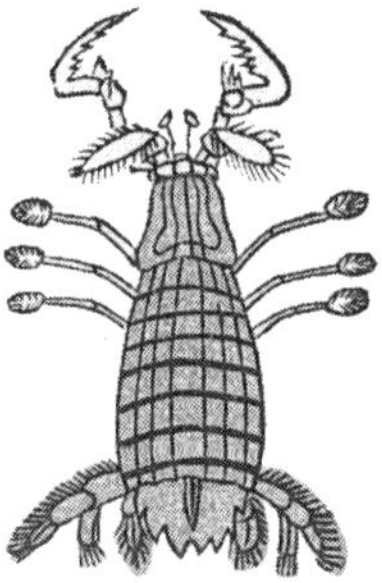

形はむかで［百足］に似ていて、尾は僧侶の帽子のようである。唐の人は青竜と呼ぶ。手足が多く背に細節があり、碧《みどり》を帯びた灰白色をしている。よく雑魚に交じってとれる。主

に煎って食べるが、肉が少なく味も良くない。

【気味】甘平。毒なし。

【主治】南蛮人は油に漬けて煉《ね》る。外科ではこれで膿をはらう。しこりをとり、小便を通す。大きいものはいしもち［石持］のような頭石（南蛮人は於久里加牟幾利《オクリカンキリ》という）をもち、五淋（膀胱、尿路の病）を治す。

いたちいお【鼬魚（＝伊太知以乎）】

一名 あぶらめ［油身魚（＝阿布良女魚）］

大きさ八、九寸。形は平たく身は円く、口先に細い鰭がある。細かい鱗は褐色に光る。色がいたち［鼬］に似ているのでこう呼ぶ。播州明石の海で多くとれるが、江戸にもまれにいて、魚河岸にたまに出る。味はたら［鱈］に似るが、臭みがあって良くない。

【気味】淡甘平。肉に臭気あり。

【主治】病人は忌むべし。

たなご【鱮】

形はふな［鮒］に似て鱗が細く白色。大きいもので三、四寸。川にうまれ海で育つ。よく群れをなすのでこの名がついた。他魚と異なり胎生《はらでうまれる》。他に胎生の魚にふか［鱶］、さめ［鮫］、えい［鱏］、あなご［穴子］などがある。

【気味】甘温。小毒あり。

【主治】多食すると瘡疥《できもの》を発する。

はまぐり【蛤】古名 うむき［白蛤］

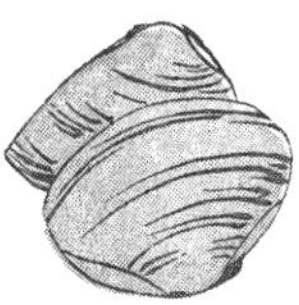

江戸に多いが、どこの海浜にもいる。形が栗に似ているので浜栗といった。大きなもので三寸、小さなものは五、六分。灰白色に紫黒の文がある。二つの殻は門扉の蝶《ちょう》番《つがい》のようによく開閉する。これは陽貝に三つの牙歯《げし》があり、陰貝にこれを受ける穴がある。牡牝の交わりに似てよく合わさる。ただし合う相手は一つだけで、千万数の貝と合わせても、すべて齟齬《そご》となる。一般に秋冬に味がすぐれる。大きいものも良いが、小さいものはさらに良い。炙食きわめて良く、煮食はこれに次ぐ。炙る方法は松毬《まつかさ》火が良く、稲草《わら》火、炭火も良い。しかし、灰火は肉に煤《すす》が混じるので良くない。

【気味】鹹甘寒。毒なし。
【主治】肺をうるおし、胃を開き、渇きを止め、酒を醒《さ》ます。
老人、虚人《よわきひと》が食べても妨げはない。

かき【牡蠣】

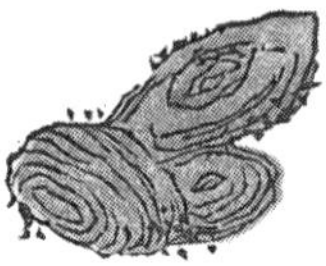

江戸の他にどの海にもいて、石に付着して生活し、あるいは泥砂に寄り集まる。大きいものは二、三寸、小さいものは人の親指程で、肉の大きさは殻に応じている。
仲秋から春三月にかけて味が良い。夏は肉が脆《もろ》く、甚だ鹹《しおから》くて食べるには良くないので、漁師はこの時期はとらない。俗に内海かき［牡蠣］は安芸広島・播磨・紀伊・和泉・三河・尾張・武蔵等の海にいる。下総銚子など外海のものは大きいが味は良くない。しかし、これを江戸の海に一ヶ月程活け置けば美味を生じる。江戸内海に自然発生するかきも味わいきわめて良し。水が肥えているためである。船に付いたのをとることもあって、はからずも遠海の産を居ながらに食するのは都会《みやこ》の幸なり。
【気味】甘温。毒なし。
【主治】心を涼しくし、腎臓をうるおし、汗を止め、渇きを止め、下痢を収める。

牡蠣汁や居続けしたる二日酔（正岡子規）

ばかがい【馬鹿蛤】一名 おおのがい［大野蛤］

肉がしなしなして食べるに値しない。頑愚《がんぐ》でつかえない人を馬鹿という。この肉もそれと同じである。ただし貝柱は良い。その形は指の頭のようで白色あるいは微赤。味は甘美である。
昔三河大野の浜でよくとれたのでおおのがい［大野蛤］とも呼ぶ。今は江戸に多くいる。
【気味】甘微温。毒なし。
【主治】気合いを入れる。だが、多食すると吐き気を催す。

私は行徳ばかのむきみうり（柳多留）

あさり【浅蜊】

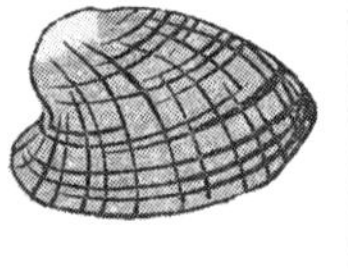

形はしおふき［潮吹貝］に似ているが小さい。大きなもので一寸、小さなものは四、五分である。どこの浜にもいるが、摂州、泉州、播州にはあまりいない。東海にきわめて多く、民間の日用の食となっている。価《あたい》もきわめて安い。

腸のなかに珠があって、これを尾張真珠という。米粉の色を帯びていて伊勢真珠の光とは程遠い。漁人は市中の薬肆《くすりや》に売る。薬としても悪くはないが効用は劣る。

【気味】鹹甘寒。毒なし。生食、煮食どちらも良し。

【主治】煩《わずら》いを解き、渇きを止める。腎臓に良く、小便を通す。

あさり売り身のないようによんで来る　（万句合）

しじみ【蜆】

江戸をはじめ、どこの河海にもいる。大きいものは一、二寸あり、小さいものは三、四分で大小厚薄は一定しない。両頭の上部に白禿斑がついている。漁師はつねに多量にとって自家食とし、大きいものは魚市に出荷して販売する。江戸のものは大きく味が良い。隅田川産を業平しじみと呼び、肉厚で甘美をうたう。近江勢多産も有名。殻は焼いて灰にし、石灰の代わりとする。

【気味】鹹甘寒。毒なし。

【主治】温熱を下し、小便を通し、酒毒を醒ます。黄疸には生蜆の煎汁を冷まして全身に浴びれば消える。これで腫物を洗うと痘跡《あばた》にならない。

金色の男蜆に食い飽きる　（柳多留）

あわび【鮑】

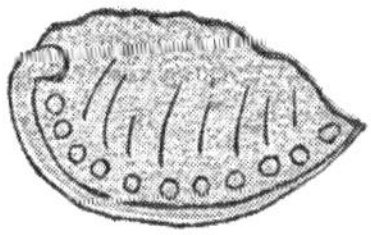

貝類の長《おさ》であって、古くから賞味されている。形は長扁《ながぼそ》の円形で、殻は一片のみの片貝。大きいものは一尺余り。小さいものは二、三寸。最も小さいものをとこぶし［登古不志］という。水中では殻から半ば外に出て、体を転身し跂歩《つまだちあるき》する。この足を俗に鮑の耳という。海士《あま》は巌石《いわおいし》に付着しているところを不意に襲う。そうすれば容易に得られるが、いったん石崖にはりつくと固く粘着して離れない。

▽ほしあわび［干鮑］竹や木を削った串で生鮑を貫き、甲と腸をとり去り干したものを串抜《くしぬき》、甲と腸をとった後切らずに乾かして団子のようにしたのを丸干《まるぼし》という。

▽熨斗《のし》は生鮑を条《すじ》状に切って洗浄し、生乾きにして長く引き伸べ、また乾かしてつくる。

▽真珠一名貝の玉。腹中にあり。本朝名珠の一にして、薬に入れるにもこの珠を上品とする。

【気味】甘微鹹平。毒なし。

【主治】眼を養い、肝の熱を清くし、五淋を通じ、渇きを止め、酒毒を解す。

孝行さ大根で鮑ぶちのめし（柳多留）

ふぐ【河豚（＝鰒）】

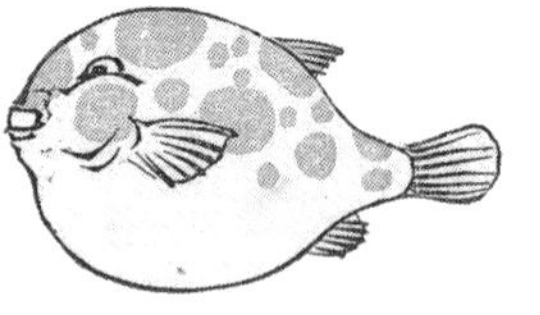

海のどこでもいる。形はおたまじゃくし「御玉杓子」のようで、大きなものは一尺余。物に触れると憤怒《いか》り、腹を膨らませ毬《まり》のようになる。およそ鱗、鰓《えら》、胆《きも》がない、声を発する、目がまたたく、などの魚はいずれも毒をもっている。この魚は毒魚の条件を備えているので人は畏《おそ》れる。下総銚子ではとみ「富」、江戸ではてつぽう「鉄砲」という。いずれもあたる（※滅多にあたらぬ）ことからついた名である。炎のように黒く、文点のあるものは毒が甚だしい。関東では冬のみ食べ、春は珍重しない。

【気味】甘大温。大毒あり。これを煮るとき鍋に煤を落としてはいけない。誤って一点でも煤が入れば、食べた者に死をもたらす。河豚を食べたときは一日程煎じ薬、荊芥《けいがい》（※生薬の一種）を服《の》まぬほうが良い。

【主治】冷え性、腹痛、腰痛、月経不順を治す。

ふぐ汁を食わぬたわけに食うたわけ（柳多留）

うなぎ【鰻】

形は蛇のようで、背に肉鰭があって尾までつらなる。鱗はなく、舌があり、腹は白い。大きいものは数尺。脂が多く、よく深い穴を穿《ほ》る。魚河岸で販売されるものでは、玉川産が最も大きく味も良い。深川産は大きくも小さくもなく二、三尺を上とする。また浅草川産も美味とされる。

【気味】甘温。毒なし。但し黒斑あるものは毒多し。甚だ大なるものは注意すべし。よつめうなぎ「四目鰻」を食べると死ぬことがある。背に白斑のものを妊婦が食べると子を損なうとされる。

【主治】陽物《いちもつ》を起こし、水腫《はれ》をおさめ、眼を明らかにし、一切の虫を殺し、肺病や小児の疳《かんのむし》を治す。

辻売りの鰻はみんな江戸後《うしろ》（柳多留）

どぜう【泥鰌】

川、沢、溝《どぶ》、田のあいだにすみ、深い泥中によく潜る。形はうなぎ［鰻］に似てやや細く、蒼黒色あるいは黒斑や文彩があり、腹は白く、赤みを帯びる。うなぎと同じくぬめりは甚だしく捕まえにくい。背骨を抜き去って煮食すれば、まことに美味である。そのとき燈心草《とうしんぐさ》（※藺草《いぐさ》の一種）で煮ると大変に妙味がある。

【気味】甘温。毒なし。

【主治】脾胃を温め、気を益し、酒を醒ます。消渇《しょうかつ》（糖尿病）を治し、痔をおさめる。

鍋ぶたへ力を入れるどぜう汁　（万句合）

こい【鯉】

昔からこい［鯉］は魚の主とされている。背鱗は頭から尾まで一筋に走り、魚の大小にかかわらず、その数は三六鱗ある。

こいのつかみどりは、必ず魚にそれと悟らせないようにする。背腹を撫でつつ魚の泳行にまかせ、岸辺に近づいたところを急に陸に抛《ほお》り投げる。もしも途中で気づかれれば、魚は跳ね動き、その勢いは人を転倒させてしまうほどだ。

こいの味は、産地の水による好悪がある。淀川産が第一とされ、宇治川、勢多川、琵琶湖がこれに次ぐ。関東では江戸の浅草川、常州の箕輪田《みのわだ》（現茨城県稲敷市付近）を良しとする。

【気味】甘平。毒なし。

【主治】水腫を治し、乳汁を通す。肝は鳥目に効果あり。

鯉が利き滝のごとくに乳がでる　（柳多留）

ふな【鮒】

河川湖沼にいる。形は小ごい［小鯉］に似て、色黒で体は平たく、背中が膨らみ頭は小さい。大きなもので一、二尺。泥土を好んで食べ、雑物は食べない。そのために胃を丈夫にする。味はこい［鯉］に劣らないが、惜しいことに小骨が多い。

琵琶湖産を第一とする。鱠にしても炙っても良く、すしにしても甚だ美味。関東でも多く産するが、味は良いが泥味が抜けない。関東の川魚は全体に鰭骨が堅く、関西のものに劣るとされる。

【気味】甘温。毒なし。

【主治】胃を調え、腸を温める。赤痢《あかくだり》には鱠、白痢《しろくだり》には羹《あつもの》で食べると良い。

柳ごり鮒くふ内にしてやられ　（柳多留）

あゆ【鮎（＝年魚）】

二、三月にうまれ川と海の交わりにいる。一、二寸の潔白に黒目があるだけのもの。これをこじょう［小鰷］といい、煎ると大変甘美で生臭くない。四月になると柳の葉ほどになり鰭や細鱗が生じる。頭と背のあいだに凝脂があって味が良い。山川を上り泳ぎ、石垢《いしあか》、苔藻を食べる。五、六月には四、五寸になりすし、鱠、炙煮、干魚いずれにしても良い。七、八月に最も長じて一尺近くになる。背に刀の錆のような斑紋が生じるので、さびあゆ［錆鮎］という。八、九月に早瀬の水草のあいだに子を産み、その後は流れに下って死ぬ。その盛衰はさけ［鮭］と同じで、両方ともに「年魚」と称する。武蔵玉川産（現東京都世田谷区二子玉川付近）を上品とする。

【気味】甘温。毒なし。

【主治】五臓を補う。妊婦は忌むべし。

玉川の秋は景色も鮎も錆　（柳多留）

なまず【鯰】

大きな首、低い顔、大きな口、大きな腹をしていて、背は蒼黒《あおぐろ》、腹は白、口は顎の下で、はも［鱧］のような歯があり、髭をもつ。味はやや良く、鱠か蒲鉾にして食べる。淀川の鯰釣りは、縄にかわず［蛙］を繋いで水上に流し、蛙が跳ねると鯰が食いつきに浮かんでくる。嚙みついたところで縄を引く。この釣り方を知っている京都人は決して食べない。

【気味】甘温。毒なし。

【主治】むくみをとり、小便を通す。痔、脱肛に効く。

鹿嶋様とおどして寝かす鯰の子　（柳多留）

江戸内海でとれる魚

内湾部への沖合出漁でとってくる魚

たい【鯛】

魚のうちの第一なり。貴人の膳に欠かせない。また武家、町家ともに元服や婚礼などの饗宴に必ず用いる。大きいものは二尺余り。一、二寸の小さきものをかすご［春子鯛］という。生食、煮食ともに味わい良し。一年中いるが、桜花盛りの頃に最もうまい。ゆえにさくらだい［桜鯛］という。暗《と》紫色《びいろ》をしたものをゑびすだい［恵比寿鯛］、口の尖ったものをくちみだい［口美鯛］、またはいしだい［石鯛］ともいう。すじだい、はなおれだい［鼻折鯛］などはみな、さくらだいに味わい劣る。

【気味】甘温。毒なし。

【主治】五臓を良くし、気血をうるおす。常食すれば顔色を良くし、長生きにみちびく。鱠にして生姜、山葵《わさび》とともに食べれば胃を健やかにして食をすすめる。

にべ【鮸】

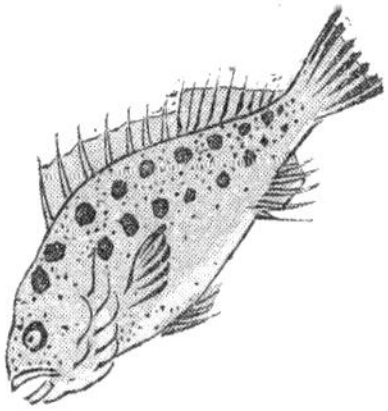

腹中の白鰾《しろほら》（うきぶくろ）は膠《にかわ》となり、物を繋げるのに役立つ。弓づくりに用いる。首に二個の白石があって、磨くと玉のように光る。毎年四月に海からくるが、そのときに雷のような声を出す。漁師は竹筒で水底の音を探して網を入れる。大きさは五寸から七寸程。年中とれるが、肉は脆くて脂は少ない。九月に最も成長し、このときは味も良い。

【気味】甘平。小毒あり。

【主治】下痢を治す。病人は食うべからず。肝に大毒あり。

いしもち【石持】一名 しろぐち

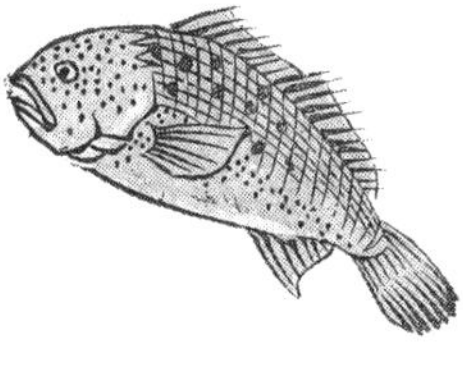

あちこちの河海にいる。形はふな［鮒］に似て細長い。背に黒斑がある。頭に二つの石をもつのでついた名。肉が脆く脂は少ないが、味は良い。

【気味】甘寒。毒なし。

【主治】胃を開き、気を増す。頭石を粉にして飲めば小便詰まりを治す。

いさき【伊佐木魚】

江戸にいつもいる。夏秋に最も多く、淡黒、丸身、細鱗で、背に一条の黒線文がある。魚中の下品とされるが、民間で嗜《たしな》まれ、脂が多く美味。

【気味】甘平。毒なし。骨が堅く、咽喉に刺さると抜けにくい。

たちのうお【太刀魚】

鱗はなく、色は雲母紙《きららかみ》のように光る。形は狭《ほそ》長《なが》で刀剣《つるぎ》に似ている。

【気味】甘温。小毒あり。腹に毒があるので洗い去るべし。

太刀魚の出刃包丁にはてにけり（正岡子規）

さば【鯖】

海のいたるところでとれる。春の末から秋の末までとくに多い。

背は真青で中に蒼黒の虎の紋《ふ》がある。生魚よりも塩漬が勝れる。二頭《ふたかしら》を刺し合わせて塩するのを刺鯖《さしさば》といい、武家、町方ともに盆の贈答とする。『五雑組《ござっそ》』（一七世紀明の謝肇淛《しゃちょうせい》の随筆集）に「さば［鯖］を食えば狂気がやみ、かたくちいわし［片口鰯］を食えば驕《おごり》がやみ、かれい［鰈］を食えば酔いがやみ、人魚を食えば愚痴がやみ、うぐいす［鶯］を食えば嫉妬がやむ」とある。

肉を削り、皮をとり去って曝《さら》し干しにしたものを鯖節という。

【気味】甘酸温。小毒あり。生食は多食すると酔うので悪し。

【主治】下痢を止め、冷え性を治す。

心中は刺鯖からの思いつき（柳多留拾遺）

ぶり【鰤】

円大で鱗は細かく、頭は大きく口は尖り、背青腹白、肉のなかに一筋の紫の血合《ちあい》がある。六月の五、六寸の小さなものをわかな［若魚］、江戸ではつばすといい、炙っ

て蓼酢《たです》で食べる。九月に一尺ばかりになったものをめじろ、一〇月に二尺近くになるとはまち［魬］、江戸ではいなだという。刺身にして芥子酢に和えると大変に美味である。仲冬には三尺から六尺となってぶり［鰤］と称する。

【気味】甘酸温。小毒あり。乾物は甘微温、毒なし。

【主治】気血をうるおし、人を肥健にする。

どぶろくの肴にいなだ旨すぎる（柳多留）

さわら【鰆】

どこの海でもとれる。頭と嘴が尖り、眼は大きく鰓は堅い。鱗はなく深青色で背に青斑円紋がある（※紋のないものもいる）。小さいものはさごし［青箭魚］という。江戸の芝浜、相州の鎌倉で俗にわかなご［若魚子］と呼んでいる。六月より一〇月頃までを盛りとし、四、五寸の大きさのものが最も甘美とされる。これよりも大きい六、七寸の平たいものをおきさわら［沖鰆］という。これは味が良くないので、漁師も滅多にとらない。

【気味】甘温。小毒あり。

【主治】身体を温める。瘡病、眼病の者は食べてはいけない。

さめ【鮫】

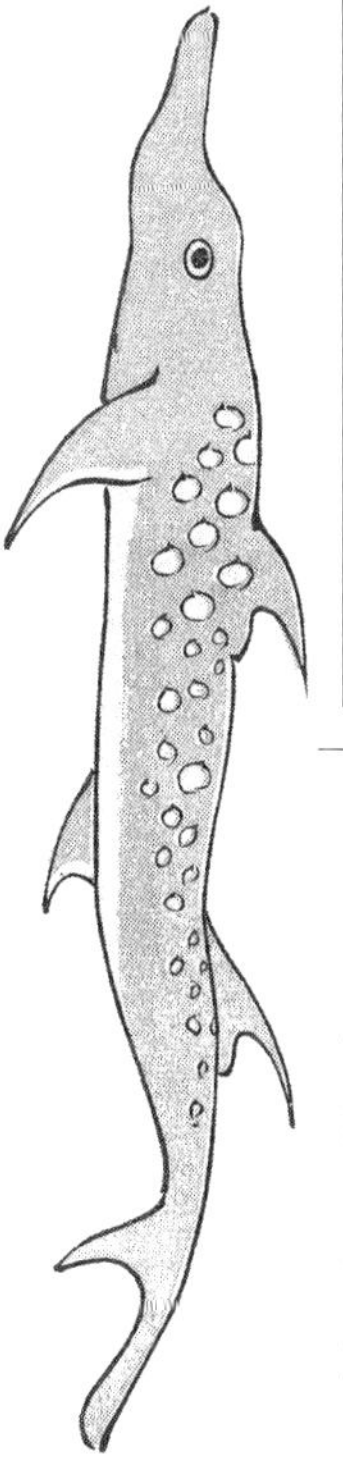

黒色の体はざらざらしている。この皮を剝いで乾かすと堅木を磨く道具となる。湯引きにして七色づくりにする、あるいは煮食も良い。蒲鉾には最も良く、蒲鉾屋には一日も欠かせない。酒屋も常備している。

種類が大変に多い。皮上に白点《しろぼし》のあるほしさめ［星鮫］は大きさ三尺ばかりで蒲鉾に最上とする。色赤く点《ほし》のないものをあかぼし［赤星鮫］、三、四寸より二尺までのものをかすさめ［糟鮫］といい、日光街道ではふりそで［振袖］といって売られる。

とりわけ、めうがさめ［甚兵衛鮫］という沖の大魚は、人声を聞くと必ずやってきて船を覆す。船に触れただけで底板はたちまち微塵《みじん》に砕けてしまう。かつお［鰹］の釣船が十分に漁獲して帰ろうとするところにあらわれ、船を沈め、人も魚も食べてしまう。そのため漁師はかつおを四、五本束ね置いて、不慮に備えた。

【気味】甘温。小毒あり。

【主治】気を増し、力をつける。軽い病人が食べても害はない。

肉がしまっているので、胃弱の人は食べないほうがいいが、蒲鉾ならかまわない。

すりばちへ悪魚を入れるかまぼこ屋 （柳多留）

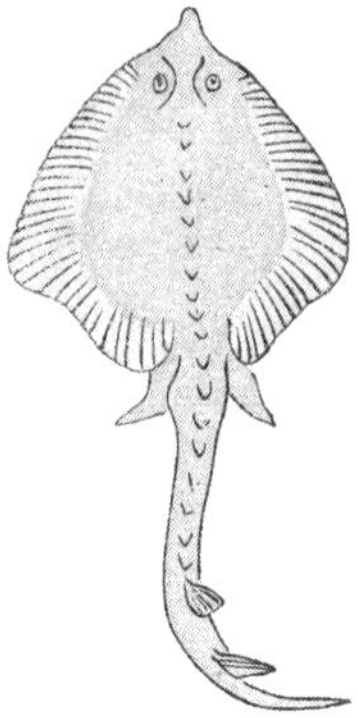

ゑい【頴（×鱏）】

形は盤《さら》か蓮《はす》の葉のようで、大きいものは七、八尺ある。足はなく、鱗もない。背が蒼黒く腹が白く、眼は額の上にあり、口は顎の下にある。尾は長く、大毒をもった棘《とげ》がある。風と波を頼りに海上に飛び、獲物にあうと尾で撥《は》ねてこれを食べる。江戸の海にいつもいて、とくに夏秋に多くとれる。味はなまず［鯰］に近く、脆く軟らかで食べられる。

【気味】甘平。毒なし。

【主治】消化不良、鳥目に良し。鳥目には血肝を味噌汁にすると良い。

いわし【鰯】

どこの海にもいる。鱗は細かくて抜けやすい。背黒で腹が黄白。脂が多い。小さなもので一、二寸、大きいものは五、六寸。群れになると海はやや赤くなる。漁師はこれを予知して網を下ろす。くじら［鯨］が好んで食べるので、くじらに追われて数万と群れをなしてくるときは、波が高楼のようになる。

鱠にしても良いし、煎っても炙っても良い。また脂をしぼって灯油にする。

ひしこ［鯷］は一、二寸くらいのこいわし［小鰯］を塩辛としたもの。ごまめいわし［五万米鰯］一名田作りは漁師が海辺の石や簀《す》の上に干しているこいわしで、祝事に欠かせない。ほしか［干鰯］は大小かまわず数万と干して田畑の肥料とする。

【気味】甘鹹温。毒なし。

【主治】気血をうるおし、筋骨を強くし、臓腑を補い、老を養い、弱を育て、人を肥健にし、長生きさせる。

となりの子おらがうちでも鰯だよ（柳多留）

あじ【鯵】

鱗がなく蒼黒色をしている。大きいもので一尺余り。駿州、豆州、房州、総州、武州の海浜でとれるものが最も美味である。春の末から秋の末にかけて多くとれ、そのうちでも長さ六、七寸ばかりの円肥なものは、味わい甚だ香美で、炙食に良い。あるいはすしに、煮物に、鱠にも良く、他の魚よりもすぐれている。好んであみ［醤蝦］を食べ、群れをなしてこれを追う。漁師たちはこの性質を利用して網をかける。江戸の産になかぶくら［中ぶくら］というものがあって、武家、町家ともにこれを賞美する。漁師はつねにとっておいて干魚とするが、これもやはり良い。冬から春にかけては魚が痩せて味は良くないので、もっぱら干して民間向けとする。

その他、むろあじ［室鯵］は、肉薄く生食に適さないが、干すとやや良くなる。しまあじ［島鯵］も肉薄で味も良くない、最も下品とされる。

【気味】甘温。小毒あり。

【主治】血を動かし、熱を生じるので、腫物には良くない。

夕暮の暑さ忘るゝ鯵の声（古川柳）

さんま【漢名知らず】一名　さいらいお［佐伊羅魚］

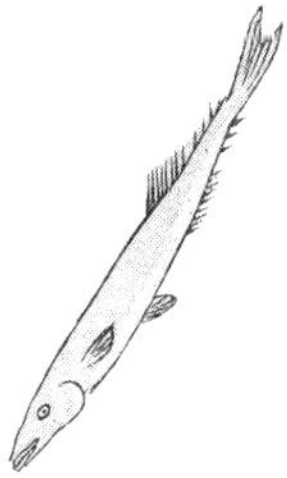

秋冬のあいだ房総の海に多い。淡塩《うすしお》をして鬻《ひさ》ぐ。形はさよりに似て、大きなもので八、九寸。鱗は細かく顎は短い。脂をとって灯油とする。魚のなかでは下級品である。

【気味】鹹微寒。小毒あり。

【主治】病人は食べないほうが良い。

まて火箸わたしてさんま焼いてくい（柳多留）

まぐろ【鮪】一名　しび［之比］

あちこちの海にいる。とりわけ西北の海浜で多くとれる。大きなものは一、二丈、小さいものでも七、八尺ある。武烈帝の頃に平《へ》群鮪《ぐりのしび》という臣がいたが、しび［鮪］の大きいのを賞して名づけたのだろ

うか。頭は大きく、嘴は尖り、鰓は鉄兜《てつかぶと》のようである。背は蒼黒色、腹は白く雲母をまぶしたようである。上は大きく中は円く下は小さい。この魚は頭に力があるが、逆に尾は非力なので、頭が陸を向いているときに尾をかけてとる。脂をとって灯油とする。あるいは乾肉として出荷する。鮮魚は鱠にしても、炙って食べても、味はやや良い。一尺以下のうづわは刺身にして芥子酢で食べると良い。二尺以下のめじか［目鹿］も刺身に良い。三尺以下のめぐろは多く塩物にする。三、四尺のまぐろ［鮪］は塩物の他、鮮魚を節にして鰹節に似せる。五尺以上のはつも同様である。他に鰭の端が黄色く、肉の淡《うす》赤いのをきはだ［黄肌］といい秋の初めを上とする。また鰭短く、肉色まぐろと同じものをめばち［目鉢］と呼ぶ。ひれ長で肉色少し薄いものをびんなが［鬢長］という。冬より春までを時とする。

【気味】甘温。小毒あり。

【主治】人を肥《ふと》らし健康にする。多食すると疥癬を発する。

煮なさるか焼きなはるかと鮪売り
（柳多留）

あんこう【鮟鱇】

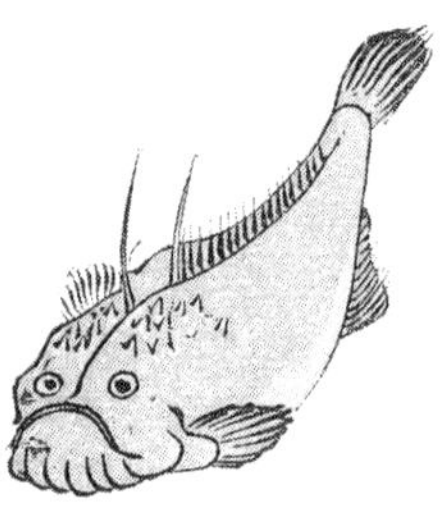

関東に多く、とりわけ駿州、豆州、相州、総州でよくとれる。冬の初めから春の末まで。夏秋は姿をみせない。形はおたまじゃくし［御玉杓子］のように平円《ひらまる》。肉厚で肝大きく、背黒腹白。眼鼻が上に向いて口が大きく、鬚鰭は短弱で骨も軟らかい。この魚は皮、肉、鬚、骨、腸、肝までみな食べられる。ただし胃と頭だけは食べない。釣切《つるしぎり》は、縄を魚の下唇に貫いて横梁《よこはり》にかけ、口から大柄《おおび》杓《しゃく》で水を五、六升も注入する。その水が口から外に漏れ出してやむのを待ち、まず顋の外皮から次第に黒白の皮を剝ぎつくし、最初に戻って今度は口の周りから肉を割きつくし、肝をとり、腸を割き、骨を断ち、最後に胃を刺すと水が走り出るので、これで庖丁を洗い去る。これらは肉を骨と離し、腸肝をつぶさずにとる方法で、料理人の秘伝としている。

【気味】甘平。毒なし。

【主治】腎臓を補い、胃を良くする。どんな病人が食べても害がない。

魚へんに安いと書くは春の事
（柳多留）

地方から搬送される魚

江戸の海ではあまりとれない魚

くじら【鯨】一名 いさな［勇魚］

海中の大魚で大きさは三三尋《ひろ》（約六〇メートル——実際にはありえない）におよぶ。肥円長大《こえてまるくちょうだい》。体色は蒼黒く、鱗はない。漁師はせび［背美鯨］、ざとう［座頭鯨］、こくじら［小鯨］、ながす［長須鯨］、いわし［鰯鯨］、まっこう［抹香鯨］の六種に区別する。

▽せび［背美鯨］ とりわけ上品である。これをとらえるには子鯨を捕まえて半死にして、子への愛惜から庇《かば》いにきた母鯨をとる／ざとう［座頭鯨］ 眼がないとの言い伝えがあるが正しくない。皮が幾重にも簀の子のようになっているため、そうみえるのである／ながす［長須鯨］ 水底に沈むので捕獲が難しい／いわしくじら［鰯鯨］ いわし［鰯］の群れを追うことから名づく／まっこう［抹香鯨］ 西日本では姿をみない。いわし［鰯鯨］、まっこうともに脂が少なく肉が粗いのであまりとらない。くじらは悪物を食べない性質なので肉の味は良い。鯨油はせび一頭から二斗樽に三〇〇から七〇〇樽とれる。百尋におよぶ腸は塩漬けにする。牙は象牙に似て堅白。これで老人の入れ歯をつくる歯医もいる。骨は細かにして、曝し干しとし、醤《ひしお》と和えて食べると淡甘である。尾は最も美味な部位できわめて甘美。陰茎は多計《たけ》利《り》という。糞は黒白あり、黒いものは軟膏、香油とする。

▽東海におきなという巨魚がすむ。その大きさ甚だしく、まれに背のみあらわれるときは海底が雷のように鳴り、島の如く山の如し。くじらも逃げ走ると伝えられる。

【気味】肉は甘酸大温。毒なし。

【主治】肉は腎臓を補い、脾臓を益す。胃を調え、腸を厚くし、虚弱、冷え性、下痢を治して暑気を払う。

水無月や鯛はあれども塩くじら（芭蕉）

さけ【鮭】

形はます［鱒］に似て丸く肥えている。腹は淡白で肉は赤色、細かい刺《さし》があって脂多く、味は大変に香美である。肉色の白いものは味が淡《うす》い。頭の枕骨は氷頭《ひず》という。軟らかく瑪瑙《めのう》のようで味も良い。子は二胞《ふたはら》あって数千粒入っている。透き通って上に赤い点がある。胞のまま塩漬にしたものを筋子《すじこ》・甘子《あまこ》という。東北の大河でとれ、今では越中、越後、飛騨、陸奥、出羽、常州水戸、秋田に最も多く、総州の銚子、下野《しもつけ》の中川、上野《かみつけ》の利根でも産する。夏の末から秋の初めにかけてとれるものを初鮭《はつさけ》という。内子鮭《こごもりさけ》として出回るのは、仙台より出る子籠《こごもり》の塩引である。

【気味】甘微温。毒なし。

【主治】身体を温め、気分を高める。多食すると痰《たん》が出る。

塩引の切り残されて長閑《のどか》なり　（柳多留）

たら【鱈】

形はすずき［鱸］に似て口が大きく、鱗が細かく、頭が大きく、骨が堅い。頭に小さな碁石程の白石を二個もつ。体色は青黄色に白みを帯び、老いたものは淡白色となる。味は甘淡で佳美。関東以西にみない魚で、三越州、佐渡、能登、丹波、但馬、あるいは奥州など、北に向いた海浜で冬ごとに多くとれる。大きいものは子が多い。中くらいは子が少なくて最も賞美される。塩漬けにすると良く、生は良くない。薄く塩したものを一塩《ひとしお》といい上品な味だが、塩の強いものはいたって下品とされる。冬の初めに茶会の炉開きに用いられ、京、江戸では新奇を好む懐石料理、あるいは冠婚饗宴の贈答品につかわれる。

【気味】甘平。毒なし。あるいは大温、毒ありともいう。昆布、くらげ［水母］、かぶら［蕪］、ししうど［猪独活］、ねぎ［葱］、こしょう［胡椒］、せり［芹］などを加えれば良い。

【主治】腹中を補い、気を増し、胃を開き、二日酔を解し、小便を通す。

棒鱈で帰る歳暮の千鳥足　（柳多留）

かつお【鰹（＝堅魚）】

各地の海にいるが、土佐、阿波、紀伊、伊勢、駿州、豆相などで最もよくとれる。形はまぐろ［鮪］に似ているが小さく、めじか［目鹿］に似て円肥で、頭が大きく、嘴が尖り、鱗がなく、蒼黒く光り、雲母のような腹白である。刺身は芥子酢あるいは冷塩酒を用いる。鱠には酢、塩、冷酒、蓼《たで》、紫蘇《しそ》、生姜、橙《だいだい》を用いて調理すると良い。肉が飴《あめ》のように粘るものをもちがつお［餅鰹］、皮に黒白斑が三、四条あるのをすじがつお［筋鰹］といい、いずれも味は良いが中毒する場合がある。もともと腐りやすい魚で熱に弱い。そこで相州、武州の漁師は石灰を魚肉に塗った。こうすると堅固となり腐敗しない。だが肉堅く、味がない。生命を危うくする方法である。ふつう魚にあたった場合を「酔う」というが、とりわけ鰹に中毒したときは、顔面は赤く、頭は眩《くら》み、身体も赤みを帯びる。甚だしくは吐瀉《としゃ》、気絶にいたるが命を落とすほどの者は少ない。ただし石灰鰹を食べた場合は死ぬこともある。

▽鰹節は四ツ割にして沸湯《たぎりゆ》でよく煮あげ、皮を半分以上剝ぎ、首の辺から骨を抜き、火によく炙り、幾日も日にあて、乾かし枯らして、上皮を削り去って貯える。暑中の製作《こしらえ》を上品とする。

【気味】甘温。毒あり。

【主治】身体を温め、胃腸を調え、下痢を止める。

井戸端で見せびらかして刺身をし（万句合）

はも【鱧】

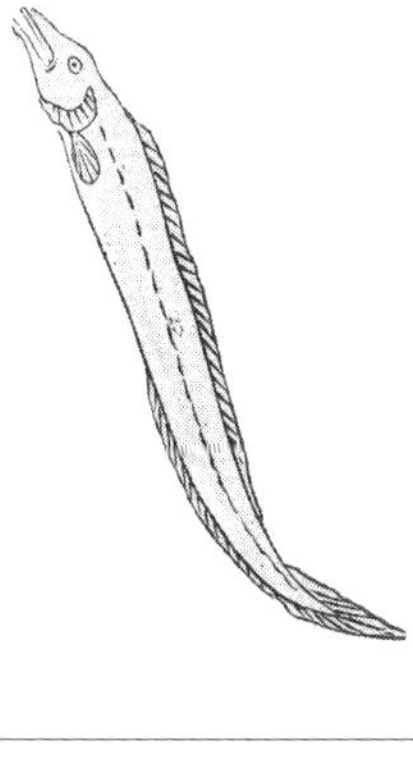

西南海に多くいて、東北にはまったくいない。形はうなぎ［鰻］に似て大きく一尺半から二尺ばかり。鰭が背から尾までつらなっている。蒼黒色だがうなぎより薄い色をしている。鱗はなく腹白で、牙歯は長短が口のなかほどまで数十と並んでいる。肉は白いが脆くない。皮をつけたまま割き、醤油をつけて炙って食べる。脂はうなぎより少ないが味は良い。

【気味】甘寒。毒なし。

【主治】風邪をはらい、浮腫《むくみ》をなくし、大小便を通じる。

京へ行く鱧は骨まで成仏し　（万句合）

さざゐ【栄螺】

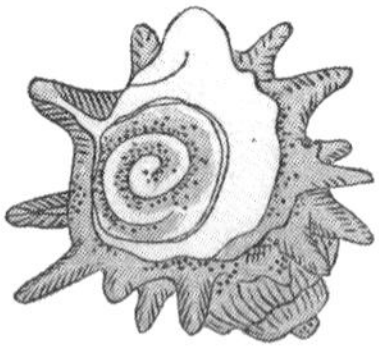

体は丸く尾が盤曲《うねりめぐ》り、外は灰黒色で内は白く、口は丸く深い。蔕《へた》は丸く厚くて堅い。白色で小さな鮫粒がある。裏は赤褐色で滑らか。これを煮てとり去る。肉の一端は黒く一端は黄でなかは白く、尾は長くめぐって碧色で腸を包んでいる。腸と尾をとり去り切って醤油に混ぜ、ふたたび殻に盛り煮熱して食う。これを壺焼《つぼやき》という。さざゐ［栄螺］は殻背に角がなく丸いものが上品である。泉州・摂州の産がそれで肉の味が良く、関東の産よりも勝れている。今は豆州、相州、房総の海浜で漁師が多くとり、江戸の魚河岸に送られてくる。

【気味】甘平。毒なし。

【主治】眼を明らかにし、渇きを止め、酒毒を解す。消化が悪いので胃弱の者は食うべからず。

とびうお【飛魚】一名　ひいご［文鰩］

西日本の海に多く、とくに薩摩産が有名で、あご［飛魚］という。干物にして他の地方に送っている。背は蒼く腹は灰白色。形はこい［鯉］に似て羽がある。羽は尾と同じようである。三、四月に海上を群れ飛ぶ。飛べば水上を一尺ばかり離れ、一段《いったん》（約一〇メートル）ばかりで水に没し、また同じように飛翔する。その動きは将棋の香車の如し。

【気味】甘平。毒なし。

【主治】狂気を治す。妊婦にも良い。難産には黒焼きにした粉末を酒で服する。

あとがき

草思社の吉田さんから「江戸前の本を書きませんか。何でも載っている大全みたいな感じの」というお話をいただいたときに、これはいいぞと思った。昔から〝全部入り〟に弱くて、いろんなものがみっちり入った「詰め合わせ」が大好きな性分だから、そういう贈りものみたいな本を自分がつくれるなんて素敵じゃないか、とわくわくしたのだ。

実際、この仕事は初めから終いまで楽しいものだった。書くことも楽しかったし、ここはどうしようかと構想を練るときも、江戸のさまざまな景色を想像して至福に浸ったものである。初校ゲラを真っ赤にしてクラッときたけれど（編集部の皆さん、ご迷惑をおかけしました）、それも良い経験となった。

なかでも調べものが一番楽しかっただろうか。まえがきにも書いたけれど、ちょっと書くのをやめていた期間に江戸の史料をたくさん読んだのだが、この本を書くのにあらためて読み返すと、これがやっぱりおもしろい。時間を忘れて読みふけってしまった。

この本はそうした諸先学の研究に学ぶことによって成り立っている。私のような浅学では到底書き終えることはできなかっただろう。直接の引用の出典は文中に記したが、本書の血肉となっている書籍を参考文献として巻末にまとめたので、ぜひ参考にしてほしい。何より、知るよろこびを与え続けてくれる先学者の業績に心より感謝を申し上げたい。

そして、

この本を世に送り出してくださる草思社に感謝申し上げます。

経験の乏しい私に仕事を任せてくださった久保田創編集長。企画段階から適切に導いてくださった担当編集の吉田充子さん。デザイナーの清水良洋さん、佐野佳子さん。校正の酒井清一さん。

ありがとうございました。

また、執筆のきっかけをつくってくださった日本政策研究センターの新井大智編集長。いつも私の健康を気づかってくれる妻の千恵ちゃん。

ありがとうございました。

最後になりましたが、ここまでお読みくださった読者の皆様に心より御礼申し上げます。ありがとうございました。

また、どこかでお会いしましょう。

冨岡一成

参考文献

水産関係書

『東京都内湾漁業興亡史』東京都内湾漁業興亡史編集委員会　昭和四六年
『日本古代漁業経済史』羽原又吉著　昭和二四年　改造社
『日本漁業経済史 上巻』羽原又吉著　昭和二七年　岩波書店
『日本漁業経済史 中巻 第一』羽原又吉著　昭和一八年　岩波書店
『漂海民』羽原又吉著　平成二〇年（第四版）岩波新書
『近世の漁村』荒居英次著　平成八年　吉川弘文館
『日本橋魚市場沿革紀要』川井新之助著　明治二二年　日本橋魚会
『魚河岸百年』魚河岸百年編纂委員会　昭和四三年　日刊食料新聞社
『日本橋魚市場の歴史』岡本信男・木戸憲成著　昭和六〇年　水産社
『東京都中央卸売市場史・上巻』東京都　昭和三三年
『日本橋魚河岸物語』尾村幸三郎著　昭和五九年　青蛙房
『日本漁民伝』宮城雄太郎著　昭和三九年　いさな書房
『鯨と捕鯨の文化史』森田勝昭著　平成六年　名古屋大学出版会
『クジラと日本人』小松正之著　平成一四年　青春出版社
『東京湾再生計画―よみがえれ江戸前の魚たち』小松正之・望月賢二・尾上一明著　平成二二年　雄山閣
『漁撈伝承―ものと人間の文化史１０９―』川島秀一著　平成一七年　法政大学出版局
「水産談義古今東西―幕末江戸品川浦漁師女房の門訴事件」馬場幸男著　『日本水産学会誌』71号　平成一七年　日本水産学会
『証言・日本漁業戦後史』ＮＨＫ産業科学部編　昭和六〇年　日本放送出版協会

近世史料

『魚鑑』武井周作著　昭和五三年　八坂書房
『江戸砂子』菊岡沾凉著　小池章太郎編　昭和五一年　東京堂出版
『近世風俗志』（一）～（五）喜田川守貞著　平成八年　岩波文庫

『江戸繁昌記』寺門静軒著　朝倉治彦・安藤菊二編　昭和五〇年　東洋文庫
『落穂集』（江戸史料叢書）大道寺重祐著　萩原竜夫・水江漣子編　昭和四二年　人物往来社
『燕石十種　第二巻』岩本活東子編　昭和五四年　中央公論社
『新燕石十種　第一巻』岩本活東子編　昭和五四年　中央公論社
『未刊随筆百種　第二巻』三田村鳶魚編　昭和五一年　中央公論社
『未刊随筆百種　第六巻』三田村鳶魚編　昭和五二年　中央公論社
『未刊随筆百種　第十巻』三田村鳶魚編　昭和五二年　中央公論社
『藤岡屋日記　第一巻』鈴木棠三編　昭和六二年　三一書房
『塵塚談・俗事百工起源』小川顕道・宮川政運著　昭和五六年　現代思潮社
『日本随筆大成　第三期3.』昭和五一年　吉川弘文館
『日本庶民生活史料集成　第八巻　見聞記』昭和四四年　三一書房
『日本永代蔵』井原西鶴著　暉峻康隆訳　平成四年　小学館
『江戸の戯作絵本・続巻一』小池正胤他編　昭和五九年　現代教養文庫
『新訂　江戸名所図会〈一〉』斎藤幸雄・幸孝・月岑著　市古夏生・鈴木健一校訂　平成七年　ちくま学芸文庫
『耳囊』（上・中・下）根岸鎮衛著　平成三年　岩波文庫
『政談』荻生徂徠著　平石直昭校注　平成二三年　東洋文庫
『利根川図志』赤松宗旦著　柳田國男校訂　昭和一三年　岩波文庫

食関係書

『飲食事典』本山荻舟著　昭和三三年　平凡社
『日本食生活史』渡辺実著　昭和三九年　吉川弘文館
『巨大都市江戸が和食をつくった』渡辺善次郎著　昭和六三年　農山漁村文化協会
『魚食の民―日本民族と魚―』長崎福三著　平成一三年　講談社学術文庫
『肉食文化と魚食文化』長崎福三著　平成六年　人間選書183　農山漁村文化協会
『「江戸前」の魚はなぜ美味しいのか』藤井克彦著　平成二二年　祥伝社
『料理文献解題』川上行蔵編　昭和五三年　柴田書店

『江戸グルメ誕生―時代考証で見る江戸の味―』山田順子著　平成二二年　講談社
『ヴィジュアル日本生活史　江戸の料理と食生活』原田信男編　平成一六年　小学館
『江戸の魚食文化―川柳を通して―』蟻川トモ子著　平成二五年　雄山閣

江戸関係

『江戸と江戸城』内藤昌著　昭和四一年　鹿島出版会
『江戸の町　上』内藤昌著　穂積和夫（イラスト）昭和五七年　草思社
『江戸釣魚大全』長辻象平著　平成八年　平凡社
『江戸ッ子』西山松之助著　昭和五五年　吉川弘文館
『風俗明治東京物語』岡本綺堂著　昭和六二年　河出文庫
『娯楽の江戸　江戸の食生活』三田村鳶魚著　朝倉治彦編　平成九年　中公文庫
『江戸ッ子』三田村鳶魚著　平成九年　中公文庫
『江戸の旧跡　江戸の災害』三田村鳶魚著　朝倉治彦編　平成一〇年　中公文庫
『江戸の豪侠　人さまざま』三田村鳶魚著　朝倉治彦編　平成一〇年　中公文庫
『江戸時代』大石慎三郎著　昭和五二年　中公新書
『江戸・町づくし稿・下巻』岸井良衞著　昭和四〇年　青蛙房
『新版・江戸から東京へ〈一〉』矢田挿雲著　平成一〇年　中公文庫
『大江戸の正体』鈴木理生著　平成一六年　三省堂
『家康はなぜ江戸を選んだのか』（江戸東京ライブラリー）岡野友彦著　平成一一年　教育出版
『五百年前の東京』菊池山哉著　平成四年　批評社
『綺堂随筆　江戸の思い出』岡本綺堂著　平成一四年　河出文庫

古代・中世史

『古代の日本海文化　海人文化の伝統と交流』藤田富士夫著　平成二年　中公新書
『海民と日本社会』網野善彦著　平成一〇年　新人物往来社
『日本の歴史をよみなおす（全）』網野善彦著　平成一七年　ちくま学芸文庫

『瀬戸内海の民族誌―海民史の深層をたずねて―』沖浦和光著　平成九年　岩波新書
『中国正史　倭人・倭国伝全釈』鳥越憲三郎著　平成一六年　中央公論新社
『民族のロマン　瀬戸内海歴史紀行』村上圭三著　財団法人海洋架橋調査会編　平成四年　山陽新聞社
『海の武士団　水軍と海賊のあいだ』黒嶋敏著　平成二五年　講談社選書メチエ
『山野河海の列島史』森浩一著　平成一六年　朝日新聞社
『日本の村・海をひらいた人々』宮本常一著　平成七年　ちくま文庫
『古事記』倉野憲司校注　昭和三八年　岩波文庫
『日本書紀・全訳　上・中・下』宮澤豊穂訳　平成二六年　ほおずき書籍
『続日本紀』（新日本古典文学大系）平成元年　岩波書店
『万葉集全訳注原文付㈠』中西進　昭和五三年　講談社文庫
『今昔物語集　本朝部 上・中・下』池上洵一編　平成一三年　岩波文庫
『日本霊異記』中田祝夫訳　昭和四七年　講談社学術文庫

地域史

『芝区史』東京市芝区役所　昭和一三年
『江東区史』江東区　昭和三二年
『都史紀要26　佃島と白魚漁業―その漁場紛争史―』川崎房五郎著　昭和五二年　東京都公文書館
『佃島の今昔』佐原六郎著　昭和四七年　雪華社
『ビジュアルブック　水辺の生活誌「佃に渡しがあった」』ジョルダン・サンド／森まゆみ文　平成六年　岩波書店
『利根川木下河岸と鮮魚街道：魚を運ぶ道』山本忠良著　昭和五七年　ふるさと文庫

その他

『国史大辞典』平成一一年　吉川弘文館
『山漁村生活史事典』秋山高志・前村松夫・森杉夫・林英夫・三浦圭一編　平成三年　柏書房
『魚食スペシャリスト検定3級に面白いほど受かる本』生田與克・冨岡一成著　小松正之監修　平成二〇年　中経出版
『妖異博物館』柴田宵曲著　昭和三八年　青蛙房

『続妖異博物館』柴田宵曲著　昭和三八年　青蛙房
『奇談異聞辞典』柴田宵曲編著　平成二〇年　ちくま学芸文庫
『魚妖・おいてけ堀』岡本綺堂著　昭和五一年　旺文社文庫
『半七捕物帳（五）』岡本綺堂著　昭和五二年　旺文社文庫
『三代目桂三木助完全版落語全集　CDブック』「落語　昭和の名人」編集部　平成二二年　小学館
「びわこの考湖学」畑中英二　産経新聞滋賀版　平成一九年五月二五日付

参照web

『慶長見聞集』三浦浄心著　近代デジタルライブラリー・ホームページ
http://kindai.ndl.go.jp/info:ndljp/pid/898456/1
『天正日記』内藤清成著　近代デジタルライブラリー・ホームページ
http://kindai.ndl.go.jp/info:ndljp/pid/772941
『十方庵遊歴雑記』近代デジタルライブラリー・ホームページ
http://kindai.ndl.go.jp/info:ndljp/pid/952977
http://kindai.ndl.go.jp/info:ndljp/pid/952978
http://kindai.ndl.go.jp/info:ndljp/pid/952981
『何羨録』津軽采女著　国立研究開発法人水産研究・教育機構中央水産研究所・ホームページ
http://nrifs.fra.affrc.go.jp/book/D_archives/A552_T3/jpegver.html
「古典料理の研究（八）―寛永十三年「料理物語」について」松下幸子・山下光雄・冨成邦彦・吉川誠次　千葉大学教育学部研究紀要　第31巻　昭和五七年
http://mitizane.ll.chiba-u.jp/metadb/up/AN00179534/KJ00004299331.pdf
「古典料理の研究（十四）―『黒白精味集』中・下巻について」松下幸子・吉川誠次・山下光雄　千葉大学教育学部研究紀要　第37巻 平成元年
http://mitizane.ll.chiba-u.jp/meta-bin/mt-pdetail.cgi?cd=00025176
利根川東遷概史　http://www.ne.jp/asahi/woodsorrel/kodai/tone/index.html
水神祭雑記　http://www.h4.dion.ne.jp/~n2980/
鮒佐の歴史　http://www.funasa.com/history.html

写真資料所蔵・提供一覧

国立国会図書館蔵

「日本山海名産図会」より：

130頁　敷網
131頁　四つ手網

国文学研究資料館蔵

「漁業図解」より：

129頁　打瀬網、手繰網、地曳網
133頁　一本釣、延縄
135頁　見突きとイサリ

「東京捕魚採藻図録」より：

129頁　桁網
130頁　六人網
131頁　鵜縄網、歩行網、八田網
132頁　刺網、建網、掩網
135頁　ウナギ鎌、貝巻、カキ挟み
136頁　ウナギ筒、簀曳網

国立研究開発法人水産研究・教育機構提供

「日本製品図説」より：

図8-2　浅草海苔ひび建ての光景

「水産図解」より：

324～348頁
「魚河岸の魚図鑑」掲載の魚図

ふ

へ

ほ

ま

み

な

に

ぬ

ね

の

は

ひ

す

せ

そ

た

か

き

索　引

あ

い

う

本書は書き下ろしです。

著者略歴――――
冨岡一成 とみおか・かずなり
1962年東京に生まれる。博物館の展示や企画の仕事を経て、1991年より15年間、築地市場に勤務。「河岸の気風」に惹かれ、聞き取り調査を始める。このときの人との出会いからフィールドワークの醍醐味を知る。仕事の傍ら魚食普及を目的にイベント企画や執筆などを積極的におこなう。実は子どもの頃から生魚が苦手なのに河岸に入ってしまい、少し後悔したが、その後魚好きになったときには辞めていたので、さらに後悔した。江戸の歴史や魚の文化史的な著述が多い。近著に『築地の記憶―人より魚がエライまち』(共著・旬報社)。

江戸前魚食大全
日本人がとてつもなくうまい魚料理にたどりつくまで

2016年5月25日	第1刷発行
2016年8月15日	第2刷発行

著者　冨岡一成
装幀者　Malpu Design(清水良洋)
本文デザイン　Malpu Design(佐野佳子)
発行者　藤田　博
発行所　株式会社 草思社
〒160-0022　東京都新宿区新宿5-3-15
電話　営業 03(4580)7676　編集 03(4580)7680
振替　00170-9-23552

本文組版　有限会社一企画
印刷所　中央精版印刷株式会社
製本所　大口製本印刷株式会社

ISBN978-4-7942-2201-5 Printed in Japan　検印省略

草思社刊

東大教授が教える独学勉強法

柳川範之 著

テーマ設定から資料収集、本の読み方、情報の整理・分析、成果のアウトプットまで。高校へ行かず通信制大学から東大教授になった体験に基づく、今本当に必要な学び方。

本体 1,300円

鬼谷子《きこくし》

——100%安全圏から、自分より強い者を言葉で動かす技術

高橋健太郎 著

孫子に兵法を授けたとされる伝説の賢人・鬼谷子による最強古典がついに解禁。陰陽の原理に従い、自分より強い者を自在に操るための「言葉」の技術が身につく。

本体 1,400円

週末移住からはじめよう

——田舎に小さな家をもつ2拠点ライフ

友枝康二郎 著

都会と田舎——両方楽しむ道がある。自らも29歳で八ヶ岳に拠点をつくり、多くの移住希望者の相談に乗ってきた著者が気軽にスタートできる新しい暮らし方を提案。

本体 1,500円

君がここにいるということ

——小児科医と子どもたちの18の物語

緒方高司 著

小児科医の著者が、過酷な医療現場で出会った子どもたちとの交流を描く実話。懸命に病と闘う子どもたちの姿を通して、生きることの大切さにあらためて気づかされる。

本体 1,300円

＊定価は本体価格に消費税を加えた金額です。